中国金融稳定报告

China Financial Stability Report

2010

中国人民银行金融稳定分析小组

中国金融出版社

中国人民银行金融稳定分析小组

组　长：刘士余

成　员（以姓氏笔画为序）：

李　波　张　涛　张晓慧　张健华
陈　志　邵伏军　欧阳卫民　金　荦
金　琦　周学东　宣昌能　唐　旭
谢　多　穆怀朋

《中国金融稳定报告2010》指导小组

李　勇　蒋定之　庄心一　陈文辉

《中国金融稳定报告2010》编写组

总　纂： 宣昌能　金　荦　孙　平　肖玉萍

统　稿： 杨　柳

执　笔： 第一章：纪　敏　马志扬　陈颖玫　邓吉宁

李　斌　潘宏胜　席　钰　王　宁

第二章：郭大勇　欧阳昌民　赵民　李　超

付　强

第三章：秦国楼　孟　辉　那丽丽

第四章：李　妍　林文顺　陈　敏　从剑锋

第五章：王丽明　范瑞星　李　麟　黄德健

第六章：刘　珂　翟　春　陈　浩　章向东

赵　云　戴　赜

第七章：谢群松　杨弋帆　李文勇　李　迅

姜维俊　占　硕　师永彦

第八章：陶　玲　王少群　刘　婕　全克军

黄　聪　贾彦东　刘　勤

专题一：杨　柳　乐林平　全克军　刘　婕

专题二：徐　忠　杨　骏　洪　波

专题三：王素珍　王尊州

附录一：赵　民　王　楠

其他参与写作人员（以姓氏笔画为序）：

于明星　马军伟　王建华　王新东　叶　茂

丘　斌　白　力　刘贝贝　刘湘勤　安　荔

李柏楼　张　晶　张甜甜　陈　徐　陈元富

苟文均　范智勇　周永胜　周正清　赵增德

胡　平　夏江山　储爱武　谢　丹　熊莲花

内 容 摘 要

2009 年是国际金融危机全面爆发后全球经济逐步企稳回升的一年，中国经受了危机的严峻考验，国民经济总体回升向好，金融业改革取得积极进展，金融机构实力明显增强，金融市场运行平稳，金融基础设施建设不断加强，金融体系总体稳健。当前，国际金融市场渐趋稳定，国内经济回升向好的基础逐步巩固，但影响我国金融稳定的内外部环境依然复杂，金融体系潜在风险和不确定性因素继续存在，维护金融稳定仍然面临严峻挑战。

宏观经济总体回升，为金融业运行奠定了良好基础。2009 年全球经济逐步企稳回升，主要经济体自年中逐渐复苏。中国经历了 21 世纪以来经济发展最为困难的一年，在积极的财政政策和适度宽松的货币政策以及应对国际金融危机一揽子计划的共同作用下，较快地扭转了经济增速明显下滑的不利局面，实现国民经济总体回升向好。投资和消费需求继续快速增长，进出口温和回升，贸易顺差收窄。物价水平前低后高，上行压力有所增大，主要资产价格上涨较快，房地产价格逐月走高。货币信贷快速增长，人民币汇率在合理均衡水平上保持基本稳定。当前，全球经济复苏的基础尚不稳固，中国经济增长的不确定性因素较多，金融业运行的内外部环境依然复杂。下一阶段，要继续实行积极的财政政策和适度宽松的货币政策，根据新形势、新情况着力提高政策的针对性和灵活性，特别要处理好保持经济平稳较快发展、调整经济结构和管理通货膨胀预期的关系。

银行业积极应对国内外宏观经济形势变化，认真贯彻适度宽松的货币政策，加大信贷投放力度，有力地支持了经济社会持续健康发展。各项改革继续深化，风险管理水平和危机应对能力有所增强，资产质量和盈利状况持续改善，流动性水平较为充足，运行总体稳健，发展势头良好。伴随着贷款的快速增长，银行业信贷集中度有所提高，资产质量持续改善的压力加大，资本充足水平略有下降，盈利结构有待改善。下一阶段，银行业要继续贯彻国家宏观调控政策，及时制定科学发展的战略规划，继续深化各项改革，优化信贷结构，加大对经济结构调整和发展方式转变的支持力度；积极防范和化解潜在风险，着力改善盈利结构，强化资本补充和约束机制，进一步提升综合实力、市场竞争力和抗风险能力。

证券与期货业继续保持稳健发展，自身实力和服务实体经济的能力明显提升。上市公司数量和市值规模大幅增长，证券期货机构盈利能力显著提高，基金管理公司等机构投资者的主导地位进一步增强。创业板平稳推出，市场基础性制度建设和证券期货法律体系不断完善，证券业开放程度稳步提高。随着资本市场规模的扩大以及融资融券、股指期货等新业务、新产品的陆续推出，资本市场运行环境和证券期货机构经营面临的环境日益复杂，应关注证券公司收入结构单一、部分基金管理公司内部控制有待加强以及投资者适当性制度有待完善等问题。下一阶段，证券期货业要继续深化发行体制改革，完善多层次资本市场体系，推动证券期货机构创新发展，促进证券期货业平稳健康运行。

保险业总体保持健康发展，整体实力明显增强，资产规模继续扩大，保费收入稳步增长，服务领域继续拓宽，总体经营效益明显好转，结构调整取得积极成效，对外开放程度稳步提高，监管科学性和有效性逐步提升，较好地发挥了服务社会和经济的作用。但保险业自身存在的一些突出矛盾和问题仍不容忽视，如部分公司粗放型发展模式尚未彻底转变、少数中小保险公司的资本补充机制有待完善、保险资金运用风险增大等。下一阶段，保险业应进一步加快改革和发展步伐，推进保险业转变发展模式，建立符合我国国情的农业保险框架和巨灾保险制度，提高保险资金运用水平，增强自身核心竞争力和服务经济社会的能力。

金融市场总体运行平稳，市场交易活跃，市场制度建设取得进展。货币市场保持活跃，交易量继续大幅增加，利率低位运行；债券市场迅速发展，发行规模快速扩大，债券交易价格平稳；股票期货市场活跃，筹资功能增强；票据市场快速增长，价格运行阶段性特征明显；外汇市场运行平稳，黄金市场稳中有升。市场基础性制度建设进一步加强，新股发行体制改革继续推进，交易结算制度和期货市场制度建设逐步完善，银行间债券市场基础制度和系统建设得到加强。

政府、企业、住户相关财务分析表明，政府部门财务状况较好，债务水平总体较低，但地方政府投融资平台贷款增长较快的现象不容忽视。企业部门生产经营稳步改善，长期偿债能力基本稳定，短期偿债能力有所提高，流动资金继续快速增长，利息保障能力有所增强，但流动资产变现能力依然较弱，流动负债比例较高，自有资本比例下滑。住户部门持有的金融资产继续增长，结构更趋多元化，其整体债务水平较低，但信用卡逾期透支明显上升的情况值得关注。

金融基础设施不断完善。支付系统建设稳步推进，非现金支付工具应用更加广泛，农村支付环境建设全面启动；金融业运行法制基础进一步加强，金融管理部门规章制度不断健全；企业会计准则有效实施，国际趋同进展顺利；信用环境进一步改善，社会信用体系建设总体加快；反洗钱工作继续推进，首次发布国家反洗钱战略，国际合作逐步加强。下一阶段，应进一步加强金融基础设施建设，完善支付结算体系，加强金融法制建设，提高会计标准，健全征信体系，加大反洗钱力度。

宏观审慎管理有待强化。国际金融危机凸显了现行金融监管在保证金融体系整体稳定方面的不足，为弥补这一缺陷，加强宏观审慎管理成为危机后国际金融监管改革的核心内容。宏观审慎管理以防范系统性风险为根本目标，将金融业视做一个有机整体，既防范金融体系内部相互关联可能导致的风险传递，又关注金融体系在跨经济周期中的稳健状况。宏观审慎管理框架主要包括宏观审慎分析、宏观审慎政策选择、宏观审慎工具运用三个方面。近年来，中国人民银行等有关部门按照党中央、国务院的统一部署，在加强宏观审慎管理方面进行了有益探索。当前，为有效防范系统性风险，应把握国际趋势并从我国基本国情出发，将宏观审慎管理纳入我国宏观调控及金融稳定的政策工具组合，实现宏观审慎管理与微观审慎监管的有效协调和补充，更好地维护金融稳定，支持经济平稳较快发展。

目录

第一章

宏观经济

2009年是国际金融危机全面爆发后全球经济逐步企稳回升的一年，也是中国经济遭受国际金融危机重大冲击，并逐步实现较快复苏的一年。从国际看，在主要经济体大量超常规经济刺激政策的作用下，金融危机已基本得到控制，金融市场的不确定性和系统性风险已大大降低，主要经济体自2009年中期之后逐渐复苏。从国内看，在积极的财政政策和适度宽松的货币政策以及其他应对国际金融危机一揽子措施的作用下，我国经济较快扭转了增速明显下滑的不利局面，实现了国民经济的总体回升向好。

从未来趋势看，尽管世界经济的全面、持续复苏还存在一些不确定因素，但世界经济复苏的大趋势不会改变。受制于债务的可持续性和可能产生的资产泡沫风险，主要经济体继续加大刺激政策的空间有限，刺激政策的逐渐退出本身也可能增大经济复苏的不确定性。从国内看，内需回升的基础还不巩固、不平衡，民间投资和内生增长动力尚待强化，通货膨胀预期有所上升，持续扩大居民消费和调整经济结构的任务还很艰巨。

一、2009年全球经济金融形势

金融危机全面爆发后，全球经济陷入严重衰退。2009年全球经济增长率为-0.6%。主要经济体在金融危机期间陆续出台许多超常规经济刺激政策，并开展了广泛的协调合作，既支持了总需求的增长，又降低了金融市场的不确定性和系统性风险。全年来看，金融危机总体上已经得到控制，主要经济体在2009年中期之后逐渐显露复苏迹象，但是复苏的基础尚不稳固，复苏的进程缓慢。

（一）主要国家经济形势

美国经济出现复苏迹象，但复苏的后劲尚显不足。2009年，美国GDP同比下降2.4%，是1991年以来的首次负增长，并创下1946年以来最大降幅。但2009年第三、第四季度，美国GDP出现连续增长，其中，第四季度环比增长折年率为5.6%，比第三季度高3.4个百分点。贸易逆差有所下降，2009年贸易逆差为3 807亿美元，同比减少45%。价格水平出现回稳迹象，2009年10月、11月和12月CPI同比增长率分别为-0.2%、1.8%和2.7%。但美国经济复苏的后劲尚显不足，个人消费仍然低迷，2009年零售总额同比下降6.2%，为1993年采集该指标数据以来的最大跌幅；失业率居高不下，2009年最后3个月失业率分别为10.1%、10%和10%；财政赤字持续上升，数据显示，2009年12月美国当月新增财政赤字919亿美元，为连续第15个月出现财政赤字，并创下月度新增赤字历史新高。整个 2009 财政年度（2008 年 10 月 1 日至 2009 年 9 月 30 日），美国财政赤字达到了创纪录的 1.42 万亿美元，约占美国 GDP 的 10%，为第二次世界大战以来的最高水平。

欧元区经济出现缓慢复苏，但就业形势严峻。金融危机后，欧元区经济陷入衰退，经济形势急转直下。2009 年欧元区 GDP 同比下降 3.9%。2009 年下半年，欧元区经济出现复苏迹象。在连续 5 个季度出现环比负增长之后，欧元区经济从 2009 年第三季度开始缓慢复苏，其中第三、第四季度 GDP 环比分别增长 0.4% 和 0，均好于第一、第二季度的 -2.5% 和 -0.1%。2009 年全年，除 8 月出现 23 亿欧元的贸易逆差外，对外贸易保持较大顺差，其中，7 月顺差额达到 123 亿欧元，为 2002 年 7 月以来最高水平，2009 年全年实现顺差 223 亿欧元。价格下滑基本得到控制，2009 年 5 月，欧元区通货膨胀率为零，并在此后连续数月出现负增长；11 月和 12 月，综合物价指数（HICP）同比涨幅分别达到 0.5% 和 0.9%。在政府大规模经济刺激计划和消费的带动下，欧元区经济日渐好转。但欧元区就业形势仍然严峻，2009 年最后 3 个月的失业率分别为 9.8%、9.9% 和 10%。欧元区内希腊、爱尔兰、意大利、葡萄牙和西班牙“欧洲五国”的主权债务危机是较大的风险隐患，若处理不当可能引发连锁反应，并拖累经济复苏的步伐。

日本经济有所改善，但仍未摆脱通货紧缩。金融危机爆发后，日本先后多次出台经济刺激计划，累计支出规模达 3 000 亿美元左右。同时，日本银行将基准利率维持在 0.1% 的超低水平，并向市场注入大规模流动性。自 2008 年第二季度起，日本 GDP 季节调整后同比连续 6 个季度出现负增长，2009 年 GDP 同比下降 5.2%。环比增长率由 2009 年第二季度开始转负为正，2009 年 4 个季度 GDP 环比增长率分别为 -12.4%、0.7%、1.2% 和 1.1%。2009 年下半年日本就业情况开始好转，失业率在 2009 年 7 月达到第二次世界大战后的最高值 5.7% 后，连续 5 个月出现下降，12 月为 5.1%。对外贸易企稳，自 2009 年年初以来，连续多个月出现环比正增长。2009 年日本进口、出口总额分别为 51.4 万亿日元和 54.2 万亿日元，同比分别下降 34.9% 和 33.1%；贸易顺差为 2.8 万亿日元，同比增长 36.1%，贸易顺差两年来首次出现增长。价格水平继续回落，2009 年 12 月 CPI 同比降幅为 1.7%，已经连续 11 个月处于负增长，表明经济尚未摆脱通货紧缩。

新兴经济体复苏步伐快慢不一。亚洲经济体增长势头较强，中东、东欧经济体回升较为缓慢，拉美地区经济出现分化。亚洲主要新兴经济体在金融危机爆发后及时推出大规模经济刺激计划，并加强区域内合作，当发达经济体仍在金融危机低谷徘徊时，亚洲部分经济体已出现复苏迹象。例如，中国 2009 年

GDP 增长 8.7%，印度 2009 年 GDP 增长 5.7%。自 2009 年第二季度起，受金融危机影响较深的韩国、新加坡、中国香港和中国台湾四个新兴工业化经济体经济降幅也逐步收窄。四个经济体 2009 年 GDP 增长率分别为 0.2%、-2.0%、-2.7% 和 -1.9%。中东地区经济复苏一波三折。部分国家经济实现小幅增长，其中沙特阿拉伯 2009 年 GDP 增长 0.2%，伊朗 2009 年 GDP 增长 1.6%。但是 2009 年 11 月 25 日爆发的迪拜债务危机事件引起全球金融市场动荡，并直接波及希腊、西班牙、波罗的海三国等地区，暴露出全球经济复苏进程仍充满变数，同时敲响了资产泡沫膨胀的警钟，警示了短期资本冲击新兴市场经济体的风险。东欧国家由于政府财政负担过重、金融系统脆弱、对外资吸引力下降等因素，经济回升相对缓慢，除波兰外大多数东欧国家仍处于衰退之中，经济复苏任重道远。2009 年波兰 GDP 增长 1.7%，私人部门和家庭领域的消费带动波兰经济取得正增长。拉美及加勒比地区经济在经历连续 6 年的增长后却面临负增长。据拉美及加勒比经济委员会估计，该地区 2009 年经济增长率为 -1.7%。金融危机对拉美各国影响的范围和程度不一，地区经济出现明显分化，墨西哥和部分中美洲及加勒比国家受金融危机影响较严重。从 2009 年第二季度起，该地区经济开始出现复苏迹象，其中，阿根廷、巴西、哥伦比亚、秘鲁等南美国家复苏步伐较快。

（二）国际金融市场形势

1. 国际外汇市场

主要货币间汇率宽幅波动，全年美元兑欧元、日元涨跌互现。截至 2009 年 12 月 31 日，美元兑欧元、日元兑美元分别收于 1.4332 美元/欧元和 93.08 日元/美元。美元相对欧元全年贬值 2.77%，美元兑欧元报价在 2009 年 2 月 18 日达到最高点 1.2547 美元/欧元，在 10 月 23 日达到最低点 1.5029 美元/欧元。美元相对日元全年升值 2.15%，美元兑日元报价在 2009 年 4 月 7 日达到最高点 100.71 日元/美元，在 11 月 30 日达到最低点 86.12 日元/美元（图 1-1）。

2. 国际债券市场

主要经济体国债收益率冲高后逐渐回落。2008 年年末，随着美国大幅降息，全球范围内掀起了降息狂潮，债券收益率达到较低水平。2009 年上半年，随着投资者对全球金融危机的恐惧感逐渐减弱，以及对世界经济衰退可能已触底的判断越来越认同，国际债券市场上对政府长期债券的需求明显回落，从而导致政府长期债券收益率呈现回升趋势。在这一过程中，市场对西方政府因实施规模较大的经济刺激计划会导致财政赤字迅速上升的担心对政府长期债券收益率产生一定的向上压力。2009 年下半年，由于市场预期通货膨胀水平将保持低位，主要国家中央银行仍维持低利率水平，主要国债收益率逐渐回落。截至 2009 年年末，美国、欧元区和日本的 10 年期国债收益率分别收于 3.85%、3.63% 和 1.30%，较年内最高点分别回落了 0.13 个、0.4 个和 0.26 个百分点（图 1－2）。

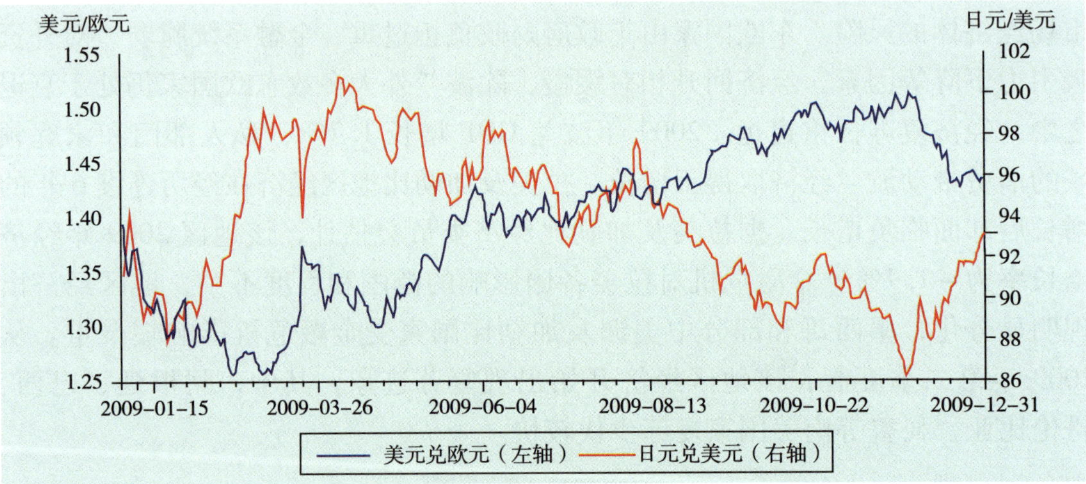

图 1－1　2009 年主要货币汇率走势

数据来源：CEIC。

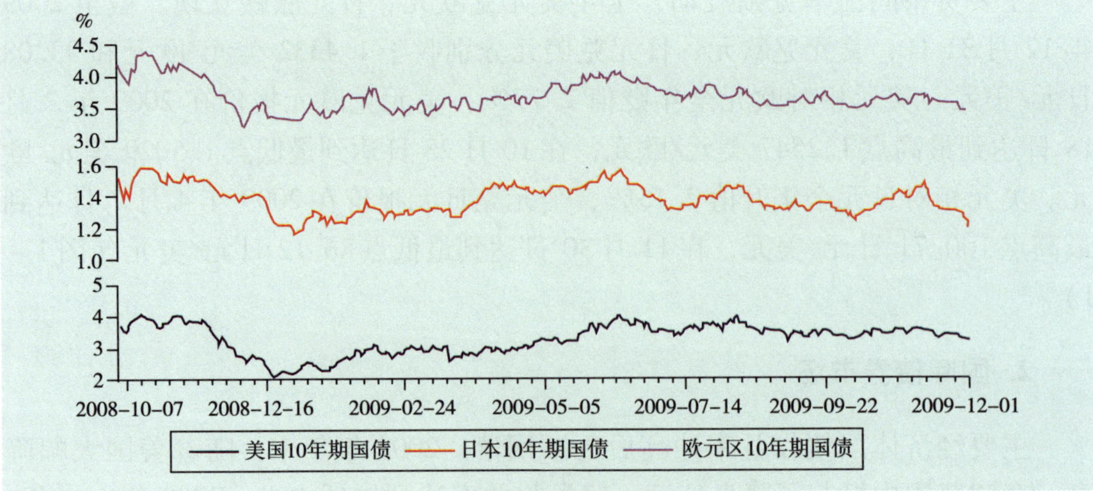

图 1－2　主要经济体国债收益率走势

数据来源：CEIC。

3. 国际股票市场

2009 年，全球主要股市触底后大幅反弹。2009 年 3 月中旬以来，随着各国政府频繁推出大力度的超常规救市举措，加之国际经济金融形势相对缓和，市场信心有所提振。2009 年 11 月 25 日迪拜债务危机事件爆发后，世界主要股指曾一度下挫，但很快恢复反弹态势。截至 2009 年年末，道琼斯工业股票指数、纳斯达克指数、欧元区 STOXX50 指数和日经 225 指数分别收于 10 428.05 点、2 269.15 点、2 966.24 点和 10 546.44 点，较年初分别上涨 15.4%、39%、16.9% 和 16.6%（图 1-3）。

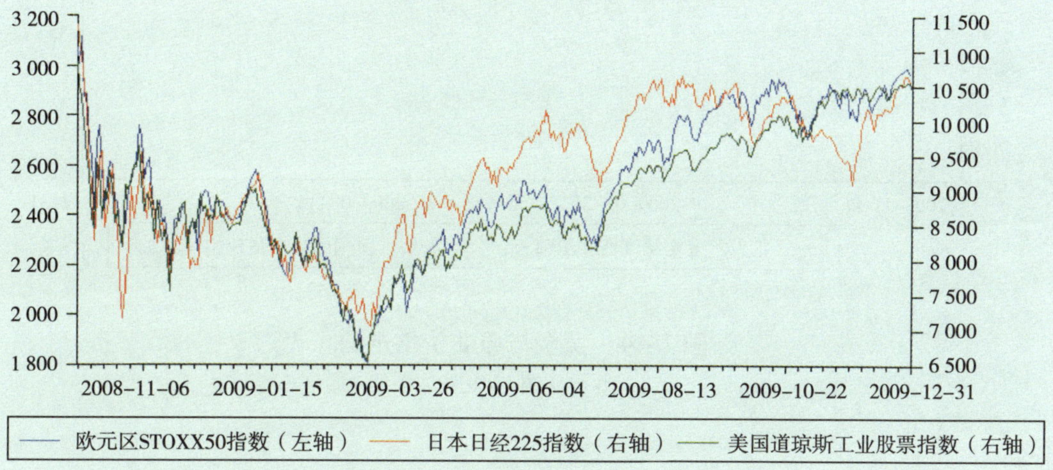

图 1-3 主要经济体股指走势

数据来源：CEIC。

4. 国际商品市场

2009 年，国际原油价格持续上涨、大幅回升，并于年末重返高位。2008 年中期，原油价格达到历史高位，但金融危机爆发后油价迅速跌落。2009 年 1 月初 OPEC 原油现货价格为每桶 35 美元，2 月起进入震荡上行轨道，11 月末 OPEC 原油现货价格升至每桶 77 美元。原油价格反弹的原因，一方面是投资者认为金融危机最糟糕的时候已经过去，随着经济复苏迹象日益显著，石油需求最终一定会增加；另一方面是美元在 2009 年中后期的贬值走势导致原油等商品期货的金融投资需求猛增。

黄金价格总体上涨时间超过下跌时间，并不断创出历史新高。伦敦黄金定盘价格在 2009 年 9 月 8 日突破 1 000 美元/盎司，12 月 3 日达到年内最高点

1 218 美元/盎司（图 1－4）。黄金价格一路走高，主要是因为黄金具有天然保值功能，能够抵御通货膨胀，黄金的金融资产属性明显增强。而且，由于主要以美元计价，黄金价格走势与美元汇率的变化具有较强的负相关性。

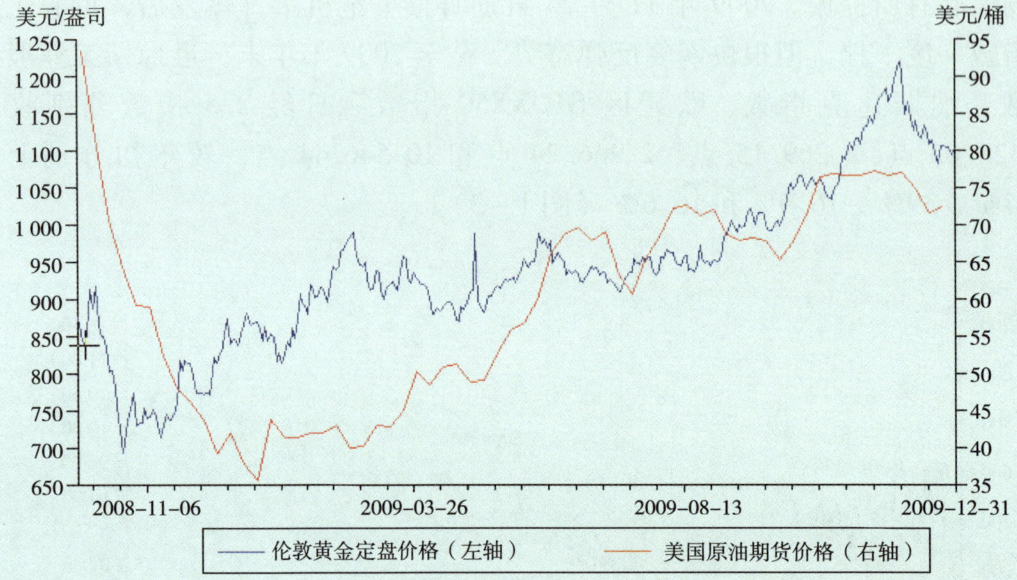

图 1－4　黄金与原油价格走势

数据来源：CEIC。

专栏 1　主要经济体的经济刺激计划

2008 年 9 月，以雷曼兄弟公司破产为标志，美国次贷危机迅速演变为全球性金融危机。为应对金融危机冲击，主要经济体普遍采取了较大规模的经济刺激措施。这些措施基本都是在进行紧急金融救助、保持金融体系稳定的基础上，实施扩张性的财政政策和货币政策，提振市场信心、刺激总需求，并试图将短期的需求管理与中长期的产业发展政策相连接，以利于形成拉动经济增长的持续动力。

实施扩张性的财政政策是经济刺激计划的重要组成部分。2009 年 2 月，奥巴马政府在布什政府以退税为主的刺激措施基础上推出总额为 7 870 亿美元的经济刺激计划。这一计划涉及款项的 35% 用于减税，65% 用于政府投资，包括为个人和企业减税、投资卫生保健和替代能源、投资基础设施项目以及为州和地方政府提供财政支援等。欧洲的刺激方案由欧盟整体层面和各成员国的刺激措施构成。2008 年 11 月，欧盟委员会批准了总额达 2 000 亿欧元的经济刺激方案，主要包括政府投资、减税、对弱势群体补贴等措施。英国总额为 200 亿英镑的刺激措施核心是税收减免，主要是减少商品销售增值税。德国先后推出两套刺激方案，主要包括增加政府补贴、减税和扩大公共建设投资等，并鼓励企业不裁员。在法国总额为 260 亿欧元的刺激方案中，主要内容是激活汽车工业和建筑业，加大公共基础设施建设，扶持中小企业以及对最贫困家庭给予补贴等。自 2008 年 8 月以来，日本先后出台多项经济刺激计划，累计支出规模达 3 000 亿美元左右，主要包括帮助中小企业融资、减税（费）、增加补贴以及保就业和民生等一系列措施。此外，澳大利亚、加拿大、韩国等经济体也都采取了刺激经济的措施。总体来看，扩张性的财政政策措施主要集中在减（退）税、扩大投资、扶持中小企业、保障民生等方面，美欧还普遍强调了对汽车产业的扶持；从政策力度上看，美国、日本的经济刺激计划占本国 GDP 的比重明显高于其他国家。

货币政策在刺激经济复苏中发挥了重要作用。金融危机爆发以后，主要经济体均采取了大幅减息措施。美联储先后 10 次降息，联邦基金利率从 5.25% 降至 0～0.25%，欧洲中央银行连续 7 次降息 325 个基点至 1%，日本中央银行先后 2 次降息 40 个基点至 0.1%，英格兰银行则连续 9 次降息至 0.5%，主要经济体政策利率都已降至零或接近零的水平。同时，美联储创新了一系列工具为金融机构和金融市场提供流动性支持，如针对金融机构的定期拍卖便利（TAF）、定期证券借贷便利（TSLF）、一级交易商信贷便利（PDCF），针对金融市场的商业票据融资便利（CPFF）、货币市场投资者融资便利（MMIFF）、定期资产支持证券贷款便利（TALF）等。在实施“零利率”政策之后，为继续发挥货币政策刺激总需求的作用，主要经济体还采取了以数量调节为主的一系列超常规货币政策措施。美联储的超常规货币政策主要包括两个方面：一是购买私人部门资产，主要是购买抵押贷款支持债券（MBS）以及房地美、房利美等机构债券；二是直接入市买入国债。与美联储相似，英格兰银行也同时采取了上述两种措施，直接买进私人部门资产，并率先宣布实行“量化宽松”的货币政策，宣布设立“资产购买工具”（APF）以买入国债。欧洲中央银行在 2009 年 5 月也宣布购买 600 亿欧元表内证券化债券（covered bonds）的计划。日本则通过从金融机构购买商业票据（CP）、推出银行次级贷款和次级债收购计划以及增加国债购买额度等方式为企业融资提供支持。

此外，主要经济体还着力引导新兴产业发展。美国强调推动新能源、环保产业的发展，欧洲也着力提高“绿色技术”水平，促进低碳产业发展。这些试图寻找新的经济增长点的努力，为下一轮经济持续增长奠定了基础。

总体来看，主要经济体采取的一揽子刺激措施对于抵御国际金融危机冲击、提振市场信心、推动经济复苏发挥了积极作用。但若长期过度依赖扩张性的财政政策和货币政策，可能引发通货膨胀和系统性的财政金融风险，因此刺激计划需要根据经济形势变化适时、适度地调整和退出，这对各国宏观政策管理提出了挑战。虽然目前全球经济正在缓慢复苏，但新的经济增长点尚不明朗。长期来看，需要通过经济转型和结构调整提升经济增长潜力，转变发展方式，形成可持续的发展模式。

二、2009 年中国经济金融运行的基本特点

2009 年是 21 世纪以来我国经济发展最为困难的一年。面对国际金融危机带来的严峻挑战和复杂形势，我国实行积极的财政政策和适度宽松的货币政策，全面实施并不断完善应对国际金融危机的一揽子计划，较快扭转了经济增速明显下滑的不利局面，实现了国民经济总体回升向好。

（一）经济增长较快回升

据国家统计局初步核算，2009 年我国 GDP 达到 33.5 万亿元，按可比价格计算，同比增长 8.7%，增速比上年回落 0.9 个百分点（图 1－5）。分季度看，各季度增速分别为 6.2%、7.9%、9.1% 和 10.7%，增长逐季加快。分产业看，第一产业增加值 3.55 万亿元，增长 4.2%，增速比上年回落 1.3 个百分点；第二产业增加值 15.70 万亿元，增长 9.5%，增速比上年提高 0.2 个百分点；第三产业增加值 14.29 万亿元，增长 8.9%，增速比上年回落 0.6 个百分点。从各产业增加值占国内生产总值的比重看，第一产业为 10.6%，比上年下降 0.2 个百分点；第二产业为 46.8%，比上年下降 0.6 个百分点；第三产业为 42.6%，比上年提高 0.8 个百分点。

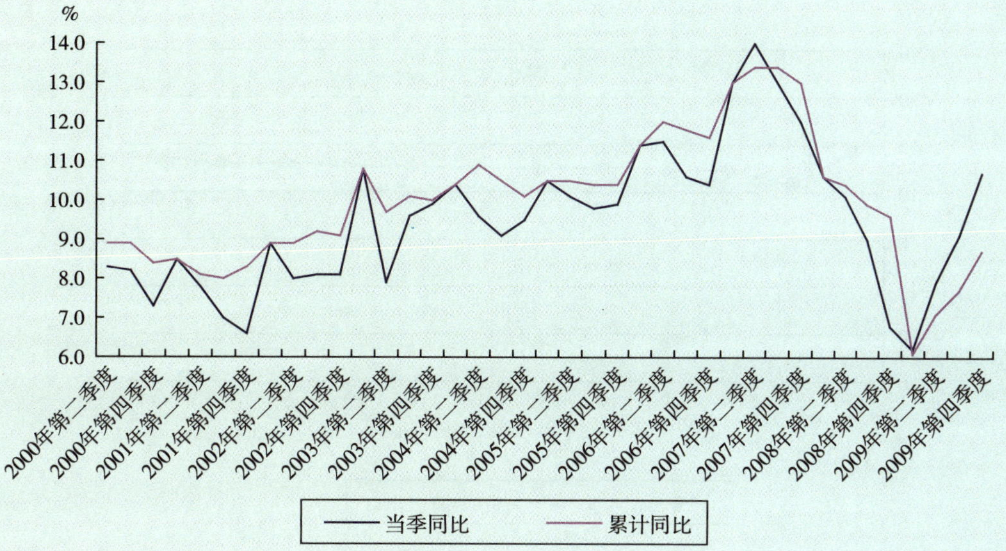

图 1-5　GDP 累计同比和当季同比

数据来源：国家统计局。

（二）国内需求增长较快，国外需求有所改善

国内需求增长较快。2009 年，全社会固定资产投资 22.48 万亿元，比上年增长 30.1%，增速比上年加快 4.6 个百分点；扣除价格因素，实际增长 35.2%，实际增速比上年提高 17.1 个百分点。其中，城镇固定资产投资 19.41 万亿元，增长 30.5%，增速比上年提高 4.4 个百分点；扣除价格因素，实际增长 35.6%，实际增速比上年提高 17 个百分点。全年社会消费品零售总额 12.53 万亿元，比上年增长 15.5%，增速比上年回落 6.1 个百分点；扣除价格因素，实际增长 16.9%，实际增速比上年提高 2.1 个百分点。

国外需求有所改善。2009 年，出口 12 017 亿美元，下降 16%；进口 10 056 亿美元，下降 11.2%。实现贸易顺差 1 961 亿美元，比上年减少 1 020 亿美元。从月度走势看，随着世界经济开始反弹复苏，我国出口情况自 2009 年 8 月以来逐渐好转，2009 年 11 月和 12 月，进口和出口相继实现同比正增长（图 1-6），分别结束了自 2008 年 11 月以来连续 11 个月和 12 个月的负增长。

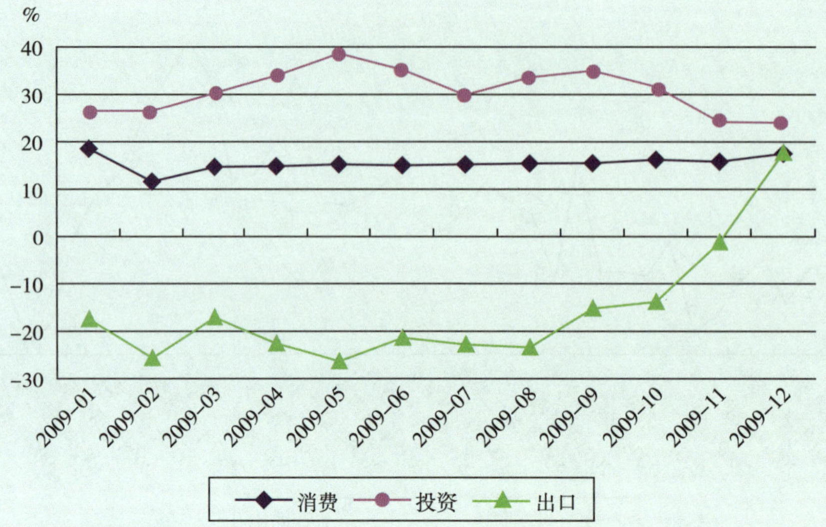

图1-6　消费、投资、出口月度同比增速

数据来源：国家统计局。

（三）财政收入逐月回升，财政支出保持较快增长

2009年，我国实施积极的财政政策，主要包括：扩大政府公共投资，着力加强重点建设；推进税费改革，实行结构性减税；提高低收入群体收入；进一步优化财政支出结构，保障和改善民生；大力支持科技创新和节能减排，推动经济结构调整和发展方式转变。财政收入随着中国经济基本面的好转逐步回升，年初较大的财政压力在下半年得到逐步缓解，全国财政收入同比增速从1月的-17.1%震荡攀升至12月的55.8%。2009年，全国财政收入6.8万亿元，同比增长11.7%。财政支出一直保持较高增速，尤其是前3个月经济表现低迷时，为了促进经济回暖，财政支出同比增速分别达到32.5%、42.0%和31.4%。随着经济整体表现逐步走强，以及上年同期基数较大的因素，财政支出的同比增速有所减缓，但总体仍保持在不低的水平。2009年，全国财政支出7.6万亿元，同比增长21.2%，增速比上年低4.5个百分点。

专栏2　一揽子经济刺激计划

面对国际金融危机的严重冲击和极其复杂的国内外形势，党中央、国务院审时度势，科学决策，全面部署并不断完善应对国际金融危机的一揽子计划，开启了新一轮宏观调控的序幕。

2008 年 11 月 5 日，国务院常务会议研究部署扩大内需促进经济平稳较快增长的措施。会议提出要实行积极的财政政策和适度宽松的货币政策，确定了进一步扩大内需、促进经济增长的十项措施，具体为：一是加快建设保障性安居工程；二是加快农村基础设施建设；三是加快铁路、公路和机场等重大基础设施建设；四是加快医疗卫生、文化教育事业发展；五是加强生态环境建设；六是加快自主创新和结构调整；七是加快地震灾区灾后重建各项工作；八是提高城乡居民收入；九是在全国所有地区、所有行业全面实施增值税转型改革，鼓励企业技术改造；十是加大金融对经济增长的支持力度。按照 2008 年 11 月的安排，在本轮经济刺激方案中，中央将在随后的两年内新增 1.18 万亿元投资，带动总额 4 万亿元的投资计划。

为进一步落实扩大内需、促进经济增长的十项措施，国务院先后出台了一系列政策，主要包括：2008 年 11 月 12 日，提出扩大内需的四项实施措施，即核准审批固定资产投资项目，提高部分产品出口退税率、调整部分产品出口关税，确定中央财政地震灾区灾后恢复重建基金的具体安排方案，以及提出进一步加强支持林业生态恢复重建的政策措施。12 月 13 日，国务院办公厅发布《关于当前金融促进经济发展的若干意见》，共包括 9 个方面 30 条意见，要求落实适度宽松的货币政策，促进货币信贷稳定增长，加强和改进信贷服务，满足合理资金需求。12 月 21 日，国务院办公厅发布《关于促进房地产市场健康发展的若干意见》。2009 年，我国相继出台针对汽车、钢铁、纺织、装备制造、船舶、电子信息、轻工业、石化、有色金属、物流行业的十大产业振兴规划；研究部署进一步发挥科技支撑作用、加快国家科技重大专项实施工作；出台“汽车下乡”、“家电下乡”、“家电以旧换新”政策；确定了进一步稳定外需的六项政策措施；原则通过《文化产业振兴规划》和《关于加快发展旅游业的意见》。

总体来看，我国一揽子计划主要包括四方面的内容：大规模的政府投入、大范围的产业调整和振兴、大力度的科技支撑和大幅度地提高社会保障水平。这四个方面是相互联系、不可分割的整体，体现了一揽子计划的远近结合和标本兼治。在一揽子经济刺激计划作用下，中国经济运行中的积极因素不断增多，较快扭转了经济增速明显下滑的局面，实现了国民经济总体回升向好。

（四）居民收入稳定增长，就业形势好于预期

2009 年，城镇居民人均可支配收入 17 175 元，同比增长 8.8%；扣除价格因素，实际增长 9.8%，实际增速比上年提高 1.4 个百分点。农村居民人均纯收入 5 153 元，同比增长 8.2%；扣除价格因素，实际增长 8.5%，实际增速比上年提高 0.6 个百分点。2009 年下半年以来，随着国内经济快速回升和世界经济反弹复苏，企业订单逐步回升，并接近金融危机前水平，企业用工出现短缺现象。2009 年 12 月，制造业采购经理指数（PMI）从业人员指数为 52.2%，该指数自 6 月持续处于 50% 以上的景气区间，表明制造业就业状况好转。统计数据显示，2009 年城镇就业人员同比净增 910 万人，年末农村外出务工人员 1.49 亿人，比第一季度末增加 170 万人。

（五）物价前低后高，上行压力有所增大

居民消费价格指数（CPI）走势前低后高。受国际金融危机背景下需求放缓以及 2008 年基数较高的影响，2009 年 2 月 CPI 同比下降 1.6%，为 2003 年以来首次出现同比负增长；2009 年 7 月，CPI 同比下降 1.8%，为 1999 年 7 月以来最低点；此后，随着经济企稳回升态势的逐渐明朗和负翘尾因素的逐渐减弱，CPI 开始回升，2009 年 11 月，CPI 同比上涨 0.6%，结束了连续 9 个月的同比负增长。从 2009 年全年看，CPI 同比下降 0.7%，增速同比下降 6.6 个百分点，各季度同比涨幅分别为 -0.6%、-1.5%、-1.3% 和 0.7%。

工业品价格前期跌势明显，后期回升较快。2009 年上半年，工业品出厂价格（PPI）延续了 2008 年 9 月以来的下跌趋势，跌幅逐月加深，2009 年 7 月，PPI 同比下降 9.2%，创下历史单月最大跌幅。随着国际大宗商品价格不断上涨和国内经济企稳复苏的带动，生产资料价格和 PPI 开始回升，2009 年 12 月，PPI 同比上涨 1.7%，结束了连续 12 个月的同比负增长。2009 年，PPI 全年同比下降 5.4%，增速同比下降 12.3 个百分点，各季度同比分别下降 4.6%、7.2%、7.7% 和 2.1%；原材料、燃料、动力购进价格全年同比下降 7.9%，增速同比下降 18.4 个百分点，各季度同比分别下降 7.1%、10.4%、11.1% 和 3.0%（图 1-7）。

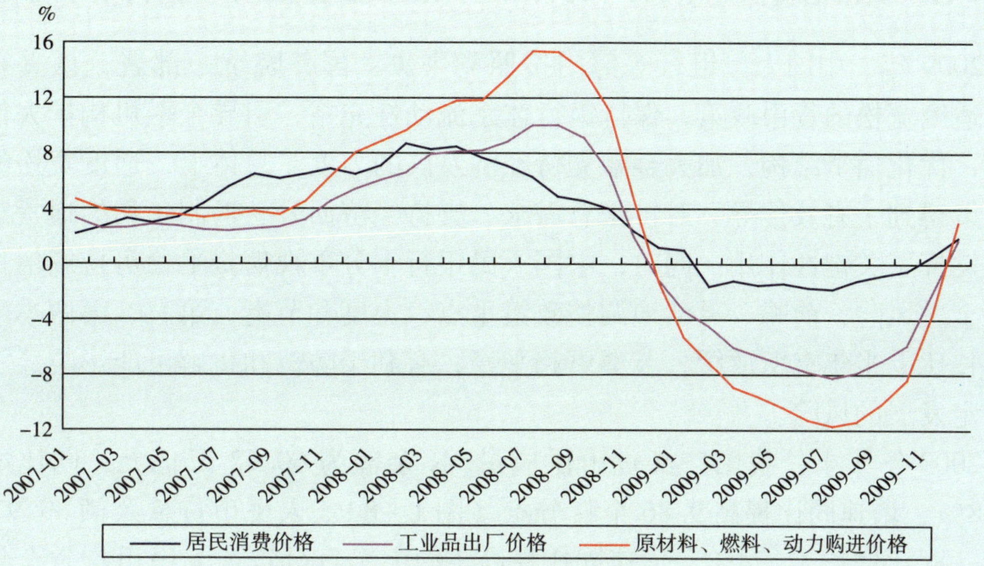

图 1－7　主要物价指标同比走势

数据来源：国家统计局。

（六）主要资产价格上涨较快

在经济逐渐企稳向好、资金充裕、上市公司利润回升等因素的共同推动下，股票市场和房地产市场开始回暖并不断冲高。2009 年，沪、深两市累计成交 53.60 万亿元，同比增长 100.66%；日均成交 2 197 亿元，同比增长 102.31%。年末，上证综合指数和深证成分指数分别收于 3 277.14 点和13 699.97 点，同比上涨 79.98% 和 111.24%。截至 2009 年年末，股票市场流通市值为 15.13 万亿元，同比增长 234.54%。沪、深两市 A 股平均市盈率①分别从 2008 年年末的 15 倍和 17 倍上升到 2009 年年末的 29 倍和 46 倍。

2009 年，国家采取了一系列促进房地产市场健康发展的政策，对提振信心、活跃市场、解决低收入家庭住房困难问题、促进住房消费和投资发挥了重要作用。自 2009 年 3 月以来，国内房地产价格逐月走高。3 ~ 12 月，70 个大中城市房地产价格指数累计涨幅达到 8.2%。

① 2009 年市盈率使用的是 2008 年财务数据。

（七）货币信贷快速增长，人民币汇率在合理均衡水平上保持基本稳定

2009年，中国人民银行等部门按照党中央、国务院统一部署，认真有效执行适度宽松的货币政策，保持银行体系流动性充裕，引导金融机构扩大信贷投放，优化信贷结构，加大金融支持经济发展的力度。总体上，适度宽松的货币政策得到了有效传导，对扩张总需求、支持经济回升、遏制年初的通货紧缩预期发挥了关键性作用。同时，中国人民银行十分重视信贷平稳可持续增长和防范金融风险，前瞻、灵活地调整政策重点、力度和节奏，第三、第四季度信贷增长比上半年有所放缓，节奏更趋平稳，有利于防范和化解可能影响经济长期稳定发展的风险。

2009年年末，我国广义货币供应量 M_2 余额为60.62万亿元，同比增长27.68%，增速同比提高9.86个百分点（图1－8）。人民币贷款余额39.97万亿元，同比增长31.74%，增速同比提高13.01个百分点。人民币贷款全年新增9.59万亿元，同比增加4.69万亿元。人民币存款余额为59.77万亿元，同比增长28.21%，增速同比提高8.48个百分点。国家外汇储备余额为23 992亿美元，同比增长23.28%。全年国家外汇储备增加4 531亿美元，同比增加353亿美元。人民币汇率在合理均衡水平上保持基本稳定，2009年年末，人民币对美元汇率中间价为6.8282元。

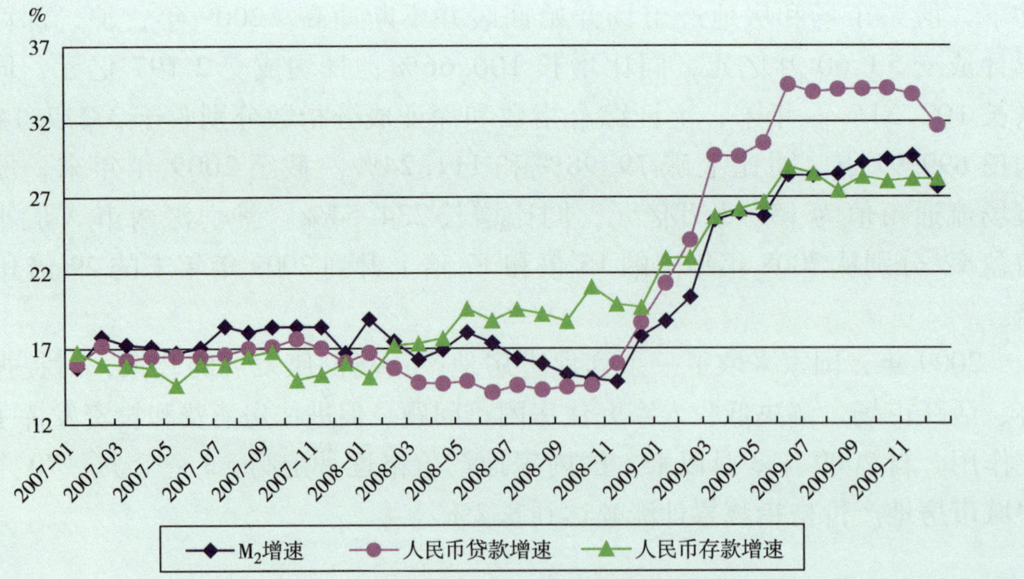

图1－8　M_2、人民币贷款和人民币存款同比增长情况

数据来源：中国人民银行。

专栏3　跨境贸易人民币结算试点稳步推进

金融危机爆发以来，国际社会要求改革现行国际货币体系的呼声日益高涨。新兴市场国家特别是我国周边国家对人民币的接受程度提高，市场对人民币跨境使用的需求增强。中国适应形势发展和市场需要，稳步推进人民币跨境使用。

人民币跨境使用的基本情况。为促进对外贸易和跨境投资的健康发展，近年来，中国采取了一系列贸易投资便利化的措施。一是开展边贸本币结算试点。为支持边贸发展，1993 年以来，中国人民银行先后与越南、蒙古、俄罗斯、吉尔吉斯斯坦、老挝、朝鲜、尼泊尔和哈萨克斯坦周边 8 个国家的中央银行签署边贸本币结算协定，对边境地区人民币现钞调运、人民币账户开立等作出了安排，便利边贸人民币结算。二是为港澳银行提供人民币清算安排。为顺应内地与港澳地区经贸关系发展和便利居民旅游、消费及人员往来的需要，应香港特别行政区政府和澳门特别行政区政府的要求，中国人民银行分别自 2003 年 11 月和 2004 年 8 月起为香港、澳门的银行开办人民币业务提供清算安排。截至 2009 年年末，香港人民币清算账户余额为 477 亿元，澳门人民币清算账户余额为 18.36 亿元。三是跨境贸易人民币结算试点工作全面展开。2009 年 7 月，上海市办理第一笔跨境贸易人民币结算业务，广东省广州、深圳、珠海、东莞 4 个城市相继开展跨境贸易人民币结算业务。四是推进跨境人民币融资试点。2009 年 11 月以来，先后允许国家开发银行、中国进出口银行、中国工商银行、中国银行和招商银行开展境外项目人民币融资试点，鼓励金融机构加大对外贸和企业“走出去”的支持力度，进一步提高贸易和投资便利化程度。

跨境贸易人民币结算试点进展顺利。一是跨境贸易人民币结算制度基本建立。2009 年 7 月，《跨境贸易人民币结算试点管理办法》和《跨境贸易人民币结算试点管理办法实施细则》发布。随后，国家税务总局和海关总署先后下发通知，明确试点企业申报办理跨境贸易人民币结算方式出口货物退（免）税时无须提供出口收汇核销单、企业申报出口货物以人民币申报时可不提供外汇核销单、企业可跨境以人民币申报出口货物等事项，对跨境贸易人民币结算出口退（免）税及人民币报关等问题作出具体规定。中国人民银行与海关总署、国家税务总局分别签署关于数据交换的备忘录，实现信息共享。至此，跨境贸易人民币结算、清算制度及进出口报关政策和出口退（免）税政策基本建立。二是人民币跨境收付信息管理系统（RCPMIS）运行平稳。为保障跨境贸易结算试点工作的顺利进行，中国人民银行建立了人民币跨境收付信息管理系统，对人民币跨境收付情况进行统计、分析和监测。三是跨境贸易人民币结算各项业务有序进行。总体来看，试点工作进展顺利，跨境贸易人民币资金结算和清算渠道便捷、顺畅，人民币出口退（免）税及进出口报关政策清晰明确、操作流程便利，人民币结算和账户融资、人民币购售等相关业务顺利开展。截至2009年年末，累计办理跨境贸易人民币结算业务409笔，结算总金额为35.83亿元。境内代理行共办理跨境人民币售出业务59笔，合计3.59亿元；办理跨境人民币买入业务16笔，折合人民币2.18亿元。共报送跨境人民币账户融资业务4笔，金额为711万元；香港人民币清算行办理跨境人民币拆借业务6笔，金额为16.10亿元；境内代理行为境外参加行开立的人民币同业往来账户总数为160个，账户余额6.88亿元。试点以来，单周结算笔数、结算金额、结算量和境外国家（地区）占比情况详见图1-9、图1-10和图1-11。

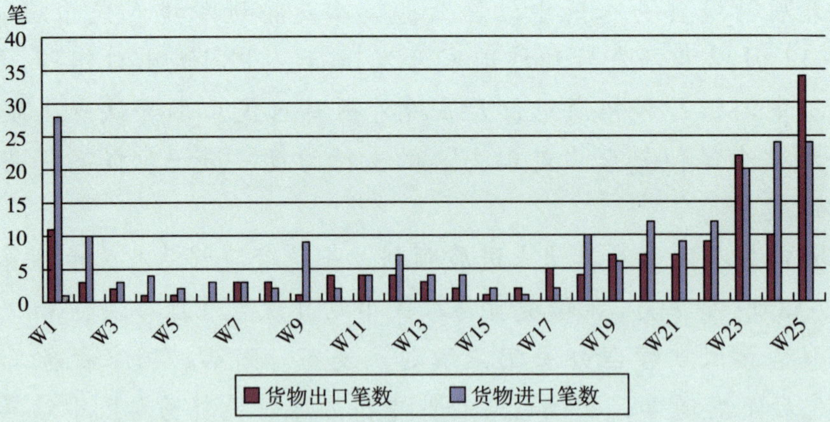

图1-9　跨境贸易人民币结算业务单周笔数

数据来源：中国人民银行。

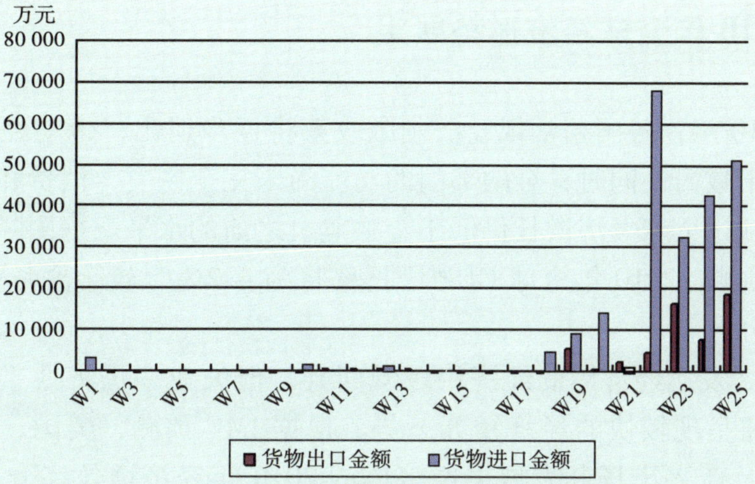

图 1－10　跨境贸易人民币结算业务单周金额

数据来源：中国人民银行。

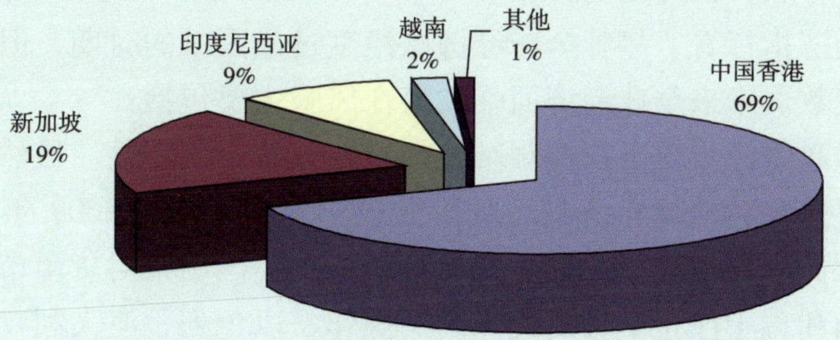

图 1－11　境外国家（地区）结算量占比

数据来源：中国人民银行。

促进人民币跨境使用进一步发展。下一步，应稳步推进人民币跨境使用相关业务发展，坚持稳妥有序、循序渐进、风险可控的原则，与我国金融体制改革及人民币资本项目可兑换进程相适应。一是扩大跨境贸易人民币结算试点境内外地域范围和企业数量，开展跨境服务贸易人民币结算试点；二是稳步推进利率市场化，扩大国内金融市场开放，逐步拓宽境外机构人民币获取和运用渠道；三是支持商业银行按照市场化原则对外提供人民币贸易融资和项目融资；四是研究建立人民币对小币种的双边汇率形成机制，在银行间外汇市场推出人民币对小币种的交易；五是进一步发挥香港市场的窗口作用，推动人民币跨境使用业务发展。

三、2010年全球经济形势展望

展望2010年，各国超常规经济刺激政策将逐步退出，带动经济反弹的政策力度将趋于减弱，同时，金融部门的功能尚未完全恢复，消费和投资缓慢增长。因此，预计全球经济增长仍低于金融危机之前的水平。据国际货币基金组织（IMF）预测，2010年全球GDP增长率将为4.2%，较金融危机前的2007年低1个百分点。

2010年，发达经济体的经济将缓慢回升，但失业率仍将处于高位，而新兴经济体则将呈现较快的经济复苏态势。根据IMF预测，美国、欧元区、日本、英国以及新兴市场和发展中经济体的2010年经济增长率分别为3.1%、1.0%、1.9%、1.3%和6.3%，分别比2009年高5.5个、5.1个、7.1个、6.2个和3.9个百分点。2010年新兴市场和发展中经济体通货膨胀的压力将逐渐加大，预计通货膨胀率为6.2%，比2009年高1个百分点；发达国家将出现温和的通货膨胀，预计通货膨胀率为1.5%，比2009年高1.4个百分点。

从主要经济指标看，尽管全球经济已经度过最困难的时期，但经济复苏前景仍充满了变数。未来全球经济面临的潜在风险主要包括：

各国刺激政策逐步退出抉择艰难，加剧复苏的不确定性。虽然全球主要经济体仍表示要避免超常规经济刺激政策的过早退出，但自2009年第三季度以来，美国、欧洲已开始陆续收回金融救市工具：美国结束对货币市场基金的救助计划，英国和瑞士停止3月期美元回购操作，以色列、澳大利亚、挪威等国则相继加息。各国在退出时机和方式上的不一致很可能导致大规模国际套利，加剧国际投机资本的无序流动，并引发金融市场剧烈波动，进而拖累经济复苏。尽管一些国家向外界发出了有关政策调整的信号，但对经济复苏的谨慎判断可能导致各国在今后相当长的一段时间内维持较低的利率水平，这将推高资产价格，加大通货膨胀压力。

主要发达经济体失业率居高不下。在金融危机时，各国政府采取大量措施推动经济走出衰退，但主要经济体失业率水平仍居高不下，将直接影响个人消费，造成储蓄率上升，进而拖累经济复苏的步伐。

金融体系仍然比较脆弱。IMF估计，全球金融机构在金融危机中的潜在损失高达3.6万亿美元，至今尚有一半未暴露出来。尽管全球主要银行趋于稳定，但过度杠杆化并未完全解决，金融机构资产负债表的修复还需要相当长的时间，全球金融体系依然脆弱。

主权债务风险加大。冰岛、迪拜、希腊相继爆发债务危机，欧洲部分国家主权信用评级遭遇下调，这引发了人们对各国财政可持续性问题的担忧。如果主要经济体不能采取有效措施削减财政赤字，将同样面临债务违约风险，引发主权债务危机，进而对全球经济增长带来危害。

短期国际资本流动加大了新兴市场经济体宏观调控的难度。金融危机发生后，各国向市场注入了大量的流动性。随着经济回暖，国际资本特别是短期资本开始重返经济复苏强劲的新兴市场经济体，如亚洲新兴市场国家等。这导致局部地区和国家资产价格快速上涨、汇率过快升值以及外汇储备被动增加，极大地增加了这些地区和国家宏观调控的难度，造成新兴市场经济体的经济更加脆弱。随着全球经济金融形势的好转，主要发达经济体经济刺激政策逐步退出，国际资本流动将发生逆转，这将对新兴市场经济体带来重大冲击，甚至引发新兴市场经济体的局部危机，对全球经济持续复苏与稳定构成威胁。

美元汇率大幅波动将影响经济复苏。美元汇率大幅波动可能阻滞全球经济复苏脚步。当美元汇率快速升值时，全球资本市场和大宗商品市场价格承受压力，从而造成市场大幅震荡，并直接影响到部分资源类国家的经济发展。而美元汇率快速贬值会导致大宗商品市场价格上涨，诱发资产泡沫，影响经济金融稳定。

贸易保护主义明显抬头。在二十国集团（G20）峰会上，成员国首脑们一再重申反对贸易保护主义的立场，但出于自身短期利益的考虑，不少国家仍在采取或明或暗的贸易保护主义措施，如提高进口关税、设置“绿色壁垒”、提高出口部门补贴等。据世界银行统计，仅 2008 年 11 月至 2009 年 3 月，G20 成员国中就有 17 国出台多达 47 项贸易保护措施。贸易保护主义不仅影响双边贸易的顺利开展，而且会限制国际市场活力，甚至危及经济复苏进程。

专栏 4　国际金融危机以来的国际资本流动状况

2008 年下半年国际金融危机集中爆发以后，主要经济体增长普遍放缓，甚至陷入衰退，国际金融市场融资功能急剧恶化，金融机构和企业的“去杠杆化”导致国际资本流动规模迅速下降，并从流向新兴市场和发展中经济体转为回流发达经济体。据 IMF 统计，流向新兴市场和发展中经济体的净私人资本从 2007 年 6 965 亿美元的历史最高位急剧下降至 2008 年的 1 295 亿美元，降幅达 81.4%。全球外国直接投资（FDI）和跨境并购交易萎缩。联合国贸易与发展会议（UNCTAD）统计显示，2008 年全球 FDI 流量和跨境并购交易分别比 2007 年下降 15% 和 29%。

2009年，国际资本流动呈现“先抑后扬”的特点。年初，由于金融危机蔓延和深化，发达经济体陷入严重衰退，多数新兴经济体受制于外需疲软、商品价格下跌、融资困难等问题，对外贸易和投资均明显下降，经济增长持续放缓，国际资本流动进一步萎缩。据UNCTAD统计，2009年第一季度全球跨境并购额分别比2008年第一季度、第四季度下降77%和62%。2009年下半年以后，随着各国积极的调控政策和金融救助等政策措施的效果逐步显现，尤其是在新兴经济体的带动下，世界经济出现企稳回升迹象，国际资本流动逐步回暖。受美国低利率政策影响，货币市场上美元利率从2009年8月起开始低于日元利率，美元成为套利交易新标的。投资者借入美元，大举进入新兴市场炒作高收益资产，韩国、印度、巴西、阿根廷等新兴经济体的房价、股价纷纷大幅上涨。越来越多的国家考虑采取资本管制或其他限制措施，以抑制“热钱”大量流入对本国金融市场可能造成的不利后果。

当前，国际资本流动仍未恢复到金融危机前的水平。据UNCTAD统计，2009年全球FDI比2008年下降39%，较2007年最高峰时减少约一半。未来随着世界经济金融形势进一步好转，国际资本流动有望继续回稳。但主要经济体金融体系的“去杠杆化”和坏账清理过程尚未结束，套利投机交易盛行，新的资产泡沫和金融风险有所积聚，甚至不排除再度出现局部金融震荡的可能性。上述因素可能造成国际资本流动规模的剧烈波动和流向的不确定，使各国尤其是发展中国家在改善货币调控、维护金融稳定等方面面临复杂形势和严峻挑战。

四、2010年中国经济展望

2010年，我国经济面临的有利因素增多，国民经济有望继续保持平稳较快增长的基本态势，但也面临国内外复杂局面的挑战。2009年第四季度，我国GDP增长已达10.7%，较第一季度6.1%的增速明显提升，经济复苏的速度进一步加快。随着全球经济复苏，我国经济发展的外部环境将逐步好转。在各项宏观调控政策和措施逐步落实的情况下，国内经济活力和信心也逐步增强，地方加快发展和扩大投资的热情较高，投资扩张动力较强。同时，城镇化和消费结构升级对经济增长的拉动作用也有望进一步增强。不过也要看到，保持我国经济平稳较快发展还存在不少困难。一方面，全球经济新的增长点尚不明朗，受制于财政可持续性以及对资产泡沫的担忧，主要经济体继续加大刺激政策的空间有限，贸易摩擦加剧及刺激政策退出等不确定因素也会对国际经济和我国外部发展环境产生重要影响。另一方面，我国经济发展面临的深层次问题并没有得到根本性解决，内需回升的基础尚不稳固，民间投资和内生增长动力尚待强化，持续扩大居民消费、促进经济发展方式转变和经济结构优化的任务还很艰巨，财政金融领域的潜在风险也不容忽视，特别是要加强地方政府投融资平台贷款风险管理。此外，美元和初级产品价格走势、国内资源能源价格调整等也都增加了价格变化的不确定性。总的来看，2010 年宏观经济运行趋势更加复杂，宏观调控面临更多新问题和新挑战。

鉴于此，既要保持宏观经济政策的连续性和稳定性，又要根据新形势、新情况，着力提高政策的针对性和灵活性，特别是处理好保持经济平稳较快发展、调整经济结构和管理好通货膨胀预期的关系。一是继续实行积极的财政政策和适度宽松的货币政策，并不断完善其他应对国际金融危机的一揽子措施，保持经济复苏的良好势头。二是围绕转变经济发展方式和加快经济结构调整，落实有保有控的信贷政策，使贷款真正用于实体经济，用于国民经济最重要、最关键的地方。引导金融机构严格控制对高耗能、高排放和产能过剩行业的贷款，加强对社会薄弱环节、战略性新兴产业、产业转移等方面的支持，着力提高信贷质量和效益。三是综合运用财政、货币等多种政策工具，密切关注价格走势和管理好通货膨胀预期，加强金融风险防范，保持我国经济持续平稳较快发展。

第二章

银行业

2009 年，银行业金融机构积极应对国际金融危机，认真贯彻适度宽松的货币政策，加大信贷投放力度，在经济社会发展中发挥了重要的支撑和促进作用；银行业金融机构改革继续深化，风险管理水平和危机应对能力提升，银行业稳健运行基础进一步增强。

一、运行状况

资产负债规模持续增长。截至 2009 年年末，银行业金融机构资产总额 79.51 万亿元，同比增长 25.91%；负债总额 75.07 万亿元，同比增长 26.46%。2009 年，股份制商业银行和城市商业银行资产占比分别比上年提高 0.84 个和 0.61 个百分点。五家大型商业银行（含中国工商银行、中国农业银行、中国银行、中国建设银行和交通银行）、政策性银行、农村金融机构（含农村商业银行、农村合作银行、农村信用社）和外资银行占比有所下降（图 2－1）。

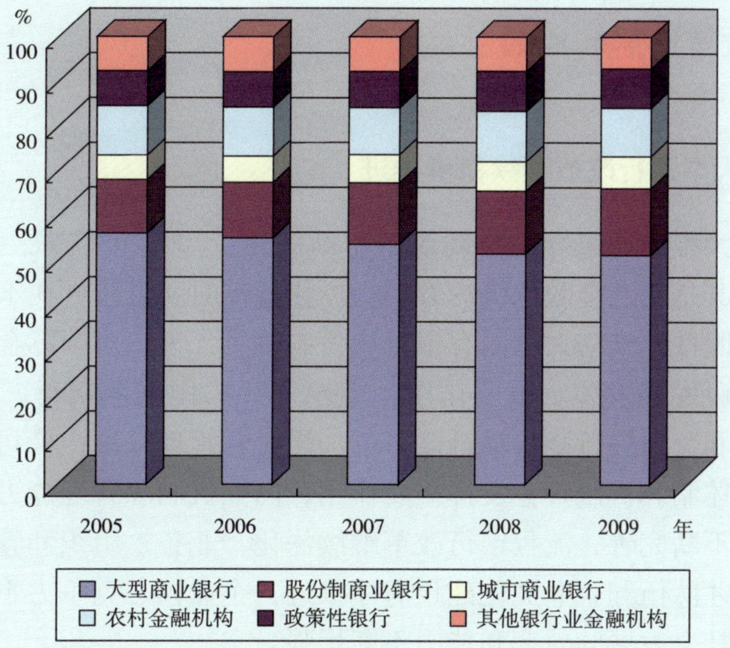

图 2－1　各类银行业金融机构资产占比

数据来源：中国银监会。

存贷款余额大幅增加。截至 2009 年年末，银行业金融机构本外币存款余额 61.20 万亿元，比年初增加 13.24 万亿元，增长 27.7%；本外币贷款余额 42.56 万亿元，比年初增加 10.52 万亿元，增长 32.83%。按贷款期限分，短期贷款余额15.14万亿元，比年初增加2.29万亿元，增长17.8%；中长期贷款余额23.56万亿元，比年初增加7.1万亿元，增长43.3%；票据融资余额2.39万亿元，增加4 584.4亿元，增长23.7%。

资产质量整体提升。2009年，银行业金融机构不良贷款余额和不良贷款率继续实现低位“双降”，拨备覆盖率高位提升。截至年末，商业银行不良贷款余额5 066.78亿元，同比减少568.04亿元；不良贷款率1.59%，同比下降0.8个百分点；拨备覆盖率153.21%，同比提高36.57个百分点。

资本总体较为充足。银行业金融机构通过多种渠道补充资本金，其中商业银行发行次级债券和混合资本债募集资金2 746亿元，比上年增加279.3%。截至2009年年末，银行业金融机构资本充足率10.87%，其中商业银行资本充足率11.46%。

盈利继续保持增长。银行业金融机构实现税后净利润6 684.23亿元，比上年增加850.68亿元，同比增长14.58%，其中，主要商业银行①实现税后净利润4 926.12亿元，上升12.37%。

二、改革进展和成效

（一）大型银行改革继续稳步推进

已改制大型商业银行股份制改革不断深化。2003年以来，我国吸取历次金融危机尤其是亚洲金融危机的教训，抓住最佳时间窗口，在本轮国际金融危机之前，前瞻性地推动大型国有银行股份制改革，为应对国际金融危机和支持国民经济健康发展发挥了重要作用。2009年，中国工商银行、中国银行、中国建设银行和交通银行坚持推进改革与加强经营管理并重，公司治理架构不断规范，新的体制和机制日益发挥重要作用；内控机制和管理能力不断增强，风险防范体系不断完善；流程银行改革继续深化，业务、组织和管理流程建设成效显著，人才队伍和企业文化建设有序推进，企业核心竞争力不断提高；服务国民经济与社会发展的效率和能力不断增强。

国家开发银行和中国农业银行改革取得积极进展。国家开发银行已由政策性银行改制为股份制商业银行。2009年1月16日，中国农业银行股份公司正式挂牌成立。这两家银行的治理架构初步建立并开始运转，风险控制体系趋于完善，内部改革和机制转换工作稳步推进，各项业务平稳较快发展。国家开发

① 主要商业银行包括5家大型商业银行和12家股份制商业银行。

银行在增加中长期信贷投放、支持“保增长、扩内需、调结构”的同时，配合国家能源资源和“走出去”战略的实施，运作了一批重大战略性项目。改革后，两家银行的财务状况显著改善。

政策性银行改革不断推进。按照国务院统一部署，2009 年 3 月，中国人民银行会同有关部门成立了中国进出口银行改革工作小组。工作小组成立以来，以修订中国进出口银行章程为主线，围绕政策性功能定位、业务范围、国家注资、公司治理和内部改革、外部监管、协调机制、配套改革措施等进行了一系列调研，并对美国等国家同类机构的具体实践进行了比较研究，在此基础上按照建立现代金融企业制度的改革方向和原则，拟制了中国进出口银行的改革实施总体方案和章程修订草案。目前，改革的总体思路已经国务院原则同意。此外，中国农业发展银行也不断深化内部改革，加强风险管理和内控机制建设，稳步开展新业务，为全面改革创造条件。

（二）支持经济增长成效明显

贯彻落实适度宽松货币政策。2009 年，银行业金融机构结合市场需求变化及自身发展的实际状况，加大信贷投放力度，把握信贷投放节奏，保持银行体系流动性合理充裕，有力地支持了经济平稳较快发展。一是加大信贷投放力度。全年新增人民币贷款 9. 59 万亿元，同比多增 4. 59 万亿元，有力地配合了国家“保增长、扩内需”政策的实施。二是根据新情况、新变化，合理把握信贷投放节奏。第二、第三、第四季度信贷投放有序减速，分别下降至月均 9 200 亿元、4 300 亿元和 3 100 亿元。

农村金融服务不断加强。一是积极探索中国农业银行“面向‘三农’”和“商业运作”相结合的有效途径，以服务创新和事业部制改革试点为主线，不断增加涉农信贷投放，加强和改进“三农”金融服务。二是继续推进农村信用社改革。截至 2009 年年末，全国共组建以县（市）为单位的统一法人机构 2 054 家，农村商业银行 43 家，农村合作银行 195 家，农村信用社支农主力军作用继续得到有效发挥。三是大力培育新型农村金融机构，截至 2009 年年末，共设立新型农村金融机构 172 家，其中村镇银行 148 家，贷款公司 8 家，农村资金互助社 16 家。四是积极创新农村金融产品和服务方式，加大政策扶持力度，加强和改善对农业产业链、农民专业合作社、农民工返乡就业、“家电下乡”等的金融服务。经多方努力，2009 年新增涉农贷款 2. 36 万亿元，全口径涉农贷款余额 9. 14 万亿元，占各项贷款余额的 21. 5%，同比增长 32. 3%，增速比上年提高 11. 5 个百分点。

中小企业融资状况继续改善。2009 年，银行业金融机构不断创新信贷方式，提升对中小企业的信贷服务水平。一是不断加大对中小企业的信贷支持力度。部分商业银行将中小企业贷款作为战略重点和未来利润增长点，中小企业贷款逐步增加。截至2009年年末，银行业金融机构中小企业贷款余额10.9万亿元，同比增长13.5%。二是积极推动小企业金融服务专营机构建设。截至2009年年末，17家主要商业银行的小企业金融服务专营机构发放贷款已占这些银行中小企业贷款的60%以上。三是改善中小企业贷款的信用、财税环境，探索实施小企业贷款差异化监管，鼓励贷款向中小企业倾斜。

（三）防范金融风险能力增强

2009年，银行业在大力支持经济发展的同时，注重防范金融风险，切实加强内部管理和外部监管，风险管理制度不断完善，局部风险得到有效化解，银行业稳定运行基础进一步夯实。

内部风险管理不断加强。一是继续完善公司治理和内控机制，科学调整薪酬制度，积极完善各项风险管理制度，进一步强化法律和市场约束。二是改进风险识别、计量和评估的手段与方法，逐步完善风险监测、评估和早期预警系统，风险管理的能力和水平继续提高。三是继续推进信息技术应用系统建设，提高系统运行的安全性，加大信息数据整合和系统资源开发力度，强化贷前、贷中、贷后信息管理，为业务创新和发展提供有力保障。四是加大对固定资产、地方融资平台和房地产等领域信用风险的管控力度，切实加强信贷管理，防范化解潜在信用风险。五是继续加大案件治理力度，加强案件风险防控，采取有效措施防范各类操作风险。六是完善信息披露制度，银行业信息披露取得长足进展。

专栏5　我国银行业信息披露取得长足进展

巴塞尔银行监管委员会（BCBS）等国际组织历来强调信息披露在银行外部治理中的重要作用，并将信息披露作为新资本协议的三大支柱之一。此次金融危机暴露出国际银行业对监管资本要求、交易对手信用风险、证券化风险以及复杂金融工具的市场风险等信息披露不够充分，市场难以对机构之间的资本和风险进行充分评估和比较。为此，2009年，BCBS先后发布了关于市场风险和交易账户的修订稿、《提高银行业抗风险能力（征求意见稿）》等，提议继续加强银行业信息披露，进一步细化资产证券化、交易业务和表外风险的信息披露要求，并提出银行对监管资本所有构成及调整项应进行详细披露，以强化市场约束。

近年来，我国在推进新资本协议实施的过程中，借鉴国际银行业信息披露的良好做法，采取了一系列加强银行业信息披露的政策措施，进一步完善了信息披露规范体系。银行业信息披露制度框架逐步建立，新企业会计准则基本与国际会计标准接轨，信息披露的制度基础日趋完备，银行业信息披露取得长足进展，绝大部分商业银行已经按照监管部门的要求每年进行信息披露，信息披露意识逐步增强，信息披露内容的深度和广度不断提升，14 家上市商业银行信息披露基本达到国际标准，得到境内外监管机构和投资者的广泛认可。中国工商银行等 7 家商业银行将于 2010 年率先实施新资本协议，信息披露将按新资本协议的要求开展，我国银行业信息披露质量将进一步提升，银行业透明度和市场约束也将进一步增强。

外部监管有效性进一步提高。一是发布《商业银行银行账户利率风险管理指引》、《商业银行流动性风险管理指引》和《商业银行声誉风险管理指引》，从银行账户利率风险、流动性风险、声誉风险等方面加强风险管理。二是制定《商业银行资本充足率监督检查指引》、《商业银行资本充足率信息披露指引》和《商业银行投资保险公司股权试点管理办法》等管理规定，从资本监管、杠杆率、综合经营等方面完善银行风险防控机制。三是提高银行业资本质量和充足水平监管要求，强化对银行交易账户、资产证券化等风险暴露的资本约束，明确规定商业银行互相持有的长期次级债务要从资本中扣除，禁止银行对企业发债进行担保。四是加强非银行金融机构①监管制度建设，研究制定《消费金融公司试点管理办法》，修改完善《信托公司监管评级管理办法》和《信托公司信息披露管理办法》。五是积极推进跨境监管合作，探索建立大型银行跨境联合监管机制，与 25 个国家和地区监管当局签订监管合作备忘录，成功组织首次中国工商银行国际监管联席会议。

局部风险得到有效化解。一是妥善应对境外战略投资者减持。自 2008 年年末以来，受国际金融危机影响，部分中资重点金融机构境外战略投资者出现较大财务困难，在锁定期满后开始减持其所持中资金融机构股份，引起市场高度关注。按照国务院统一部署，中国人民银行会同有关部门和金融机构制定了周密的应对预案，精心组织落实，并适时适度引导社会舆论，有效维护金融市场稳定。二是风险处置有序进行。山东济正、安徽亳州等个别地区非法集资风

① 非银行金融机构包括中国银监会负责监管的信托公司、企业集团财务公司、金融租赁公司、汽车金融公司、货币经纪公司和消费金融公司。

险被及时化解；美国联合银行及其中国子行经营风险得到有效监控和应对。

（四）积极参与制定与实施国际银行业监管规则

正式加入BCBS。2009年3月，BCBS宣布扩员，中国人民银行和中国银监会代表中国正式加入BCBS，这标志着中国开始全面参与国际银行业监管标准与准则的研究制定工作。自加入BCBS以来，中国人民银行和中国银监会积极参与新资本协议的修订工作，跟踪研究BCBS关于强化银行资本监管、建立全球流动性标准、引入杠杆率监管、建立逆周期资本缓冲机制、完善银行业公司治理、修改相关会计标准、推进薪酬制度改革等议题，充分听取金融机构和社会各界的意见和建议，及时提出我方观点和立场，维护我国银行业核心利益。

做好实施新资本协议的各项准备工作。2009年，我国加快推进商业银行实施新资本协议配套制度建设，基本建立了覆盖银行业主要风险领域的审慎监管法规体系，积极开展定量影响评估，对拟实施新资本协议的商业银行的内部评级体系和风险计量模型进行验证和现场检查，确保新资本协议按计划如期实施。同时，各主要商业银行结合自身实际，建立完善实施新资本协议的工作机制，从制度、设备、技术、数据、人才等各个方面为实施新资本协议做好准备。按照中国银行业实施新资本协议的目标和时间框架，监管部门将从2010年开始受理商业银行实施新资本协议的申请。

三、稳健性评估

2009年，银行业主要稳健性指标总体保持良好，资产质量、盈利水平持续改善，流动性总体较为充足。但资本充足水平下降，信贷集中度有所提高，融资压力加大。

资产质量持续改善，但不良贷款反弹压力加大。截至2009年年末，银行业不良贷款余额和不良贷款率下降明显（图2－2）。其中，主要商业银行不良贷款余额4 357.95亿元，同比减少539.63亿元，不良贷款率1.59%，同比下降0.82个百分点；城市商业银行不良贷款余额376.88亿元，同比减少107.94亿元，不良贷款率1.3%，同比下降1.03个百分点。政策性银行不良贷款余额4 206.41亿元，同比增加111.32亿元，外资银行不良贷款余额61.82亿元，同比增加0.85亿元。

从五级分类看，2009年商业银行关注类、次级类和可疑类贷款同比下降，但损失类贷款同比增长10.08%，其中，大型商业银行增长7.45%，股份制商业银行增长 28.27%。

从贷款投向看，地方政府融资平台、基础设施和集团客户贷款增加较多，“贷大、贷长和贷集中”问题越发突出，随着经济结构调整步伐的加快，信贷资金出现损失的可能性明显增大。

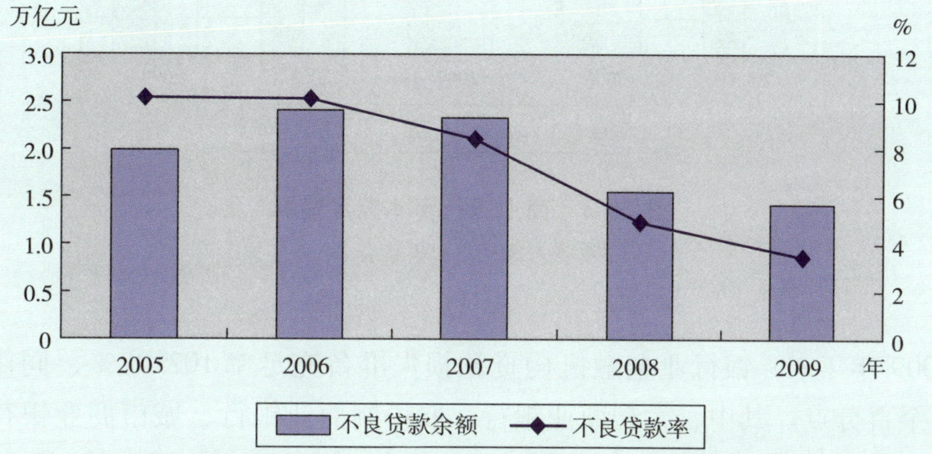

图 2-2　银行业金融机构不良贷款余额和比率

数据来源：中国人民银行、中国银监会。

资本充足率略有下降，资本质量持续提高。 2009 年，由于银行信贷规模的急剧扩张，商业银行的整体资本充足率有所下降，年末，商业银行整体资本充足率为 11.46%，同比下降 0.59 个百分点。其中，大型商业银行资本充足率 11.25%，同比下降 0.89 个百分点；股份制商业银行资本充足率 10.27%，同比下降 0.27 个百分点；城市商业银行资本充足率 12.96%，同比下降 0.15 个百分点，银行业融资压力加大。

商业银行的资本质量始终维持在国际同业较高水平。截至 2009 年年末，商业银行核心资本占资本净额 81.74%，比商业银行股份制改革初期的 2005 年提高 17 个百分点。其中，吸收未预期损失能力最强的实收资本占比进一步提高，实收资本占核心资本净额 62%，比 2008 年提高 3 个百分点，商业银行抗风险能力持续增强（图 2-3）。

拨备覆盖率高位提升，风险抵补能力增强。 截至 2009 年年末，商业银行拨备覆盖率 153.21%，同比提高 36.57 个百分点。其中，大型商业银行、股份制商业银行、城市商业银行拨备覆盖率分别为 144.89%、202.00% 和 182.28%。

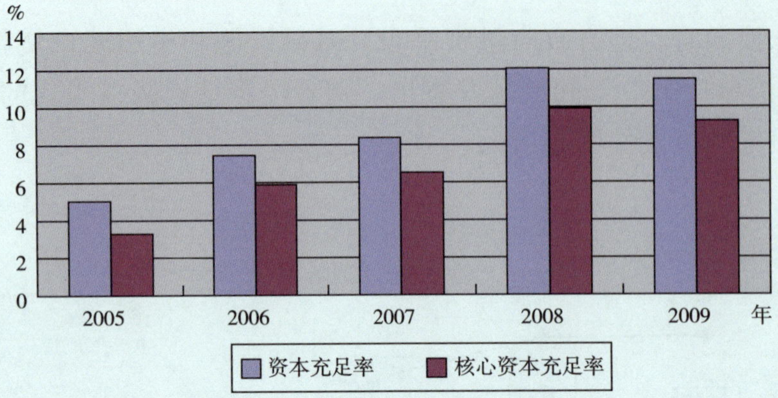

图2－3 商业银行资本充足情况

数据来源：中国银监会。

2009年年末，银行业金融机构贷款损失准备充足率102.28%，同比提高18.85个百分点。其中，大型商业银行、股份制商业银行、城市商业银行贷款损失准备充足率分别为180.27%、161.22%和235.38%。

盈利增速有所下降，盈利结构逐渐改善。2009年上半年，受净息差收窄等因素影响，银行业盈利出现持续下降；下半年，随着贷款大幅增长和实体经济的回暖，银行业盈利水平不断提高。全年银行业金融机构实现税后净利润6 684.23亿元，同比上升14.58%，增速比上年下降16.02个百分点。银行业金融机构资产利润率0.94 %，资本利润率16.24%，同比分别下降0.07个和0.85个百分点。其中，商业银行资本利润率和资产利润率分别达到18%和1.03%，均高于行业平均水平（图2－4）。

2009年随着实体经济回暖和资本市场复苏，商业银行中间业务收入增长较快，占比不断上升，盈利结构持续改善。截至2009年年末，商业银行中间业务收入占比14.39%，同比上升4.28个百分点。

流动性整体充足，流动性缺口率有所上升。截至2009年年末，商业银行流动性比例为42.41%，同比下降3.64个百分点，仍远高于25%的监管指标下限，其中城市商业银行、农村商业银行等中小机构的流动性比例均保持在50%以上。银行业金融机构存贷比71.85%，同比上升2.68个百分点，低于75%的监管上限。超额存款准备金率3.13%，同比下降1.98个百分点（图2－5）；人民币超额备付金率4.25%，同比下降5.07个百分点。商业银行流动性缺口率－14.37%，同比扩大8.74个百分点，资金期限错配风险有所加大。

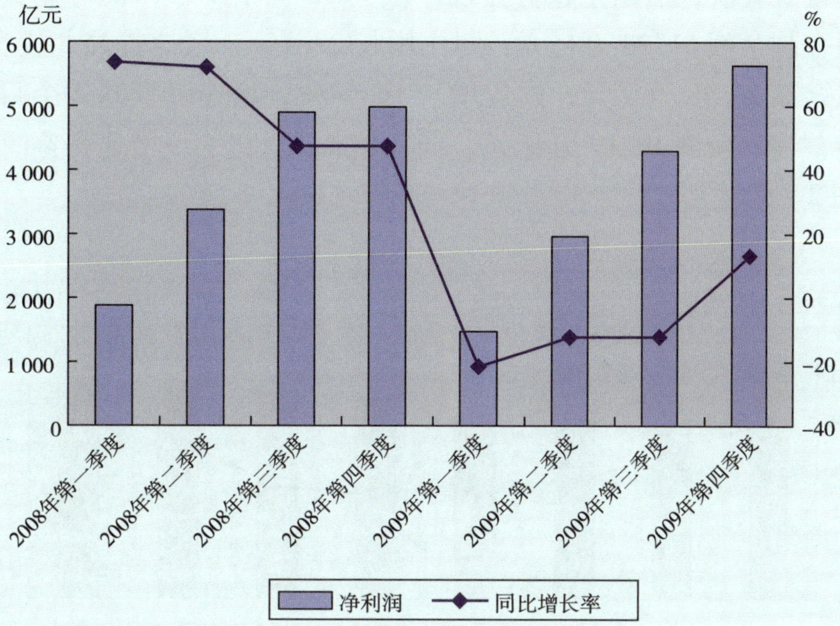

图2－4　商业银行净利润增长情况

数据来源：中国银监会。

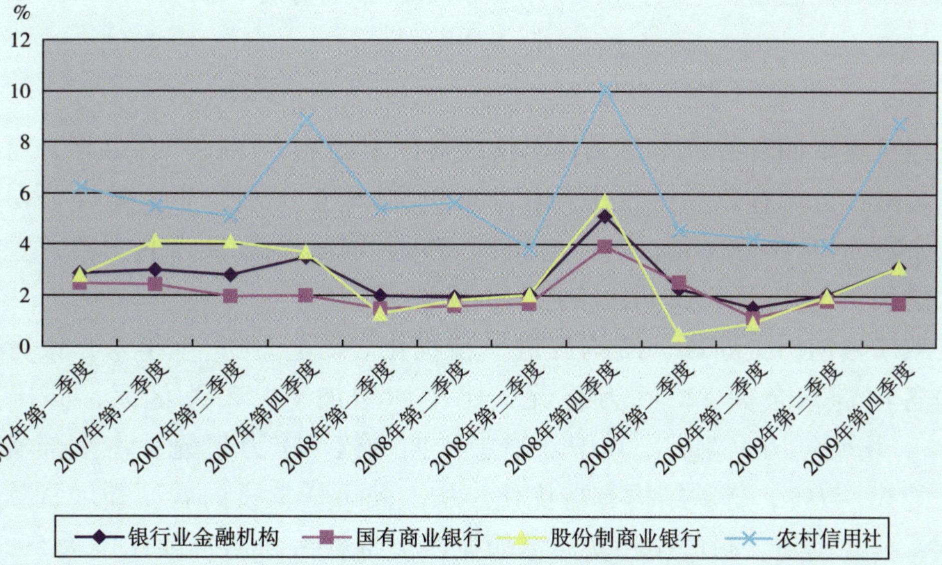

图2－5　银行业金融机构超额存款准备率

数据来源：中国人民银行。

存款增长较快，活期化趋势显现。截至2009年年末，银行业金融机构本外币各项存款余额61.20万亿元，同比增长27.7%，增速提高8.4个百分点。储蓄存款余额26.48万亿元，同比增长19.54%，增速降低6.2个百分点，其中活期储蓄存款余额10.19万亿元，同比增长27.88%，增速提高12.15个百分点（图2-6）。

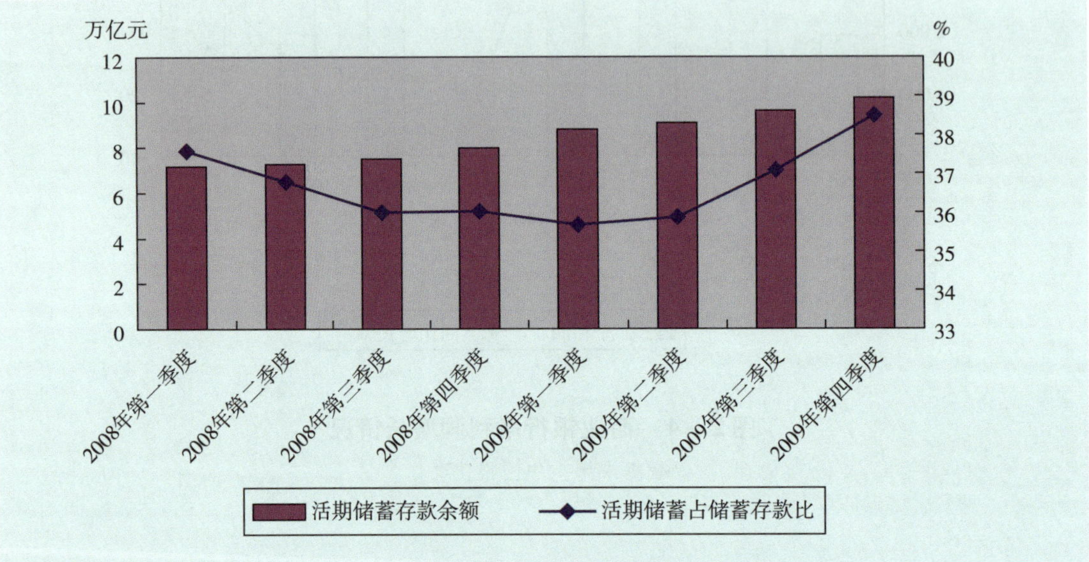

图2-6 人民币活期存款余额及在储蓄存款中占比

数据来源：中国人民银行。

受经济逐步回升、资本市场相对活跃等因素影响，居民户存款增长有所放缓，非金融性公司存款保持较快增长。截至2009年年末，非金融性公司人民币存款余额为29.8万亿元，同比增长37.2%，增速提高22个百分点。企业活期存款增长3.82万亿元，同比多增3.1万亿元。

贷款增幅创历史新高，结构应进一步优化。截至2009年年末，银行业金融机构各项贷款余额42.56万亿元，比年初增加10.52万亿元，同比增长32.83%，增幅创历史新高。其中新增中长期贷款7.1万亿元，占全部实际新增贷款的67.47%，贷款结构有待优化。从人民币贷款投向看，新增贷款中个人贷款、公共设施、制造业和交通运输业四类贷款占新增贷款比例为59.51%（图2-7），同比上升5.88个百分点，信贷集中度增加。房地产贷款增长较快，目前看资产质量较好，但2009年房地产价格涨幅较高，未来价格波动对银行房地产信贷风险的潜在影响值得关注。

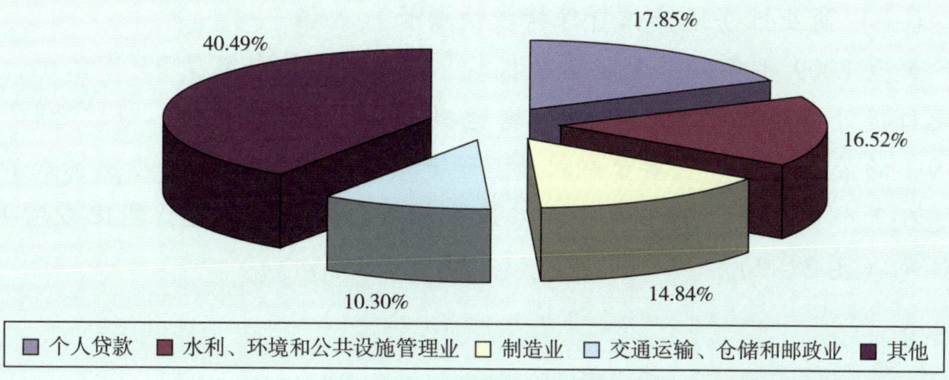

图 2-7　贷款行业分布

数据来源：中国人民银行、中国银监会。

专栏 6　2009 年房地产金融状况分析

2009 年，国内房地产市场形势变化较大，第二季度以来，商品房销售增幅持续扩大。全年全国商品房销售面积 9.37 亿平方米，同比增长 42.1%。房价同比涨幅自 6 月转正后不断走高，12 月全国 70 个大中城市房价同比上涨 7.8%（图 2-8）。在北京、上海、深圳等一线城市，房地产销售猛增、价格上涨的特点表现得更为明显。受市场变化影响，全国房地产融资也出现较快增长。

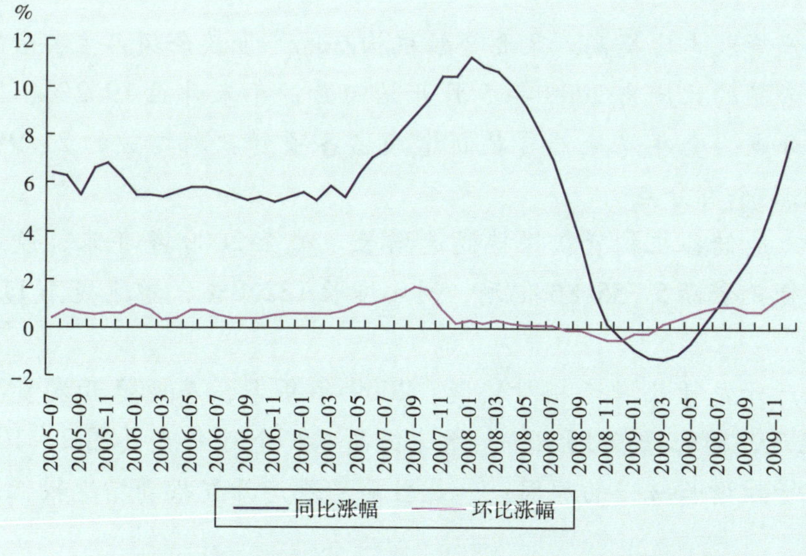

图 2-8　全国 70 个大中城市房屋销售价格月涨幅

数据来源：国家统计局。

（一）商业性房地产信贷保持较快增长

截至2009年年末，主要金融机构[①]房地产贷款余额7.33万亿元，按可比口径计算同比增长38.1%，增速提高27.7个百分点，超过2007年30.9%的最高水平。主要金融机构房地产贷款余额增速超过各项贷款余额增速6.7个百分点。2009年全年房地产贷款新增2万亿元，同比多增1.5万亿元（图2－9）。

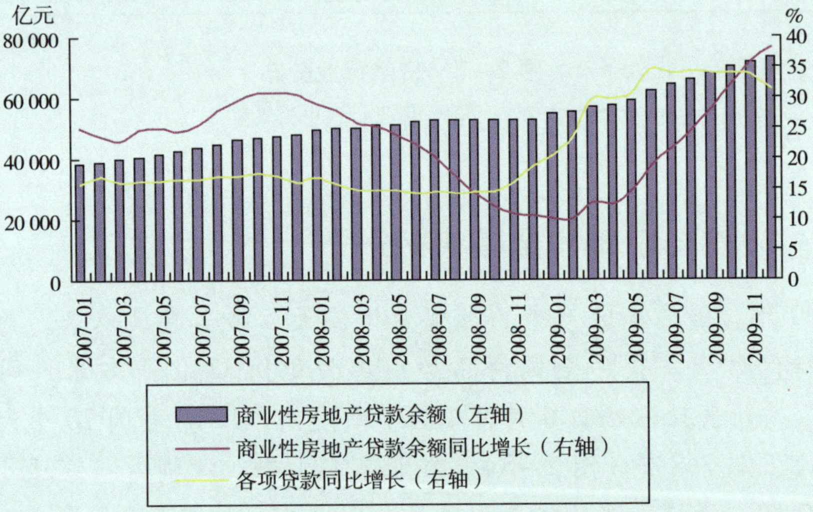

图2－9　全国商业性房地产贷款余额及增速

数据来源：中国人民银行。

房地产贷款占比提高。主要金融机构房地产贷款余额占主要金融机构各项贷款余额的比例自2009年5月开始回升，年末升至19.2%，同比提高1个百分点。全年房地产贷款新增额占各项贷款新增额的21.9%，同比提高11.1个百分点。

政府土地储备机构贷款保持高速增长。截至2009年年末，政府土地储备机构贷款余额5 755.86亿元，同比增长122.8%，增速提高113.2个百分点。

房地产开发贷款增速相对较慢。2009年年末，房地产开发贷款余额1.86万亿元，同比增长15.8%，增速提高4.6个百分点（图2－10）。房地产开发贷款增长缓慢的原因：一是当前房地产开发投资增速较低；二是

① 主要金融机构包括大型商业银行、国家开发银行及政策性银行、股份制商业银行、城市商业银行、农村商业银行、城市信用社、农村合作银行、农村信用社、中国邮政储蓄银行。

房地产开发企业销售顺畅，资金回笼和预收款情况好，贷款需求不足。

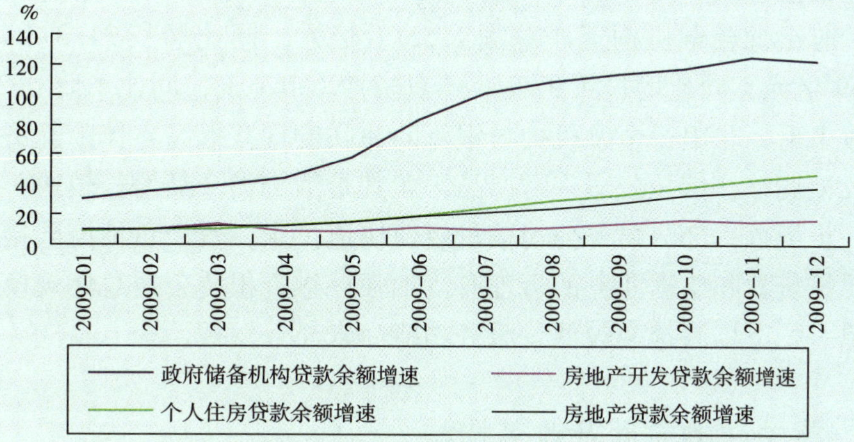

图2－10　2009年全国商业性房地产贷款分类增速情况

数据来源：中国人民银行。

个人住房贷款增速回升至2007年以来的最高水平。2009年年末，个人住房贷款余额4.76万亿元，同比增长43.1%，增速提高33.3个百分点。全年新增额1.43万亿元，是上年的5倍，是2007年的2倍。个人住房贷款中的新建房贷款和再交易房贷款余额增速分别为40%和79%。从新建房贷款新增额与新建住宅销售额的比例关系来看，2009年为26.3%，高于2007年22.3%的水平，比2008年提高16个百分点。

重点地区（广东、江苏、上海、北京和浙江）房地产贷款继续增长，其中江苏、北京增速分别为47.5%和42.6%，但增速排名前十位的均为中西部省份。截至2009年年末，重点地区房地产贷款余额在全国的占比为54.2%，同比下降0.8个百分点。

商业性房地产信贷资产质量较好。据中国银监会统计，商业性房地产贷款不良率保持较低水平，2009年年末商业性房地产不良贷款余额和不良率较2008年有一定下降。

（二）住房公积金委托贷款增速快于商业性个人住房贷款增速

截至2009年年末，住房公积金委托贷款余额8 805亿元，同比增长44.5%，比上年年末高24.4个百分点，比同期商业性个人住房贷款余额增速高1.4个百分点。住房公积金委托贷款余额占全部个人住房贷款（包括商业性个人购房贷款和公积金委托贷款）余额的15.6%。

非银行金融机构发展较快，潜在风险值得关注。2009年，非银行金融机构改革发展取得较大进展。信托公司引进境内外战略投资者成效明显，财务公司发行金融债券试点工作有序推进，消费金融公司试点成功启动。截至2009年年末，非银行金融机构资产总额1.55万亿元，同比增长31.37%；税后利润298.69亿元，同比增长4.97%；不良资产率0.6%，同比下降0.29个百分点。总体来看，非银行金融机构与银行的关联度日益提高，伴随经济周期波动和宏观政策调整，信托公司理财产品，尤其是信贷类产品增长较快，银信合作有待进一步规范；部分财务公司信贷规模快速扩张，资产负债期限错配有所增加，对委托贷款和票据业务的管理有待加强；融资租赁公司总体规模较小，业务类型单一，市场渗透率较低，服务功能尚未充分发挥。

四、需关注的方面及改革措施

2009年，银行业在复杂多变的国际国内经济金融形势下，继续保持了较好的发展势头，有力地配合了国家宏观调控，促进了国民经济社会发展。2010年，银行业要继续贯彻国家宏观调控政策，进一步加大对经济发展方式转变和经济结构调整的支持力度，防范化解信贷风险和系统性金融风险，进一步提升综合实力和抗风险能力，维护银行体系稳健运行。

（一）优化信贷结构，支持经济结构调整和发展方式转变

当前，我国经济形势总体向好，正处在企稳回升的关键时期，但回升的内在动力仍然不足，持续健康发展的基础尚不牢固，结构性矛盾日益突出，转变发展方式和调整结构的要求更加迫切。

为此，银行业在继续保持信贷总量适度增长、促进经济平稳较快发展的同时，要继续坚持有保有控的信贷政策，着力优化信贷结构。一是加大对战略性新兴产业、产业转移、低碳经济等方面的信贷支持力度，发展新的经济增长点。二是支持重点产业调整振兴，严格控制对“两高”行业和产能过剩行业贷款。三是全面落实支持“三农”、小企业发展和扩大就业的金融政策，有效缓解经济社会发展薄弱环节融资难的问题。四是完善消费信贷政策，稳步推进消费金融公司试点，大力发展消费信贷，支持城乡居民扩大最终消费，促进内需有效扩大。五是继续加大对出口行业企业的信贷支持力度，稳步实施我国企业“走出去”战略，促进出口回升。六是加强和改进房地产信贷服务，支持居民购买首套及改善型住房，加大对城市低收入居民廉租房、经济适用房建设和棚户区改造的信贷支持。

（二）加强信贷管理，防范和化解潜在信用风险

2009 年，银行业加大信贷投放力度，支持经济平稳较快发展。同时，信贷的快速增长也带来了一些问题和风险隐患，银行业风险管理面临严峻挑战，不良贷款反弹压力明显加大。

下一阶段，银行业在支持经济发展的同时，要更加注重防范自身可能出现的风险。一是根据实体经济的信贷需求，切实把握好信贷投放节奏，保持信贷适度均衡增长。二是合理评估和有效防范地方融资平台信用风险，加强贷款用途管理，防止变相使用银行贷款作为项目资本金。三是密切关注房地产市场变化，严格执行有关房地产信贷政策，促进房地产金融健康发展。四是积极防范化解信贷类理财产品风险，在风险可控的前提下稳步推进产品创新和业务拓展，加强信息披露和投资者教育。五是关注集中放贷的潜在风险，稳步推进信贷资产证券化，探索建立集中的贷款转让平台，提高信贷资产的可转让性，降低信用风险集中度。六是建立健全信贷风险监测评估体系，积极开展压力测试，强化信贷政策执行情况的检查监督，及时化解信用风险。

（三）改善盈利结构，强化银行业资本补充和约束机制

2009 年，银行业盈利增速放缓，中间业务收入占比仍然偏低，利润增长和盈利结构改善面临较大压力。同时，伴随信贷快速扩张，银行业整体资本充足水平有所下降，部分商业银行资本充足率已降至 8% 的监管底线，补充资本的压力逐步显现，资本约束机制也有待加强。

下一阶段，银行业要保持利润合理增长，继续优化盈利结构，进一步完善资本补充和约束机制，不断增强资本实力。一是稳步开展金融创新，在风险可控的前提下，开发有特色的新产品和新业务，避免低水平同质化竞争，提高综合盈利能力。二是大力发展中间业务。紧密结合当前形势和市场需求变化情况，推动中间业务加快发展，进一步提高手续费、佣金和非信贷资产收益比例。三是制定科学可行的资本管理规划，加强资本管理。根据自身风险特征和运营复杂程度建立完善的资本充足评估程序，确保资本能够充分覆盖其所面临的各类风险。四是不断探索和创新资本补充工具，通过提高盈利能力、增加内部积累、股东注资等方式及时补足核心资本，进一步提高资本质量，切实提高商业银行吸收损失和抵御风险的能力。五是结合巴塞尔新资本协议最新变化，继续完善资本监管制度框架，强化资本约束，防止商业银行资产盲目扩张。

专栏7 新型资本转换工具的研究及实践

国际金融危机爆发以来，强化银行业监管资本框架、增强银行体系稳健性已成为国际社会的共识。2009年12月，BCBS发布了《提高银行业抗风险能力（征求意见稿）》，提出加强监管资本质量、扩大资本的风险覆盖范围、实施杠杆率监管以及建立逆周期资本缓冲等一系列改革建议。此外，国际组织、监管当局正在对新型资本转换工具进行研究，以便在危机时快速提高银行资本实力。

一些国际组织提出设立应急资本（Contingent Capital）工具的设想，在一定触发条件下（如政府对银行进行救助、银行面临破产等），银行具有将普通股以外的一级资本及二级资本（如优先股或次级债务）自动转换为普通股的能力。这样的一级资本或二级资本工具就是应急资本（或有资本）工具。这一工具强调资本中普通股吸收损失的作用，可以在危机发生时增加普通股规模、促进对银行管理者和投资方的激励与约束、减少道德风险等。应急资本工具是增强银行资本实力的有益探索，虽然目前还有些操作实际问题需要解决，如确定资本转换触发条件和转换率，是否需要建立转换率的国际统一规则，如何平衡各方利益，以及市场在资本转换机制触发时是否会出现负面反应等，但这些在实践中不难解决。理性投资者在投资这类资本工具时，面对在危机中被转换为普通股的可能性，会要求一定的溢价，从而在价格或利率等条款中得到体现。

借鉴应急资本工具的理念，欧洲部分监管当局和银行创设了或有资本转换工具（Contingent Convertible Instruments，CoCo），使银行在危机时期增加资本规模，提高资本充足率。2009年11月，英国劳埃德银行（Lloyds Banking Group）发行了100亿英镑或有资本转换工具，该工具在正常时期表现为债务，在危机时（如资本充足率低于一定标准）可转换为资本。瑞士的银行监管部门也正鼓励该国两家大银行效仿劳埃德银行的做法。

新型资本转换工具是对银行资本转换和补充方式的有益尝试，对完善我国银行业资本补充机制、强化监管资本框架具有一定的借鉴意义。

（四）深化机构改革，夯实银行业稳健运行的微观基础

2009年，银行业金融机构改革成效显著。但部分机构综合实力亟待提升，抗风险能力亟待增强，深化改革的任务仍十分艰巨。

银行业金融机构要继续深化改革，进一步夯实银行业稳健运行的微观基础。一是不断深化大型银行改革。继续推进中国农业银行改革，做实和完善“三农金融事业部”，稳步推进战略引资和公开发行上市。继续推进国家开发银行商业化转型，逐步建立起商业银行的运行模式和机制。二是深化政策性银行改革。继续推进中国进出口银行改革，进一步明确市场定位、明晰业务范围、完善治理结构、创新管理模式、加强风险控制、建立风险补偿机制，提高其服务对外经贸和企业“走出去”的能力和水平。继续做好中国农业发展银行改革前期的准备工作。三是深化农村信用社改革。坚持服务“三农”、商业可持续、市场化、适度竞争、政策扶持五项原则，充分发挥外部市场约束作用，完善农村金融政策扶持体系，增强服务“三农”功能。四是继续推进股份制商业银行、城市商业银行等其他银行业金融机构改革，增强综合实力、市场竞争力和抗风险能力。五是关注非银行金融机构与银行的关联性风险，进一步加强对信托公司集合资金信托、银信合作和创新业务的管理，逐步改变部分财务公司和金融租赁公司粗放式发展状况，进一步提升非银行金融机构综合实力和稳健程度。

（五）制定战略规划，增强银行业综合实力和抗风险能力

2009 年，全球经济金融格局发生重大变化，我国银行业发展迎来难得的历史机遇，同时也面临一系列严峻挑战，一些影响银行业稳健运行的深层次问题和体制机制上的矛盾更加突出。

当前及今后一个时期，要制定科学发展的战略规划，着重解决影响银行业健康持续发展的系统性和长期性问题。一是完善银行业相关法律法规和规章制度，进一步规范市场主体、监管机构和有关各方行为，强化法律和市场约束。二是坚持适合我国国情的银行业发展道路和模式，鼓励稳健创新，强化风险管理，促进银行业健康持续发展。三是统筹规划银行业综合经营，在稳步试点的基础上，认真总结国内外经验教训，研究制定统一的金融业综合经营管理办法，防范风险跨行业传导。四是及时调整银行业对外开放策略，积极引进有助于扩大消费、小企业融资、服务“三农”的外资金融企业，鼓励外资银行到欠发达地区设立机构和开展业务；建立完善银行业“走出去”相关制度和规划，审慎支持商业银行开展境外并购业务，加强跨境风险防范。五是加强银行业微观审慎监管，建立健全宏观审慎管理体系，科学实施逆周期调控，进一步提高外部监管和宏观调控的科学性和有效性。六是加快建立存款保险制度，完善银行业金融机构市场退出机制，有效防范和化解系统性金融风险，维护金融稳定。

第三章

证券与期货业

2009 年，中国证券业经受了国际金融危机的严峻考验，上市公司数量和市值规模大幅增长，证券期货经营机构实力和服务实体经济能力明显增强，市场功能得到较好发挥，市场发展实现新突破。

一、运行状况

上市公司数量和市值规模大幅增长。截至 2009 年年末，沪、深两市上市公司 1 718 家（其中 B 股公司 108 家），同比增加 93 家（新上市 99 家，退市 6 家）；总市值 24. 39 万亿元，流通市值 15. 13 万亿元，同比分别增长 100. 99% 和 234. 54%；总市值在全球排名第三，仅次于美国和日本。A 股上市公司中，中小企业板 327 家，总市值 16 872. 55 亿元，流通市值 7 503. 57 亿元，同比分别增长 169. 11% 和 180. 75%；创业板于 2009 年 10 月 30 日正式推出，年末已有上市公司 36 家，总市值 1 610. 08 亿元，流通市值 298. 97 亿元。

证券期货经营机构实力明显增强。截至 2009 年年末，106 家证券公司总资产约 2. 03 万亿元，净资产 4 838. 77 亿元，净资本 3 831. 82 亿元，同比分别增长 70. 19%、34. 98% 和 32. 73%；全年实现营业收入 2 050. 41 亿元，其中代理买卖证券业务净收入 1 419. 45 亿元、证券承销与保荐及财务顾问业务净收入 151. 62 亿元、受托客户资产管理业务净收入 15. 96 亿元、证券投资业务净收入 231. 73 亿元；全年实现净利润 932. 71 亿元，104 家公司实现盈利，占行业公司总数的 98. 11%。60 家基金管理公司共管理各类资产 3. 1 万亿元，同比增长 40%；全年共发行基金 118 只，募集资金 3 782 亿元。期货公司总资产 1 207. 28 亿元，实现利润总额 23. 37 亿元，同比分别增长 103. 19% 和 147. 62%。

机构投资者主导地位进一步增强。截至 2009 年年末，投资者股票账户开户数 14 027. 88 万户，其中机构开户数 56. 94 万户，个人开户数 13 970. 94 万户，同比分别增长 38. 71%、16. 66% 和 38. 80%；扣除休眠账户后，投资者有效股票账户数 12 037. 69 万户。持仓 A 股账户数 5 147. 50 万户，同比增长 8. 61%；个人持股流通市值 4. 7 万亿元，占流通市值的 30. 95%；机构持股流通市值 10 万亿元，占流通市值的 69. 05%，比上年提高 14. 41 个百分点。

二、改革进展和成效

2009 年，证券期货业积极贯彻落实党中央、国务院关于应对国际金融危机、促进经济平稳较快发展的一揽子计划，最大限度地减轻国际金融危机对我国证券业和资本市场的不利影响。同时，根据经济金融环境变化，及时出台了一系列政策措施，完善了资本市场的各项基础性制度建设，进一步提高了证券业和资本市场服务实体经济的能力。

（一）加强市场基础性制度建设，培育和完善市场运作机制

融资融券业务试点和股指期货获批。2010年1月，国务院原则同意开展证券公司融资融券业务试点和推出股指期货品种，这是加强我国资本市场基础性制度建设、完善证券交易方式和市场功能、继续夯实市场稳定运行内在基础的重要举措。

稳步推进并购重组制度建设。研究修订重大资产重组、收购办法，拟订吸收合并、回购股份等相关制度，推进上市公司分立试点，支持以整体上市和产业整合为目的的并购重组，完善并购重组停复牌制度，支持企业利用资本市场进行行业重组和产业升级。

完善交易结算制度。修改证券登记结算管理办法，明确合伙企业开立证券账户规则，确立金融期货交易所与证券登记结算机构的数据交换制度，为强化市场监管创造条件。

加强投资者教育。开展投资者教育活动，强化监管部门、自律组织、证券期货经营机构的投资者教育职责，做好资本市场知识普及和风险提示工作，增强投资者风险自担和自我保护意识。

完善证券投资者保护基金运作机制。中国证券投资者保护基金有限责任公司在继续做好证券公司风险处置收口工作的同时，积极探索建立投资者权益保护的新途径和新机制。一是严格执行国家收购政策，被处置证券公司的个人债权及客户交易结算资金收购工作已完成99%以上。二是完善保护基金市场化筹集资金的工作机制，将证券公司缴纳基金的标准与其风险分类评级相挂钩，促使证券公司更加重视风险管理，实现了证券行业主要通过自身积累化解市场风险的目标。三是建设证券市场客户资金监控系统，进一步健全投资者教育和服务体系，探索建立“监测、评价、服务”相结合的常态投资者保护长效机制。

（二）创业板平稳推出，多层次资本市场体系建设取得突破

创业板市场平稳推出。2009年10月23日，创业板正式启动，标志着我国多层次资本市场体系建设取得重要突破。截至2009年年末，已受理223家企业的发行申请，36家企业挂牌上市。总体而言，创业板顺利推出为我国高科技、高成长型企业提供了重要的融资平台。

专栏 8 创业板正式推出

2009 年 10 月 30 日，创业板首批 28 家公司的股票在深圳证券交易所挂牌交易，标志着我国创业板市场正式推出。全年有两批共 36 家企业在深圳证券交易所创业板上市。这些企业主要集中在电子信息业、生物医药业、现代服务业等新兴领域。

创业板市场的推出为我国资本市场引入了一批高成长性和高科技含量的创新型企业，也为投资者提供了更多的投资选择。在国际经济危机的背景下，我国适时推出创业板市场意义重大。一是有利于推动我国经济转型。创业板推出后能更好地发挥资本市场资源配置功能，鼓励各类创新资源和资本市场有效结合，培育新的经济增长点，推动产业结构优化升级，实现经济可持续发展。二是有助于创新型国家战略的实施。创业板市场拓宽了中小企业和创新型企业的直接融资渠道，促进高成长、高科技企业加速发展，为提高我国自主创新能力、落实建设创新型国家战略提供有力保障。三是完善了我国多层次资本市场体系。创业板市场适应了中小创新型企业的多元化融资要求，丰富了市场参与者风险管理的工具和手段，强化了资本市场的价格发现和资本约束机制。

我国创业板开局良好，但存在一些需要关注的问题。一是创业板上市公司数量较少。年内仅有 36 家企业在创业板上市，无法满足投资者的投资需求，易出现市场过度炒作的现象。二是发行价过高。36 家企业平均发行市盈率为 61.9 倍，其中金龙机电以 126.67 倍的市盈率成为我国证券史上发行市盈率最高的上市企业。三是投机炒作问题突出。36 只个股上市首日平均涨幅高达 92.67%，部分个股股价短期内走出了翻番行情。按 2009 年 12 月 31 日收盘价计算，创业板 36 家上市企业平均市盈率高达 105.38 倍。投机炒作导致的高市盈率透支了企业未来的成长业绩，不利于企业良性发展。因此，要继续完善创业板市场机制，促进我国创业板市场规范、健康发展。

主板市场进一步发展壮大。随着新股恢复发行，大型优质企业和一大批具有较好成长性和较高科技含量的中小企业陆续在主板市场（含中小企业板）发行上市，推动了主板市场不断发展壮大。

场外市场建设稳步推进。进一步完善代办股份转让系统，健全中关村非上市公司股份报价转让试点制度，调整投资者准入、企业挂牌条件、信息披露、股份限售和交易结算等规则。截至2009年年末，共有挂牌公司59家，全年有11家公司实现定向增资，2家原挂牌公司分别在中小企业板和创业板发行上市。

（三）强化常规监管，促进市场主体规范发展

提高上市公司治理水平和信息披露质量。督促上市公司全面整改公司治理问题，上市公司治理水平有较大提高。完善日常监管与并购重组监管的联动机制，着重强化股价异动的信息披露监管。加大检查力度，对多家上市公司实施现场检查。落实中介机构监管责任，延伸检查审计机构。加强银行、保险、房地产等行业上市公司的信息披露监管。

加强证券公司合规管理。全面建立以风险管理能力为基础的证券公司分类监管制度，推动证券公司强化风险管理，建立健全以净资本为核心的动态风险监控机制，探索开展压力测试。平稳、有序地实施证券经纪人制度，基本完成证券公司经营性机构的规范工作。进一步理顺证券监管部门与证券公司的关系，实现监管部门与直接管理公司的全部脱钩。2009年9月，银河证券作为最后一家监管部门直接管理的公司移交中国投资有限公司。

推动证券公司业务创新。扩大证券公司直接投资业务试点范围，鼓励符合条件的证券公司发展跨境业务，支持证券公司适度扩大资产管理业务规模。完善证券公司融资融券试点的各项制度规则，扎实做好启动融资融券试点的各项准备。

专栏9　证券公司风险监控制度和分类监管制度

从20世纪30年代起，以美国为代表的西方国家开始尝试加强对金融企业包括证券公司的风险监管，初步建立了以净资本为核心的风险监管制度。20世纪90年代中期，该制度在全球范围内得以建立和完善。目前，已建立净资本风险监管体系的国家和地区有美国、英国、欧盟、澳大利亚、中国香港、新加坡和马来西亚等。

净资本是指根据证券公司的业务范围和资产负债流动性特点，在净资产的基础上对资产负债等项目和有关业务进行风险调整后得出的综合性风险控制指标。净资本指标反映了净资产中的高流动性部分，表明证券公司可变现以满足支付需要和应对风险的能力，是证券公司风险监控的核心。

推行以净资本为核心的证券公司风险监管，对证券行业的健康发展具

有积极意义：一是有利于监管部门对证券公司风险进行事前控制，有效防止风险的积累和蔓延，提高证券公司日常监管的针对性和有效性。二是有利于证券公司逐步建立完善的风险识别、测量和监控体系，提高内控水平。三是促使证券公司保持充足、易于变现的流动性资产以抵御潜在的风险，确保投资者的资产安全，有利于更好地保护投资者利益。

在借鉴国际经验的基础上，监管部门结合我国证券业发展现状和证券业监管经验教训，建立了一整套较为完备的以净资本为核心的风险监管体系。2006 年 7 月，中国证监会发布《证券公司风险控制指标管理办法》，初步建立以净资本为核心的风险监管制度。2008 年 6 月，监管部门对该办法进行修改，调整了净资本计算规则和风险资本准备的计算比例，细化了证券自营业务规模的控制指标，进一步完善了风险监管体系。2009 年 5 月，中国证监会发布修订后的《证券公司分类监管规定》，对证券公司进行综合评价，并根据评价分值的高低，将证券公司分为 5 类 11 个级别。

分类监管制度的实施取得了初步效果，增强了监管工作的针对性、适当性和主动性，强化了证券公司合规经营的动力和压力，促使证券公司将外部监管要求转化为加强风险控制和严格内部管理的具体措施，有利于行业新业务、新产品在公平公开的原则和清晰合理的预期下循序渐进地推开。

推动基金业创新发展和诚信运作。建立以市场为导向的基金产品分类审核制度，提高审核效率，推动基金产品结构化转型。支持基金管理公司业务拓展和产品创新，“一对多”特定客户资产管理业务平稳起步，交易型开放式指数基金（ETF）联接基金顺利推出。建立基金评价和销售费用管理制度，引导市场长期投资。实施基金经理注册制度，完善基金投资监控机制，开展对基金管理公司和销售机构的联合检查，严厉打击“老鼠仓”、非公平交易和利益输送行为，提高行业公信力。

专栏 10 积极推动基金管理公司开展业务创新和产品创新

2009 年，基金管理公司业务创新和产品创新取得突破，促进了行业发展，提升了行业的整体竞争力。

在业务创新方面，“一对多”资产管理业务稳步推出，初步形成了特定资产管理业务与公募业务协调发展的资产管理格局。自 2008 年基金管理公司开展“一对一”的特定客户资产管理业务试点以来，“一对一”专户理财业务平稳发展，试点工作稳步推进。在此基础上，2009年，中国证监会颁布《关于基金管理公司开展特定多个客户资产管理业务有关问题的规定》和《基金管理公司特定多个客户资产管理合同内容与格式指引》，基金管理公司“一对多”专户理财业务正式推出，并呈现平稳有序发展态势。截至2009年年末，“一对一”业务总规模386亿元，“一对多”业务募集规模212亿元。随着相关工作的稳步推进，基金行业提供的理财产品不断丰富，投资策略日趋多样，多层次理财服务市场逐步形成。

在产品创新方面，推出联接基金（Feeder Fund），建立ETF基金的银行销售渠道，促进了ETF基金的快速发展。ETF基金是国际上较为成熟的基金品种，但在我国发展较为缓慢，其重要原因是分业经营体制下银行无法参与ETF基金的申购、赎回，投资者无法通过银行渠道参与ETF基金投资。为此，基金管理公司发行了联接基金，便利银行客户通过投资联接基金的方式间接投资ETF基金，拓展了ETF基金的投资者范围。截至2009年年末，共发行5只ETF联接基金，募集资金326亿元。

此外，相关部门对跨市场ETF和跨境ETF、交易所市场房地产投资信托基金（REITs）进行了深入研究和论证，为推出此类产品创新创造条件。

加强期货公司日常监管和制度完善。推进期货公司净资本监管和保证金监管，落实期货公司首席风险官制度。实施期货公司“一参一控”政策，促进期货公司平稳较快发展。推行期货公司分类监管制度，完成首次分类评价工作。实施期货公司信息公示制度，提高行业透明度。

规范证券服务机构执业行为。强化对会计师事务所与资产评估机构的监管，建立证券业务签字会计师报备制度。对部分证券评级机构、会计师事务所和评估机构进行现场检查，规范证券中介机构执业行为。

（四）不断加强证券期货业信息安全工作

全力做好信息系统安全工作。组织开展信息安全专项检查，确保市场核心系统安全运行；在新交易系统上线前充分测试，有力地支持市场创新。

大力加强信息安全基础制度建设。出台《证券期货业网络与信息安全事件应急预案》等9个信息安全管理文件，指导和督促交易所、协会制定8个信息安全自律规则，规划制定《中国证券期货业信息安全发展报告》。

完善全行业信息安全应急机制。开展证券期货全行业信息安全应急演练，对435个单位进行随机抽演，参演人员超过7万人，有效提升全行业处理信息安全突发事件的能力。

积极开展行业标准化制度建设。不断完善全国金融标准化技术委员会证券分技术委员会的管理和基础制度建设，启动《证券期货业标准体系框架》的研究和制定工作。

（五）不断完善证券期货法律体系，加大对违法违规行为的打击力度

进一步完善证券期货法律体系。推动《刑法修正案（七）》增加对金融从业人员从事“老鼠仓”等背信交易行为的法律规制，发布被处置证券公司相关案件审理和执行的司法解释，制定和修订有关规章和规范性文件。

推进证券期货司法协调机制建设。有关监管部门与公检法机关组成打击证券期货犯罪专项工作小组，及时惩处一批市场违法犯罪行为。与司法机关建立协调工作机制，妥善处理重大敏感案件。

全面规范行政行为。推进监管信息公开化、透明化，制定规章草案公开征求意见制度和行政许可、监管措施实施程序，强化行政行为的全程约束。

严肃查处违法违规行为。快速查处了融通基金“老鼠仓”案、高淳陶瓷内幕交易案等一批市场关注度高、社会影响力大的案件，对违法违规分子形成了较大震慑。

严厉打击非法证券活动。严厉打击非法发行股票和非法经营未上市股票等违法行为，督办交大保赛案、益尔高科案等重点案件。全力整治利用网络等媒体开展非法证券投资咨询活动，配合公安机关立案侦破非法证券活动案件近百起，进一步净化了市场环境，保护了投资者合法权益。

（六）积极参与对外交流与合作，证券业开放程度稳步提高

积极开展国际多边和双边监管合作。2009年2月，我国成功加入国际证监会组织（IOSCO）技术委员会，标志着中国证券市场发展和监管得到国际社会的认可。同时，双边监管合作稳步推进，跨境监管合作水平逐步提高。截至2009年年末，中国证监会与41个国家和地区的监管机构签署了45个备忘录，并在备忘录项下积极开展跨境调查协助、信息交流和人员培训。

稳步推进资本市场和证券业对外开放。2009年，新批1家合资证券公司、1家合资基金管理公司；新批19家合格境外机构投资者（QFII）资格，扩大了境外机构参与境内证券市场的资金规模。同时，支持境内机构发展跨境业

务，新批2家证券公司、3家基金管理公司在香港设立或收购分支机构；支持合格境内机构投资者（QDII）投资境外资本市场，新批5家基金公司QDII资格，推动新增QDII外汇额度。

不断深化与港台证券市场交流与合作。进一步扩大对港开放，在《内地与香港关于建立更紧密经贸关系的安排》（CEPA）补充协议六中承诺：允许符合条件的香港证券公司在广东省设立合资证券投资咨询公司；研究引入港股ETF。同时，积极参与商签《海峡两岸金融合作协议》有关工作，并与台湾有关监管机构签署《两岸证券及期货监督管理合作谅解备忘录》，两岸证券及期货监管合作机制初步建立。

三、稳健性评估

2009年，证券业经营机构继续保持稳健经营的态势，各主要指标总体良好。随着证券市场规模的扩大以及新业务、新产品的陆续推出，证券业经营机构面临的经营环境日益复杂，潜在风险因素值得关注。

（一）证券公司净资本继续大幅增长，抗风险能力稳步提高

净资本是证券公司抵御风险的最重要资源。自2008年12月起，证券公司实施新的净资本计算规则，采用了更为严格的折扣方法，以进一步提高净资本抵御风险的能力。根据净资本计算新规则，截至2009年年末，106家证券公司净资本为3 831.82亿元，同比增长32.73%，证券行业整体抗风险能力进一步提升。

净资产大幅增加是证券公司净资本大幅增长的主要原因。一方面，2009年证券公司全行业盈利实现较大幅度增长，利润总额达1 206亿元，同比增长102%。另一方面，通过增资扩股和公开发行上市，证券公司资本实力进一步增强。光大证券和招商证券分别于2009年8月和11月完成公开发行上市，分别募集资金110亿元和111亿元。

（二）证券公司保持较高盈利水平，但收入结构有待优化

2009年，证券公司全行业实现净利润932.71亿元，同比增长93.49%。从盈利能力来看，2009年证券公司的资产收益率和净资产收益率分别为4.59%和19.28%，分别比上年提高0.45个百分点和5.5个百分点，行业整体盈利能力较高。

从证券公司收入结构来看（图3－1），经纪业务收入仍然是盈利的主要来

源，占全部营业收入的比重高达69.2%，但比上年略有下降。受益于全年股市大幅上涨，2009年证券公司自营业务收益较上年有较大幅度提高，占全部营业收入的比重由1.6%提高到11.3%。资产管理业务、证券承销业务及其他业务收入保持相对稳定，收入占比未发生显著改变。从发展趋势来看，随着证券公司创新业务试点范围逐步扩大以及融资融券、股指期货等新业务和新产品的陆续推出，证券公司收入结构将进一步多元化。

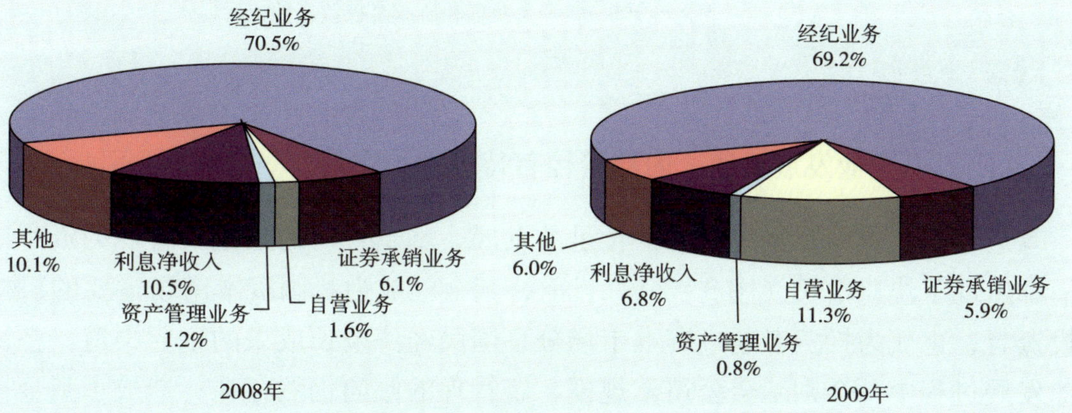

图3-1 2008~2009年证券公司收入结构对比

数据来源：中国证券业协会。

（三）证券公司债务融资有限，流动性风险相对较小

从2009年证券行业资产负债表（表3-1）来看，根据现行会计准则计算的资产负债比率为76.13%，但绝大部分负债是经纪业务产生的代理买卖证券款。剔除此项因素后，证券公司负债占总资产的比重为8.43%，而证券公司扣除客户资金存款的货币资金占比为11.7%，可用于偿付相关负债，因此出现流动性风险的可能性较小。

表3-1 我国证券公司2009年全行业资产负债表

单位：%

资产	比重	负债和所有者权益	比重
货币资金	71.75	短期借款	0.01
其中：客户资金存款	60.05	拆入资金	0.01
结算备付金	7.95	交易性金融负债	0.01
其中：客户备付金	7.18	卖出回购金融资产款	4.1

续表

资产	比重	负债和所有者权益	比重
交易性金融资产	8.80	代理买卖证券款	67.7
买入返售金融资产	0.61	长期借款	0.36
可供出售金融资产	5.0	其他负债	3.94
持有至到期投资	0.18	负债合计	76.13
其他资产和投资	5.72	所有者权益合计	23.87
资产合计	100	负债和所有者权益合计	100

数据来源：中国证监会。

（四）基金业发展迅速，内部管控有待进一步完善

近年来，我国基金业获得了长足的发展。基金公司的数量及管理的资产规模都出现了快速增长（图3－2）。目前，基金已成为我国资本市场重要的机构投资者，也成为投资者通过资本市场分享国民经济增长成果的重要渠道。在快速发展过程中，个别基金公司重规模、轻管理的倾向仍然存在，造成了基金持有人的损失，影响了整个行业的公信力。2009年，一些基金公司因系统问题

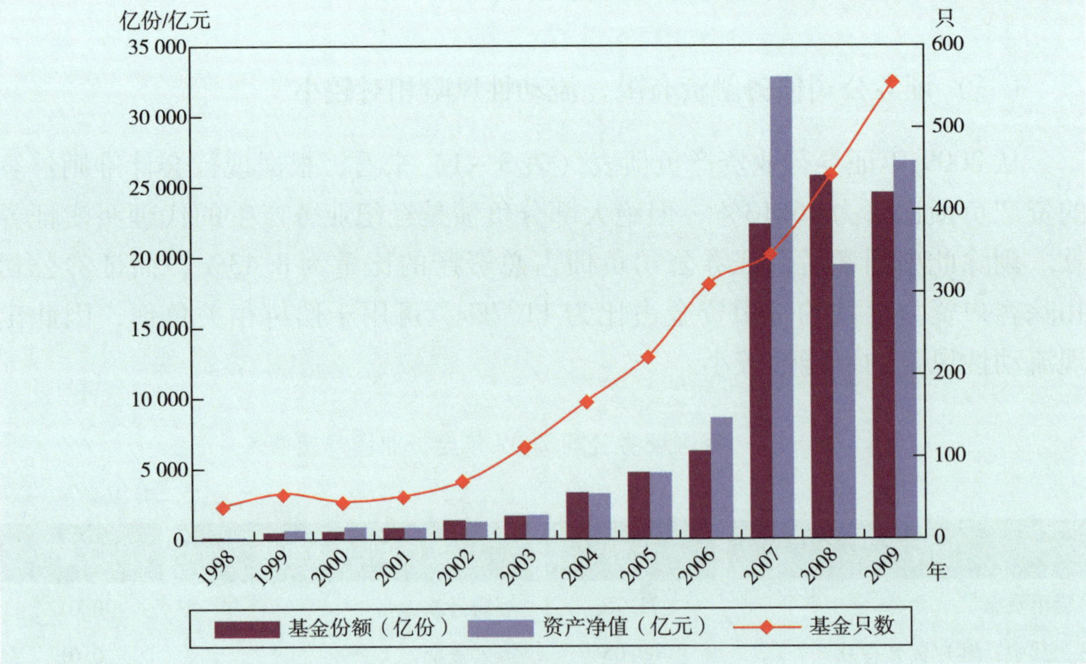

图3－2 基金业发展基本情况

数据来源：Wind资讯。

或操作失误导致新股申购失败等问题，个别基金公司更暴露出基金经理“老鼠仓”的丑闻。基金公司作为“受人之托、代人理财”的专业金融机构，一旦投资者丧失信心，大规模赎回基金，极易诱发基金流动性风险，影响资本市场的稳定。因此，基金业在快速发展中应进一步加强内部管控，防范操作风险和声誉风险。

（五）投资者适当性管理制度初步建立，相关措施有待进一步落实

近年来，证券期货市场的投资者教育工作得到明显加强，证券期货领域投资者适当性管理的要求陆续推出。2009 年，证券期货业经营机构业务和产品创新工作不断推进。相对于资本市场传统业务和产品，这些创新业务和产品运作复杂，风险较高，需要建立和完善投资者适当性管理制度，“将适当的产品销售给适当的投资者”。为此，证券监管部门颁布了《创业板市场投资者适当性管理暂行规定》及《关于基金管理公司开展特定多个客户资产管理业务有关问题的规定》，对相关业务的投资者适当性管理提出明确标准和要求，并在融资融券、股指期货相关监管法规、业务规则制定过程中，着重考虑了投资者适当性管理的标准。但鉴于现阶段我国中小投资者众多，风险意识仍然较为薄弱，一旦创新业务和产品管理失控，市场风险将使中小投资者遭受损失，因此需进一步落实相关制度要求，督促相关市场主体切实履行投资者适当性管理责任，维护中小投资者合法权益。

四、需关注的方面及改革措施

（一）继续深化发行体制改革，提高市场融资效率

2009 年，新股发行体制改革启动，市场反映总体良好。但我国资本市场“新兴 + 转轨”的阶段特点决定了新股发行体制改革和完善不可能一蹴而就，而是一个不断调整、不断优化的过程，需要在总结经验的基础上，继续改革和完善新股发行体制。下一步应继续研究推出新股发行改革后续措施，加强对询价、定价过程的监督，完善一级市场价格形成机制；研究修订《首次公开发行股票并上市管理办法》和《上市公司证券发行管理办法》，优化发行条件和程序，提高市场融资效率；出台《保荐业务内控指引》，督促保荐机构进一步完善内控体系。

（二）不断健全创业板市场和场外市场建设，完善多层次资本市场体系

近年来，我国多层次资本市场体系不断完善，但各层次市场的价格发现水平和流动性效率有待提高，各类企业和不同投资者的需求尚未得到有效满足，证券市场促进经济增长方式转变的作用还未完全显现。下一步，一是要继续完善创业板市场制度建设。准确把握创业板的功能定位，从源头上保障创业板上市公司质量。完善创业板发行监管规则，研究制定创业板上市公司再融资办法。完善发行审核标准，提高创业板发行审核效率。加强与主板的发行审核协调，防止监管套利。在严格把关的基础上，根据市场情况，积极扩大创业板市场规模。二是要建立健全上市公司退市和转板机制。积极推进主板退市制度改革探索，建立健全创业板退市机制。强化上市公司财务信息监管，防范和打击通过操纵利润等手段规避退市的行为，增强退市程序各环节的有机衔接，进一步增强对上市公司的市场约束。统筹研究各层次市场间的转板制度。三是要加快推进场外市场建设。制定代办股份转让系统扩大试点具体方案，并尽快付诸实施。研究制定非上市公众公司管理办法，探索建立集中统一的监管制度。明确代办股份转让系统管理体制框架。研究拟订场外市场建设总体方案。

（三）完善基础性制度，促进证券公司创新发展

经过前几年的综合治理，我国证券公司资本实力和抗风险能力均有较大提升，但风险管控水平和创新发展能力有待进一步提高，需要不断完善证券公司可持续发展的基础性制度，提升核心竞争力。一是进一步完善以净资本为核心的证券公司风险监管制度，研究完善不同业务风险资本准备计算标准的动态调整机制，增强风控指标的逆周期调节功能。积极引导证券公司建立净资本约束下的业务内涵式发展模式，提高经营效率。二是全面建立以风险管理能力为基础的分类监管机制，使证券公司业务创新与风险管控能力相匹配，为证券业进一步创新发展打下坚实基础。三是以融资融券业务试点为契机，督促试点证券公司做好技术系统测试、风险提示和投资者适当性管理，确保融资融券业务规范、有序开展。

（四）完善治理与强化监管并举，促进基金业平稳较快发展

近年来，我国基金业呈现快速发展态势，基金规模急剧增加，基金产品创新较为活跃。应继续坚持市场化改革方向，进一步加大创新、加强监管、改进服务，推动基金业又好又快发展。一是针对基金管理公司治理的特殊性，探索建立持有人利益优先的内在机制，建立有效维护持有人利益的治理结构，切实

保护投资者利益。二是进一步加强基金管理公司内部的风险管控能力，强化基金从业人员的问责机制，探索建立包括专业人员持股在内的多元化股权结构。三是鼓励基金管理公司根据客户需求和市场发展的需要，在风险可控的前提下，积极开展产品创新、组织创新和制度创新。

（五）深化期货公司分类监管，确保股指期货平稳运行

随着股指期货等新交易品种的陆续推出，期货市场的运行机制和模式将发生重大变化，期货公司应尽快适应市场变化的要求，加快制度衔接，提高投资者教育质量和服务水平，防范和化解风险。一是继续深化期货公司分类监管工作，深入推进期货公司净资本监管和保证金监管，以此为基础，推动期货公司业务创新。二是切实落实股指期货投资者适当性管理的各项制度，确保股指期货平稳顺利运行。三是建立健全期货市场和股票市场的跨市场监管协调机制，加强跨市场监测和风险控制，维护资本市场的稳定。

（六）深入推进法制建设，加大违法违规案件查办力度

近年来，我国资本市场规模扩张加速，但其内在约束还不健全，市场主体还不够成熟，兼并重组过程中的内幕交易问题、“老鼠仓”问题、各类重大案件等仍时有发生。应通过深入推进法制建设，加大违法违规案件查办力度，增强市场公信力，维护市场稳定运行。积极推动《证券投资基金法》和《期货交易管理条例》的修订工作。完善违法违规线索的发现、处理机制，提高立案的及时性和针对性。重点打击内幕交易、“老鼠仓”和损害上市公司利益等违法违规行为。加大案件宣传曝光力度，提高执法的社会效果。

第四章

保险业

2009 年，中国保险业整体实力明显增强，服务领域继续拓宽，结构调整取得积极成效，监管科学性和有效性逐步提高，较好地发挥了服务社会和经济的作用。

一、运行状况

保险经营主体不断增加。2009 年，新增 8 家保险公司。截至年末，保险法人机构达到 138 家，其中，保险集团和控股公司 8 家，财产险公司 51 家，人身险公司 59 家，再保险公司 9 家，保险资产管理公司 10 家，信用保险公司 1 家。

资产规模继续扩大。截至 2009 年年末，保险公司总资产 4.06 万亿元，同比增长 21.59%（图 4－1）。保险资金运用余额 3.7 万亿元，同比增长 8.8%。其中，银行存款 1.05 万亿元，占保险资金运用总额的 28.1%；债券投资 1.91 万亿元，占比 50.96%；股票投资 4 199.6 亿元，占比 11.22%；证券投资基金 2 758.78 亿元，占比 7.37%。

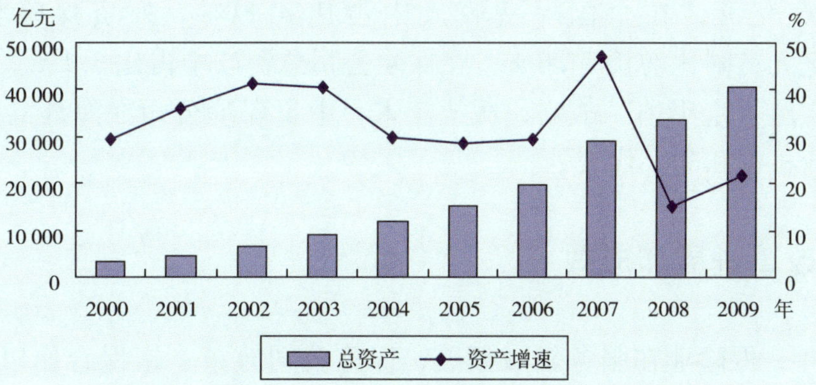

图 4－1　保险业总资产及增速

数据来源：中国保监会。

保费收入稳步增长。2009 年，全国保险业保费收入首次突破万亿元，达到 11 138 亿元，同比增长 13.8%（图 4－2）。其中，财产险保费收入 2 876 亿元，同比增长 23.1%；寿险保费收入 7 457 亿元，同比增长 12%；健康险保费收入 574 亿元，同比下降 1.9%；意外险保费收入 230 亿元，同比增长 12.7%。保险业赔付支出 3 367 亿元，同比增长 13.3%。

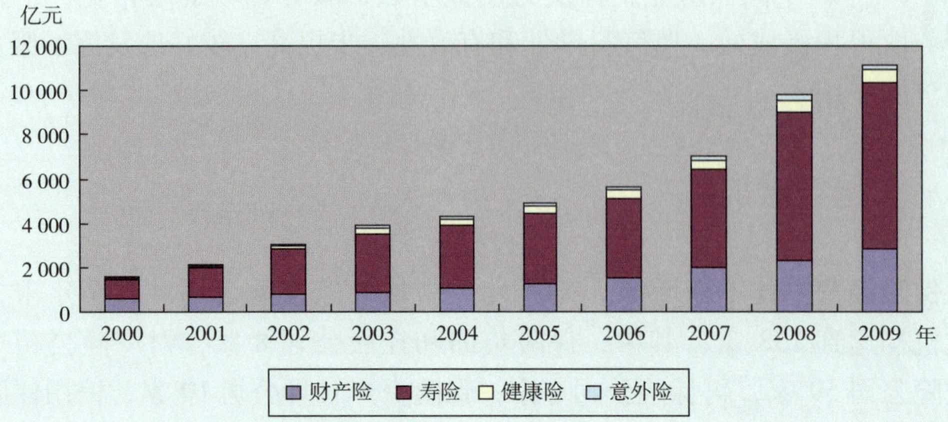

图4－2 保险业保费收入

数据来源：中国保监会。

对外开放程度稳步提高。截至2009年年末，共有15个国家和地区的52家外资保险公司在华设立了291家营业性机构，来自21个国家和地区的137家外资保险公司在华设立了183家代表处。2009年，外资保险公司实现保费收入458.02亿元，在全国保费收入中占比4.11%。外资保险公司资产2 052.39亿元，同比增长34.6%，在保险公司总资产中占比5.1%。同时，保险业稳妥实施“走出去”战略，截至年末，中资保险公司在海外共设立了41家保险营业机构和9家代表处。

二、改革进展和成效

2009年，保险业在服务领域拓展、保险公司改革、银保合作以及保险业监管等方面取得了较大成效。

（一）服务领域继续拓宽

一是继续扩大“三农”保险覆盖面，稳步推进农业保险发展，探索适合我国国情的农业保险经营机制和发展模式，种植业保险逐步覆盖全国主要产粮区和粮食生产大县，农村小额保险试点进一步扩大到山东、陕西等10个省区。2009年，农业保险保费收入133.9亿元，同比增长21%；提供风险保障3 812亿元，同比增长59%；参保农户1.33亿户，同比增长48%。

二是认真贯彻落实党中央、国务院关于应对国际金融危机、促进经济平稳较快发展的一揽子计划，重点投资交通、通信、能源等基础设施项目，积极推动新型车贷保险、小额贷款保证保险和科技保险试点。

三是积极参与养老保障体系和社会医疗保障体系建设，推动医疗、交通、教育以及环保等领域的责任保险发展，在8个省（市）试点环境污染责任保险，在16个省（区、市）的56个地市启动医疗责任保险。

四是采取符合国际惯例的方式支持出口企业，大力发展出口信用保险，完成短期出口信用保险承保900亿美元，安排大型成套设备出口融资保险421亿美元。

专栏11　小额保险

小额保险是一种保费少、保额低，针对低收入群体的疾病、死亡和残疾等特定风险提供的保险服务，是一种重要的金融扶贫工具，通过保险手段，保护低收入者积累的财富不会因疾病、自然灾害和意外事故等风险冲击而损耗，避免低收入群体因病因灾致贫、返贫。

目前，世界各国的金融监管机构都将金融服务的普惠性（Financial Inclusion）作为政策目标，确保每一个消费者能够以可持续的方式获得适合自己需求并且负担得起的金融服务。以低收入群体为服务对象的小额保险被认为是实现这一目标的有效途径之一。国际小额保险中心2007年的调查显示，在全球100个国家中，有77个国家开展了小额保险。此外，世界银行、国际劳工组织、国际保险监督官协会、国际小额保险中心、德国技术公司（GTZ）等组织和一些保险机构也在积极推动小额保险。

2008年，我国正式启动农村小额人身保险试点。截至2008年年末，试点共覆盖农民239万人次，保费收入4 212万元，提供了近280亿元的风险保障。2009年4月，试点扩大到山东、陕西、云南、贵州、宁夏、内蒙古、重庆、海南、安徽、河北10个省（区、市）。2009年新增承保人数超过871万人次，保费收入超过2.3亿元，提供风险保障近1 400亿元。

实践证明，我国农村小额人身保险发展取得了积极成效，得到国务院和地方政府的重视和肯定，也受到国际保险监督官协会的赞誉。小额保险唤醒了广大农民群体的保险意识，解决了以前保险条款和手续复杂、保费较高的难题，实现了让低收入群体买得起、买得到保险的目标，带动了试点公司在农村及县域业务的发展。

（二）保险公司改革重组取得新进展

2009年，中国人民保险集团股份有限公司正式成立。2009年12月，中国太平洋保险集团在香港发行8.61亿H股，募集资金241.16亿港元。截至2009年年末，除中国出口信用保险公司（简称中国信保）以外，国有保险公司全部完成股份制改造，6家中资保险公司实现境内外上市，对改善公司治理、增强资本实力起到了重要作用。目前，新华人寿保险股份有限公司（简称新华人寿）的风险处置工作基本完成，保险保障基金将持有的38.815%的新华人寿股权全部转让给中央汇金投资有限公司。中国信保和中国再保险（集团）股份有限公司的改革正在稳步推进。

专栏12　中国信保的改革与发展

我国出口信用保险制度始建于20世纪80年代中期。1988～1993年，中国人民保险公司独家试办出口信用保险业务，1994～2001年改由中国人民保险公司和中国进出口银行两家承办。2001年年末组建国有独资的中国信保，专门承办政策性出口信用保险业务。公司按商业化方式运作，独立核算，保本经营。成立初期，中国信保主要承接了原中国人民保险公司和中国进出口银行的短期和中长期出口信用保险等业务。随后，中国信保的业务范围不断拓展。2004年，为配合国家“走出去”战略，更好地鼓励、服务于中国企业的海外投资，中国信保正式成立投资保险部，将投资保险从中长期出口信用保险业务中独立出来。2005年，中国信保开始办理国内贸易信用保险业务。近年来，中国信保信息咨询业务也取得了较快发展。中国信保现有业务包括短期和中长期出口信用保险、担保、信息咨询等。

2009年，中国信保实现保险及担保金额1 166亿美元，同比增长85.8%。其中，短期出口险完成保额902.7亿美元，同比增长122.6%，平均费率0.46%，同比下降27.1%。截至2009年年末，出口信用保险承保规模占我国一般贸易出口总额的18.6%，同比提高12.1个百分点。共实现承保保费9.9亿美元，同比增长97.5%。追偿收入7 876.5万美元，同比下降31.2%。全年已决赔款5.2亿美元，同比增长36.9%。

当前，我国经济发展和对外开放正面临新的挑战。我国经济虽然总体上保持持续较快发展的势头，但外部需求回升缓慢，仍存在较大的不确定性。面对新的国际国内经济环境，我国需要采取更加有效的措施稳定外需，需要服务于进出口与对外投资合作的政策性金融机构发挥更大的作用。国际金融危机以来，世界主要经济体相继陷入衰退，全球消费需求急剧萎缩，各国政府纷纷出台促进出口信用保险发展的政策措施，支持并推动政策性出口信用保险机构发挥更大作用。在这种形势下，加快研究中国信保的改革发展问题已经成为当务之急。

（三）银保合作迈出新步伐

2009 年 11 月，《商业银行投资保险公司股权试点管理办法》正式发布。交通银行投资入股中保康联人寿保险有限公司、北京银行投资入股首创安泰人寿保险有限公司的试点工作正式启动，中国银行获准通过中银保险有限公司收购恒安标准人寿保险有限公司股权。加强银保合作有利于提高金融服务水平，提升保险业综合实力与国际竞争力。

（四）监管制度建设进一步加强

2009 年 10 月 1 日，修订后的《中华人民共和国保险法》（简称新《保险法》）正式实施，进一步加大了对被保险人利益的保护力度，扩大了保险公司经营范围，拓宽了保险资金运用渠道，强化了保险监管手段和措施。监管部门以此为契机，进一步加强监管制度建设：一是全面梳理监管规章制度，修订完成了《保险公司管理规定》、《人身保险新型产品信息披露管理办法》等 9 部规章制度。二是完善风险预警和监测机制，建立对重点区域、重点公司、重点业务领域跟踪报告制度，实施风险状况动态监测和压力测试。三是强化分类监管制度和偿付能力监管制度，基本实现了分类监管与偿付能力监管的有机结合，督促偿付能力不达标的公司改善偿付能力。四是要求保险公司建立承保理赔信息查询制度，全面推行车险见费出单制度，推广人身险零现金收付费制度，在强化管理和控制风险的基础上，提高经营效益。

三、稳健性评估

2009 年，中国保险业总体保持健康发展。保险资金运用的专业化水平稳步提升，产品和区域结构有所优化，销售渠道结构进一步调整，市场集中度继续下降，保险业偿付能力总体充足。同时，也需关注资产管理风险种类增多、少数中小保险公司的资本补充机制有待完善以及销售主渠道不健全等方面存在的问题。

（一）保险资金运用的专业化水平稳步提升，需要关注的资产管理风险种类增多

近年来，随着保险资产管理公司和专业的资产管理部门相继设立，我国保险资金运用的专业化、规范化水平稳步提升，投资结构不断优化。截至2009年年末，固定收益类投资（银行存款和债券投资）占保险资金运用余额的79.07%，同比降低5.28个百分点；权益类投资（股票、股权投资和证券投资基金）占保险资金运用余额的18.6%，同比上升5.27个百分点（图4－3）。随着资本市场的好转，保险业全年实现投资收益2 141.7亿元，其中，权益类资产收益与固定收益类资产收益基本相当。平均投资收益率达6.41%，同比提高4.5个百分点（图4－4），其中有22家保险公司的投资收益率超过8%。

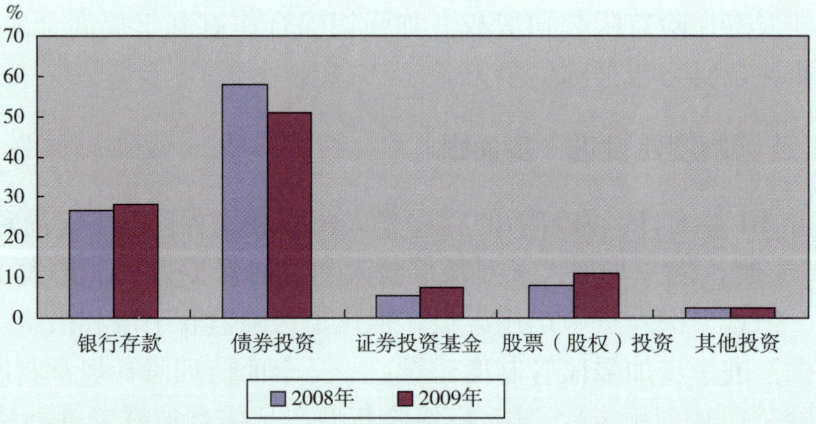

图4－3　保险资金投资结构

数据来源：中国保监会。

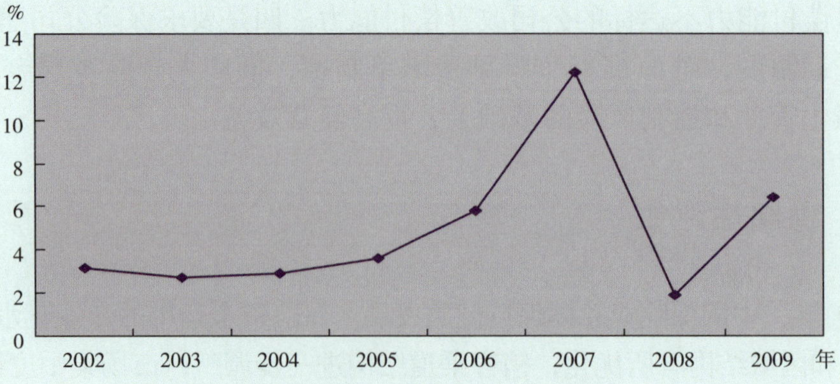

图4－4　保险资金运用收益率

数据来源：中国保监会。

随着我国保险资金总量的持续增长和运用渠道的逐渐放开，保险资产管理面临的风险种类也在增多。从目前情况看，市场利率仍处在历史低位，债券市场收益较低，金融市场波动较大，全年新增保费与到期再投资资金较多，保险资产管理面临新的挑战。

（二）行业偿付能力总体充足，少数中小保险公司的资本补充机制有待完善

2009 年，保险公司利润总额大幅增加，达到 530.6 亿元，同比增加 712 亿元，为改善偿付能力状况创造了良好条件。其中，寿险业利润总额 434.6 亿元，财产险业总体扭亏为盈，利润总额 35.1 亿元。同时，为防范资本补充不及时和偿付能力不达标（偿付能力充足率低于 100%）的风险，保险公司通过发行次级债和股东增资等方式补充资本金。2009 年，有 45 家公司增资 225 亿元，10 家公司发行次级债 180 亿元。截至年末，保险业偿付能力总体充足，偿付能力符合监管标准的公司占总数的 90% 以上，偿付能力不达标的公司数量较上年年末大幅减少至 8 家。

由于全行业尚处于快速发展的阶段，保险公司对资本的依赖性较强。特别是在目前复杂的经济金融形势下，个别新成立的中小保险公司盈利能力较弱，需要进一步完善资本补充机制。

（三）保险销售渠道结构有所调整，主渠道有待进一步改善

我国保险销售以营销员渠道和银行代理渠道为主，专业保险中介、保险公司直销和网络等渠道占比较小（图 4－5）。2009 年，保险营销员渠道继续保持保险销售第一渠道的地位，实现保费收入 4 126.9 亿元，占总保费的 37.06%，同比提高 2.5 个百分点。银行代理业务近年来快速增长，实现保费

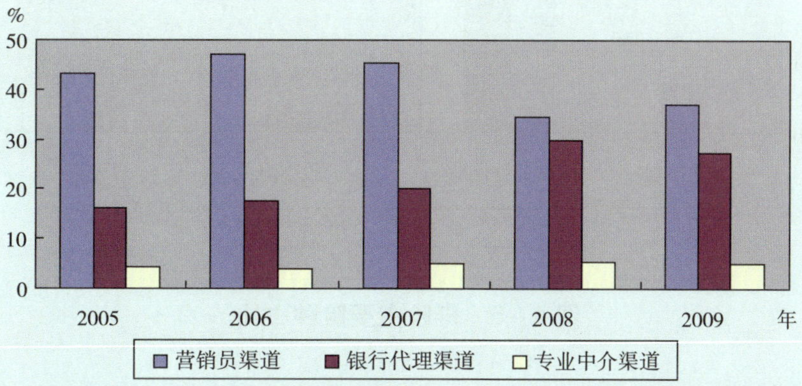

图 4－5　部分保险销售渠道实现保费收入占总保费比例

数据来源：中国保监会。

收入占总保费收入比重逐步增大。2009 年，随着结构调整的推进，银行代理业务占比过高的情况有所改善，年末银行代理渠道保费收入占总保费的比例 27.29%，同比下降 2.48 个百分点。

银行代理和营销员渠道对保险业发展作出了较大贡献，但也存在一些问题：一是在银保合作中，银行处于主导地位，收取的代理手续费较高，加大了保险公司成本。二是银保合作尚属浅层次合作，双方的约束力较弱，银行代销业务一旦大幅下跌，易造成保险公司业务大起大落。三是受专业局限和利益因素影响，银行只能销售一些简单化、标准化的保险产品，倾向于代销短期产品和趸缴产品，导致短期产品多、趸缴占比高。四是销售误导现象仍然存在，营销员队伍素质有待进一步提高。

（四）保险产品结构和区域结构有所改善，市场集中度持续下降

在产品结构方面，得益于保险业结构调整，寿险公司产品结构得到优化，万能险和投连险等投资型业务占比大幅减少（图 4－6），新单业务中，期缴保费占新单保费的 25.2%，同比上升 5.4 个百分点，10 年期及以上保费占新单保费的比重上升 1.7 个百分点。财产险风险保障型业务增幅较大，各产险公司基本停售了非寿险投资产品。截至 2009 年年末，非寿险投资型产品余额 506.4 亿元，较年初减少 426.5 亿元。信用险、工程险、农业险等非车险业务分别同比增长 91.3%、31.6% 和 21%。

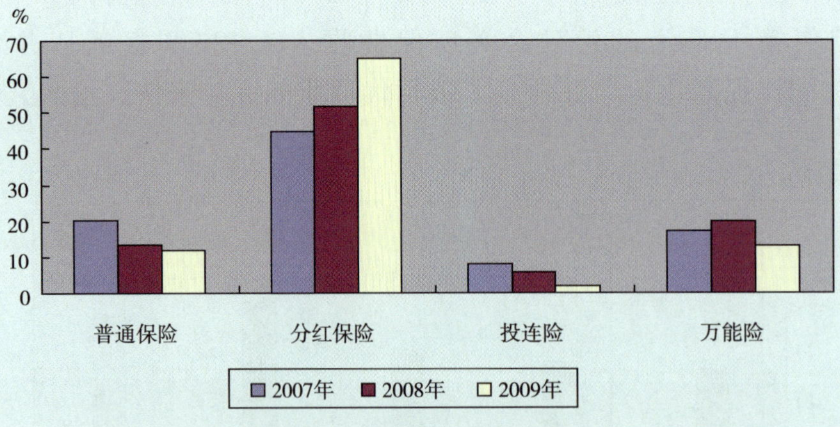

图 4－6 寿险主要险种占比

数据来源：中国保监会。

在区域结构方面，西部地区保费收入增速高于东部地区，西部占全国总保费的比例继续上升（表4－1）。受保费结构调整及上年保费基数较大的影响，2009年各地区保费收入增速较上年都有所下降。

表4－1　2009年地区保费收入分布

单位：亿元，%

	保费收入	同比增长	保费占比
东部[1]	6 517.86	13.36	58.7
中部	2 583.1	12.93	23.2
西部	2 011.15	16.13	18.1
总保费[2]	11 112.11	13.75	100

注：1. 东部地区包括北京、天津、河北、上海、江苏、浙江、宁波、福建、厦门、山东、青岛、广东、深圳、海南、辽宁、大连16个省（市）；中部地区包括山西、安徽、河南、湖北、湖南、江西、黑龙江、吉林8个省；西部地区包括广西、重庆、四川、贵州、云南、西藏、陕西、甘肃、宁夏、内蒙古、青海、新疆12个省（区、市）。

2. 总保费未算集团本部保费收入。

数据来源：根据中国保监会数据整理。

市场集中度明显下降。2009年年末，中国财产险与寿险的赫芬达尔指数①分别为0.198和0.184，同比分别下降0.011和0.021（图4－7）。寿险市场集中度下降最快，最大保险公司市场份额为36.2%，同比下降4.1个百分点，前5家公司市场份额为77.2%，同比下降1.4个百分点；财产险公司中，最大保险公司市场份额为41.6%，同比下降1.7个百分点，前5家公司市场份额为74.1%，同比下降1.5个百分点。

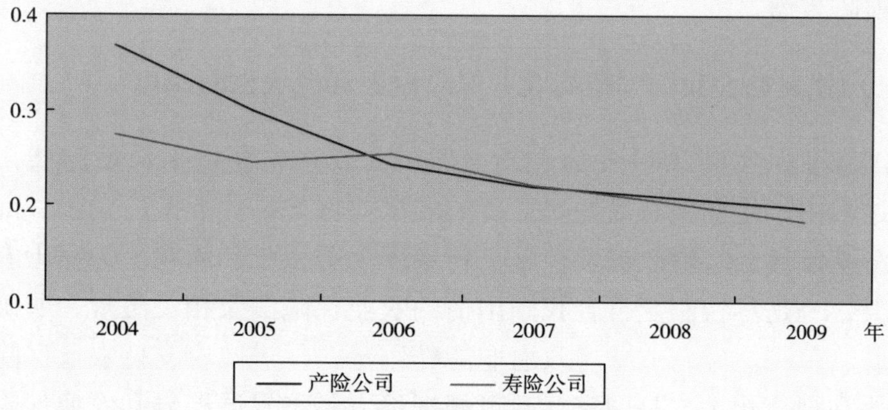

图4－7　保险业赫芬达尔指数

数据来源：中国保监会。

① 赫芬达尔指数（HHI）是行业内所有机构市场份额的平方和。HHI的值越高，说明市场集中度越高。

四、需关注的方面及改革措施

当前，我国经济基本面趋于好转，宏观经济政策效应继续显现，民生政策有效实施，为保险业稳定健康发展营造了良好环境并提供了难得的发展机遇。但全球经济复苏需要一个较长的过程，对我国的冲击可能会继续显现，保险行业自身存在的一些突出矛盾和问题仍不容忽视。保险业应进一步加快改革和发展步伐，提高自身核心竞争力和服务经济社会的能力。

（一）进一步推进保险业转变发展方式

近年来，部分保险公司高投入、高成本、高消耗、低效率的粗放型发展方式尚未彻底转变。部分公司主要靠快速增设机构、铺摊子实现外延式扩张，集约经营和内涵式增长能力不强；产品和服务的创新能力不足，不能满足市场需要；诚信经营理念有待继续增强。

为实现可持续发展，更好地服务社会经济发展，保险业应着重转变发展方式。一是督促保险公司改善经营管理，增强自主创新能力，提高保险业的投入产出效率。二是鼓励和支持保险公司走差异化发展道路，发展长期储蓄型和风险保障型保险产品，进一步优化市场主体结构、业务结构、渠道结构和区域结构，促进保险市场的均衡协调发展。三是拓宽服务领域，进一步开发“三农”保险业务，推动税延型养老保险试点，积极参与多层次医疗保障体系建设，推进健康保险和养老保险专业化经营，大力推动旅游、环境保护、安全生产领域的责任保险发展。

（二）建立符合我国国情的农业保险框架和巨灾保险制度

我国农业保险自2004年启动新一轮试点以来，获得了长足发展，但在实际运作过程中，仍面临着诸如缺乏有效的法律保护、业务推广受限、部分农业省市经济基础薄弱、财政保费补贴支付难度大等困难和问题。为完善农业保险发展框架，一是尽快制定符合我国国情的农业保险法及相关法规，明确农业保险的性质、范围、经营方式、政府职能作用等，促进政府支持农业保险业务发展制度化和规范化。二是国家财政可根据地方经济发展差异和农业保险开展情况确定财政补贴比例，提高对欠发达地区农业保险保费补贴比例，降低地方财政保费补贴和农民缴费比例。三是鼓励农业保险经营主体多元化，完善风险控制手段，减少道德风险。

我国是世界上自然灾害发生最为频繁的国家之一，但由于尚未建立起完备的巨灾保险体系，巨灾风险难以得到有效分散。从国际上巨灾保险的实践看，巨灾保险制度是保险服务国民经济和社会发展的重要途径，可以有效防范重大自然灾害对金融保险业造成的系统性风险。应在借鉴国外巨灾保险发展经验的基础上，结合我国实际，尽快建立多层次的巨灾保险体系。

（三）提高保险资金运用水平

近年来，我国保险资金运用规模不断扩大，2010 年新增保费与到期再投资资金较多，加上上年积压的未有效运用的资金，资金总量预计超过 1.5 万亿元，面临较大投资压力。同时，随着保险公司投资渠道逐步拓宽，保险业面临的资金运用风险也在增大。

为进一步防范保险资金运用风险，提高保险业投资收益率，监管部门将加强保险资金运用监管，规范保险公司投资行为，推进资产管理精细化，强化系统性风险管控，深化资产管理体制改革，建立严格有效的风险隔离制度。同时，大力发展金融市场，丰富市场信用层次，为保险公司等投资者提供尽可能多的选择机会和风险管理手段。保险公司应改进资金运作方式和风险管理技术，提高风险识别、分析和计量的能力，加快相关领域专业技术和人才的积累。

（四）关注新企业会计准则对保险业的影响

2008 年 8 月，财政部印发了《企业会计准则解释第 2 号》，保险公司从编制 2009 年度财务报告开始实施新企业会计准则。新企业会计准则在责任准备金标准和保费收入分拆等方面进行了调整，将对保险公司产生较大影响。一是保险公司在提取责任准备金时，可按未来现金流的贴现值评估，评估利率根据未来投资收益预期估计，利率高低将影响准备金计提和当期利润，进而影响长期经营策略。二是保费收入分拆后，保障功能较弱的保单（如投连险等）将不计入保费收入，可能引起保险公司业务结构发生较大变化。因此，应密切关注新企业会计准则的影响，研究制定保费收入分拆办法和估计责任准备金最佳标准，引导保险行业调整产品结构，增强产品的保障功能，更加科学地反映公司的业务规模、财务状况、盈利能力和风险状况。

（五）密切跟踪研究国际保险业监管变化

国际保险监督官协会结合国际金融危机的教训，正在研究完善保险监管规则和框架：参考巴塞尔新资本协议，研究建立全球统一、可操作的保险监管规则；从单纯重视对个体机构的微观审慎监管向关注保险市场整体状况的宏观审慎管理转变；加强国际保险监督官协会监管规则的全球实施，开展自我评估和同行审议，完善监管联席会议和多边保险备忘录机制。这些改革设想和措施将对国际保险业监管体系产生重要影响。应密切跟踪研究国际保险业监管的变化，在积极参与制定国际保险监管规则的同时，借鉴其他国家的经验教训，完善我国保险业监管。

第五章

金融市场

2009 年，我国金融市场运行总体平稳，市场交易活跃，市场制度建设取得进展，有力促进了国家宏观经济政策实施和金融体制深化改革，充分发挥了维护金融稳定、加大金融支持经济发展的积极作用。

一、市场运行概况

（一）货币市场保持活跃

成交量继续大幅增加。2009 年，货币市场交易活跃，同业拆借累计成交 19.4 万亿元，同比增长 28.6%；债券回购累计成交 70.3 万亿元，同比增长 20.9%。成交量大幅增加主要原因是市场流动性总体充足，且货币市场利率年内低位运行，资金成本较低，市场交易需求旺盛。

短期交易占比较高。2009 年，在货币市场交易中，隔夜拆借成交 16.2 万亿元，占拆借成交总量的 83.5%，同比提高 13 个百分点；1 天质押式回购成交 54.6 万亿元，占回购成交总量的 77.7%，同比提高 14 个百分点。交易期限以短期为主，货币市场调节机构流动性的作用突出。

货币市场利率低位运行。2009 年，货币市场利率波动大致可分为两个阶段（图 5－1）：第一阶段为年初至 6 月，货币市场利率在 0.9% ~1.2% 的利率区间内小幅波动。第二阶段为 7 月至年末，受市场预期、新股恢复发行等因素影响，货币市场利率呈现阶段性宽幅波动，如 7 月中下旬 7 天拆借加权平均利率最高为 2.12%，最低为 1.29%，波幅超过 80 个基点。全年来看，12 月同业拆借加权平均利率为 1.25%，比 1 月上升 35 个基点；12 月质押式回购加权平均利率为 1.26%，比 1 月上升 36 个基点。

（二）债券市场迅速发展

债券市场规模快速扩大。2009 年，债券市场累计发行人民币债券 4.9 万亿元，同比增长 68.5%。国债、次级债券、中期票据、企业债券等债券品种发行量较 2008 年均有较大幅度增加（图 5－2）。截至 2009 年年末，债券市场债券托管[①]总额达 13.3 万亿元，其中，银行间市场债券托管额为 13 万亿元，同比增长 30%。各类债券发行规模不断扩大，企业直接融资渠道进一步拓宽，债券市场已成为政府、金融机构和企业的重要融资和投资平台，在有效配置资源、传导货币政策、促进经济健康运行等方面发挥着越来越重要的作用。

① 不包含中央银行票据托管量。

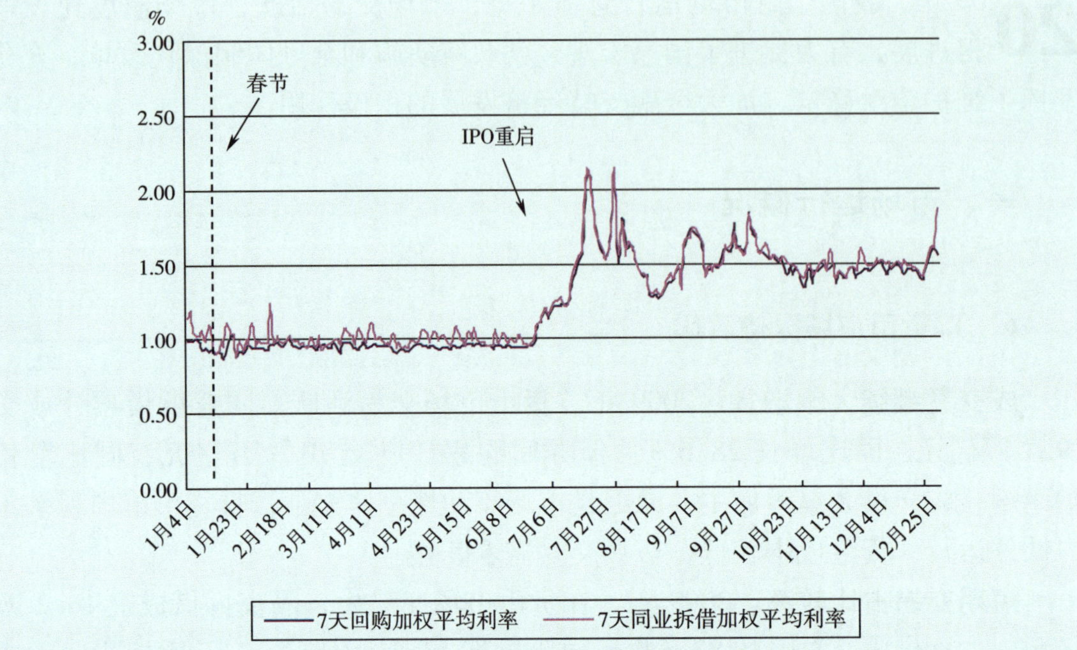

图 5－1　2009 年货币市场利率走势

数据来源：全国银行间同业拆借中心。

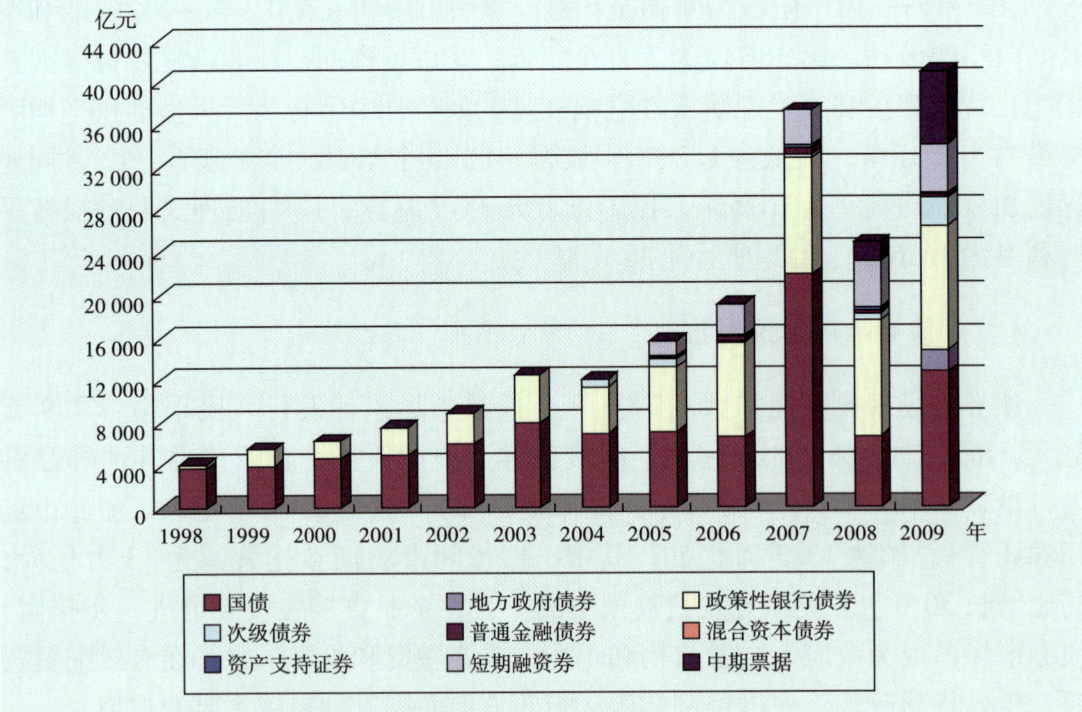

图 5－2　银行间债券市场主要债券品种发行量

数据来源：中央国债登记结算有限责任公司。

债券期限结构以中短期为主。2009 年，期限 5 年以内的债券发行量占比 48.8%，同比上升 1.6 个百分点；期限 5（含）~10 年的债券发行量占比 26.8%，同比下降 2.3 个百分点；期限 10 年（含）以上的债券发行量占比 24.4%，同比上升 0.7 个百分点。

债券交易量增价稳。2009 年，银行间债券市场现券成交量为 47.3 万亿元，同比增长 27.4%。债券价格走势相对平稳，债券指数窄幅波动。银行间市场债券指数由年初的 132.11 点降至年末的 130.23 点，下降 1.88 点，降幅 1.4%；交易所市场国债指数由年初的 121.22 点升至年末的 122.35 点，上升 1.13 点，升幅 0.9%。银行间债券市场国债收益率曲线整体呈上行趋势。

投资者类型多元化。2009 年，基金公司特定资产管理组合和证券公司资产管理计划获准在银行间债券市场开户，银行间债券市场非法人机构投资者类型已涵盖企业年金、保险机构产品、信托产品、基金公司特定资产管理组合和证券公司资产管理计划五个类别。截至 2009 年年末，银行间债券市场参与者 9 247 家，包括各类金融机构和非金融机构投资者，形成了以做市商为核心、金融机构为主体、其他机构投资者共同参与的多元化市场格局，银行间债券市场已成为各类市场主体进行投融资活动的重要平台。

专栏 13　资产证券化是发展金融市场、防范金融风险的重要举措

20 世纪 70 年代后期以来，资产证券化迅速发展，逐步成为金融市场上最具活力的金融产品。资产证券化对于商业银行加强经营管理、分散信用风险具有重要作用，在连通信贷市场与资本市场、促进资本市场发展等方面具有多重功能。对商业银行而言，资产证券化既是解决资产负债期限错配的重要工具，又是信贷结构调整和优化的有效手段，还可以改变商业银行传统经营模式。同时信贷资产证券化可以增强商业银行主动进行资产负债管理的能力，改变其在资产规模不断扩张后只能通过做大分子（通过不断补充资本金）来满足资本充足率要求的被动局面。对于金融市场而言，信贷资产证券化为证券市场的发展提供了新的投资选择，为信贷市场开辟了新的融资渠道。信贷资产证券化在拓宽中小企业融资渠道、化解地方政府投融资平台潜在信用风险、盘活政策性银行资产以促进其商业化转型等方面也有积极作用。

2007 年次贷危机爆发后，全球资产证券化市场运行陷于停滞。随着对金融危机成因认识的逐步深入，各国已普遍意识到在更稳健的基础上恢

复可持续发展的资产证券化市场，对于强化银行资本和克服信贷资金供给约束的重要性，并通过重建市场信心、扩大投资者范围、提供更多的评级选择、完善发起配售模式以及支持资产证券化向着更加透明简洁和更具流动性的方向发展等多种手段促进资产证券化市场复苏。特别值得一提的是，在所有关于证券化业务的改革思路中，都有对证券化产品发行和支持机构在表内持有一定比例基础资产或一定比例所有等级债券的要求。目前，相关措施作用已开始显现，包括美国汽车贷款、信用卡以及欧洲的担保债券等部分资产证券化市场已率先复苏。

2005年3月，经国务院批准，中国人民银行会同相关部门成立了信贷资产证券化试点工作协调小组，启动了我国的信贷资产证券化试点工作。在各方面的共同努力下，我国信贷资产证券化市场初具规模，运行情况良好，试点工作取得了预期成果。

产品类型日益丰富，发起机构和基础资产呈多元化发展态势。从发行量来看，资产支持证券的发行量逐年递增。从基础资产来看，试点初期基础资产仅限于一般贷款和个人住房抵押贷款，此后逐步扩大到不良贷款、汽车抵押贷款、中小企业贷款。从发起主体来看，试点的金融机构从初期的政策性银行和国有控股商业银行逐渐扩展到股份制商业银行和汽车金融公司；本身已具有资产证券化业务资格的资产管理公司也因试点获得了实践的机会。从投资主体来看，资产支持证券持有人逐渐扩展到股份制商业银行、城市商业银行、信用合作社、财务公司、外资银行、证券投资基金等。

制度框架日益完善。试点和立法并行，是开展信贷资产证券化试点的重要原则。根据资产证券化业务特征，试点工作协调小组设计了一套满足试点实践要求的制度框架。中国人民银行、银监会、住房和城乡建设部、财政部、税务总局分别就信贷资产证券化试点的基本管理办法、监督管理办法、市场运行规则、房屋抵押权变更办法、会计处理原则和税收管理办法等发布了近10个部门规章，初步建立了信贷资产证券化的制度框架，规范了试点工作，保证了试点工作有序进行。

风险约束机制经受了市场的检验。从试点开始，各监管机构就把风险防范放在首位，不断加强风险管理要求。《信贷资产证券化试点管理办法》对信贷资产证券化过程中各主要环节的风险控制作出了原则规定。中国银监会制定了《金融机构信贷资产证券化试点监督管理办法》，从市场准入、业务规则与风险管理要求、资本要求、监督管理、法律责任等方面对资产证券化业务提出了一系列监管要求。中国人民银行从市场管理的角度，通过公告形式就信贷资产证券化的信息披露，资产支持证券在银行间债券市场的登记、托管、交易和结算等行为作出规定，指导全国银行间同业拆借中心和中央国债登记结算有限责任公司设计了适合资产支持证券发行交易的债券综合业务系统，进一步加大了资产支持证券风险防范力度。

试点取得积极成效。一是丰富了债券市场产品，促进了债券市场的发展。经过近5年的发展，信贷资产支持证券市场已初具规模，成为债券市场的一个重要组成部分。资产支持证券具有独特的风险收益特征和期限结构安排，成为机构投资者资产配置的又一重要资产类别。二是增加了发起金融机构的资产负债管理手段。通过开展信贷资产证券化业务，金融机构不仅可以根据证券化业务的规模和结构来制定相应的负债目标，增强主动调整贷款资产结构的能力，而且还可以从原来单纯地将信贷资产持有到期转型为信贷资产的提供方、交易人。三是促进了发起金融机构盈利模式的转变。通过信贷资产证券化，发起金融机构在让渡传统的贷款利息的同时，获得了贷款服务收入、持有次级档证券的投资收益和交易资产支持证券的收入。四是提高了金融机构的创新动力。金融机构通过发行重整资产支持证券开辟了更加市场化的不良资产处置新途径；汽车金融公司通过发行汽车抵押贷款资产支持证券探索了新的融资渠道，有利于促进汽车消费。

（三）股票期货市场活跃，筹资功能增强

股票市场大幅上涨，市场成交量创新高。2009年，上证综合指数最高3 478.01点，最低1 844.09点，年底收盘于3 277.14点，同比上涨79.98%；深证成分指数最高14 096.97点，最低6 514.49点，年底收盘于13 699.97点，同比上涨111.24%（图5－3）。截至2009年年末，沪、深两市上市公司1 718家（其中B股公司108家），比上年增加93家；总市值24.39万亿元，上升100.99%；流通市值15.13万亿元，上升234.54%；创业板市场36家上市公司总市值1 610.08亿元，流通市值298.97亿元。全年股票交易金额53.60万亿元，日均股票交易金额2 196.67亿元，同比分别上升100.66%和102.31%，均创历史新高。

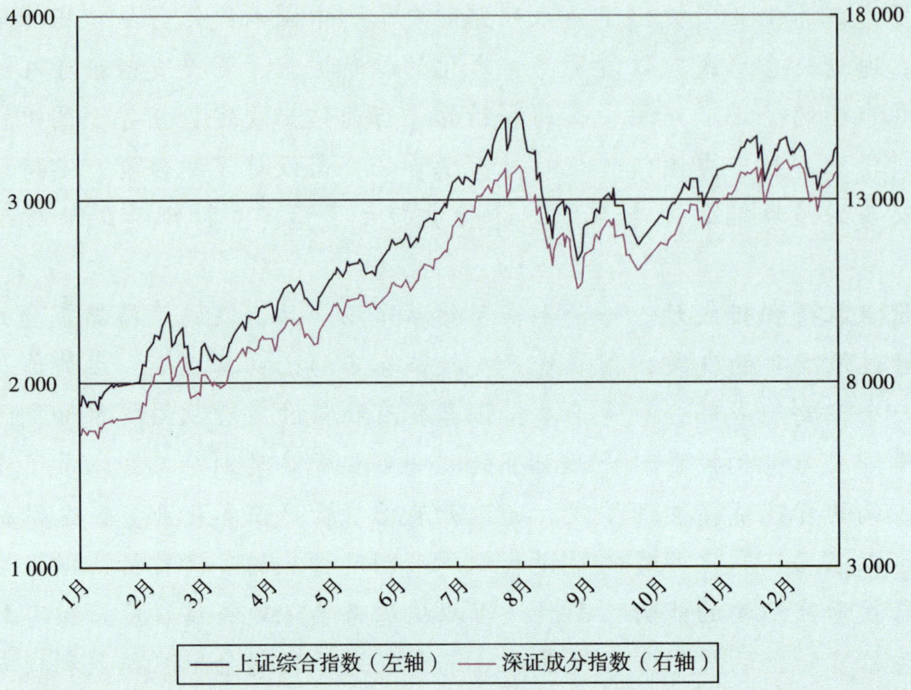

图 5－3　2009 年上证综合指数和深证成分指数走势（以收盘价为准）

数据来源：Wind 资讯。

股票筹资功能有所增强，上市公司债筹资规模大幅提升。2009 年，我国境内资本市场筹资 4 609.54 亿元，居历史第二高位。A 股股票累计筹资 3 894.53 亿元，其中，首发筹资 1 879 亿元，同比增长 81.3%；增发筹资 255.86 亿元，同比减少 75.94%；非公开发行筹资 1 614.83 亿元，同比增长 347.16%；配股筹资 105.97 亿元；权证行权筹资 38.86 亿元。沪、深两市债券筹资 715.01 亿元，其中上市公司债融资 638.40 亿元，同比增长 121.67%。

期货市场规模稳步扩大，产品创新有序推进。2009 年，我国期货市场共成交 21.6 亿手，成交金额 130.5 万亿元，同比分别增长 58.2% 和 81.5%。商品期货成交量占全球的 43%，位居全球第一。先后推出了螺纹钢、线材、早籼稻和聚氯乙烯等新品种，商品期货交易品种达到 23 个，大宗商品期货品种体系基本形成。

（四）票据市场快速增长

2009 年，票据市场累计签发商业汇票 10.3 万亿元，同比增长了 45.3%；累计办理贴现 23.2 万亿元，同比增长了 71.7%；累计办理再贴现 249 亿元，同比增长1.27倍。截至年末，未到期商业汇票余额为4.1万亿元，同比增长28.1%；票据贴现余额为2.4万亿元，同比增长26.3%；再贴现余额为181亿元，同比增长6.84倍。

全年票据市场价格走势阶段性特征明显。“工银票据转贴现价格指数”年末报收1 123点，较年初上升512点（图5－4）。其中，前5个月，受适度宽松的货币政策影响，市场资金面宽裕，票据需求增强，转贴现利率一直处于低位运行；下半年宏观政策和资金面出现调整，票据市场利率逐步走高。

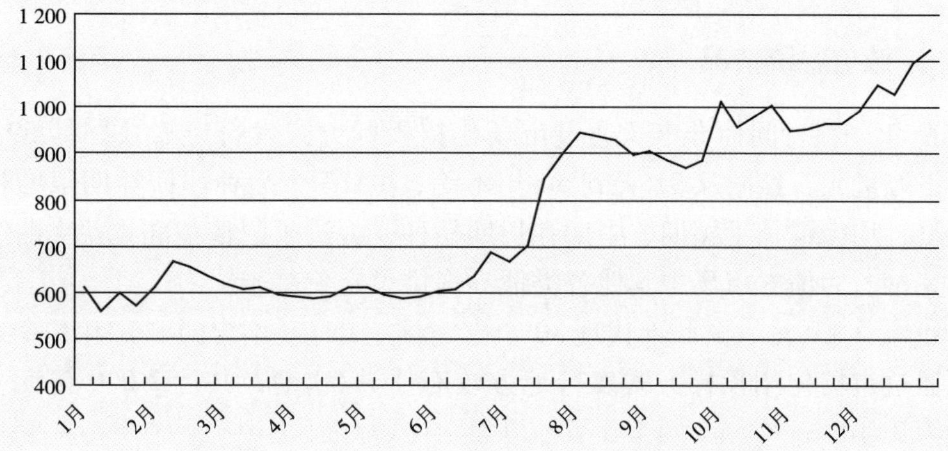

图5－4　2009年工银票据转贴现价格指数走势

数据来源：中国工商银行票据营业部。

（五）外汇市场运行平稳

2009年，人民币外汇即期市场交易量平稳增长，远期交易量有所下降，掉期交易量增长较大，外币对市场结构优化。人民币外汇远期市场成交98亿美元，同比下降43.8%；人民币外汇掉期交易成交8 018亿美元，同比增长82.1%，市场对人民币汇率贬值预期由强转弱，报价由升水转为贴水，人民币再次出现升值预期；外币对市场成交407亿美元，同比下降35.8%，做市银行交易量降低，普通会员市场份额增加。

（六）黄金市场稳中有升

2009年，上海黄金交易所市场运行平稳。黄金成交4 710.82吨，同比增长5.53%；成交金额11 030.63亿元，同比增长22.62%。白银成交16 247.79吨，同比增长267.60%；成交金额586.58亿元，同比增长296.07%。铂金成交56.66吨，同比增加12.89%；成交金额155.28亿元，同比下降5.02%。

2009年，国际市场黄金价格呈上升趋势，价格连创历史新高，突破每盎司1 000美元。国内外金价走势保持一致，价差有所缩小，平均差价每克0.36元，同比减少0.31元，下降46.27%。年初金价192.60元/克，年末金价244.00元/克。期间最高价269.25元/克，最低价178.00元/克，加权平均价215.35元/克，同比增加18.19元/克。

二、市场融资情况

（一）政府融资情况

2009年，银行间债券市场通过市场化招投标方式发行记账式国债59期，共计1.3万亿元，期限从91天到50年不等，共13个品种。债券期限结构进一步完整，均衡覆盖了短期、中期和长期品种，促进了国债基准收益率曲线的改进与完善，为债券市场中其他各类债券提供了定价基础。

2009年3～9月，财政部代理30个省（区、市）（不含西藏）和5个计划单列市通过市场化招投标方式发行地方政府债券50期，共计2 000亿元，债券期限为3年。

由于市场流动性充裕和采用市场化发行方式，2009年记账式国债与地方政府债券保持了较低的发行成本，为积极的财政政策的实施筹集了大量稳定的低成本资金，保证了国家宏观调控措施的落实，支持了我国社会经济又好又快发展。

专栏14　市政债券发展的国际经验

市政债券是指由地方政府或其授权的机构为满足市政运转或经营建设需要而发行的债务性融资工具。市政债券一般可分为两类，一类是一般责任债券，偿债来源是发行人的税收收入；另一类是收入债券，偿债来源是所发债项目的未来收入。

一、市政债券的发展与基本情况

市政债券的发展与一国工业化、城市化进程紧密相关。城市化和工业化相应要求的公共基础设施建设，一般具有初始投资大、受益期长等特点，其资金需求不但超出地方政府的当期税收收入，而且会造成当期纳税人和多期受益者的分离，有失公平。因此，采用举债为公共基础设施项目融资，有利于扩大融资来源，解决经济建设中投资的成本分担问题。

目前，市政债券较发达的国家包括美国、日本、德国、澳大利亚和加拿大，波兰、南非、俄罗斯、巴西等发展中国家的市政债券也得到一定发展。其中，美国市政债券具有最高的市场化程度和最完善的金融配套制度；日本市政债券是单一制国家发展市政债券的典型案例；波兰市政债券兼具发展中国家和以间接融资为主国家的特点。

二、美国市政债券发展情况

在美国联邦政治体制下，地方政府发债无须得到上一级政府的批准，同时，《证券法》豁免了市政债券发行的证监会注册要求。因此，是否发行市政债券完全由本级政府确定。为规范本级政府举债行为，各地方立法机构一般通过相应的立法来规范本级政府举债。

美国市政债券的发行人包括地方政府（州、县、市）及其授权机构。市政债券品种除一般责任债券和收益债券以外，还包括双重收入担保债券、特定税种债券等创新形式的债券。发行方式分为公募和私募两种。市政债券的投资者包括银行、基金、保险、各类企业和个人。市政债券在场外市场（OTC）交易。市政债券一般都获得外部评级。市政债券的保险商包括债券保险公司和一般保险公司。市政债券通常减免联邦税收，不同的州还规定满足一定条件可以免州税。截至 2009 年年末，美国市政债券市场余额约 2.67 万亿美元。

市政债券市场的监管机构为美国证监会和市政债券规则委员会。市政债券规则委员会受证监会委托制定市政债券规则，没有具体的监管执行权力。

三、日本市政债券发展情况

日本是单一制国家发展市政债券的典型。日本地方政府发债报经当地议会批准后，如果实际偿债率小于 18%，则地方政府可以无须报经中央批准直接举债，否则地方政府应当报经总务省批准后才可举债。实际操作中，地方政府如果经总务省批准后举债可以获得多种优惠政策，因而地方政府大多会选择经中央批准后再举债。

日本市政债券包括地方公债和地方公企业债。[①] 发行方式包括私募和公募。市政债券的交易场所主要是 OTC 市场，法律规定只有在东京都发行

① 地方公债是真正的政府直接债务；地方公企业债是公用企业债券。

的债券才可以在证交所上市，其他市政债券只能通过OTC交易。银行是市场债券的主要投资者。大部分公募发行都获得了外部评级。2009财年末，日本市政债券余额约为138万亿日元（约合1.5万亿美元），仅次于美国。

日本市政债券市场由日本金融厅监管，市政债券的销售和投资需要遵守证券市场的各项规定。

四、波兰市政债券发展情况

波兰市政债券的发行由市政议会进行表决，发行规模必须符合有关法律规定：一是举债目的只能用于建设性支出，不能用于弥补财政赤字；二是对地方政府总债务规模进行限制。同时，地方政府公开发行证券需要获得波兰金融监管委员会批准。

波兰市政债券的发行人为省、县、乡三级政府，主要包括一般责任债券和收入债券。发行方式分为公募和私募，公开发行的债券主要在波兰的OTC市场交易。市政债券的投资者包括银行、养老金、保险公司、外国投资者、中央银行和公共企业，其中商业银行占2/3。目前，对市政债券发行人的信用评级还不普遍，仅有少数的市政债券发行人得到外部评级。2009年第三季度末，共有393只市政债券，市场余额约合19亿美元。

公债管理局和波兰金融监管委员会负责对市政债券的管理。公债管理局隶属于财政部，负责对波兰中央及地方政府债务进行监督管理，包括对或有负债进行预测、报告和预算管理等。波兰金融监管委员会负责对市政债券市场的监管。

随着我国城镇化、工业化进程快速推进，各地建设资金需求不断增强。长期以来，我国地方建设主要依赖于财政拨款和银行信贷，不但制约了资金可得规模，也造成风险集中于银行体系。借鉴国际经验，发展市政债券，有利于建立制度化和多元化的地方政府融资渠道，提高资源配置效率，改善社会融资结构。

（二）企业融资情况

债务融资迅猛增长。近年来，我国债券市场规模快速扩大，市场深度不断增加，债券发行量增长迅猛，债券市场品种日益丰富。目前，企业债务融资产品包括企业债券、短期融资券、中期票据、资产支持证券、公司债券、可转换公司债券、可分离交易可转债等。2009年，我国非金融企业直接债务融资发行规模达到16 637.7 亿元，同比增长 78.2%（表 5－1）；2009 年年末，非金融企业直接债务融资市场存量为 26 415.2 亿元，同比增长 86.6%（表 5－2）。银行间债券市场首批 3 笔中小企业集合票据成功发行，为 23 家中小企业筹措生产经营资金 12.65 亿元；此外，还推出了中期票据的含权化产品及外币品种，全年有 2 家企业发行美元中期票据共 15 亿美元。

表 5－1　非金融企业直接债务融资发行情况

单位：亿元

年份	短期融资券	中期票据	企业债券	公司债券	可转换公司债券	可分离交易可转债	合计
2004	—	—	307.0	—	209.0	—	516.0
2005	1 392.5	—	654.0	—	0	—	2 046.5
2006	2 944.0	—	995.0	—	43.9	99	4 081.9
2007	3 356.1	—	1 709.4	112	106.5	188.8	5 472.7
2008	4 298.5	1 672	2 366.9	288	77.2	632.9	9 335.5
2009	4 627.1	6 950	4 252.3	731.7	46.6	30	16 637.7

数据来源：中国债券信息网、Wind 资讯。

表 5－2　非金融企业直接债务融资存量情况

单位：亿元

年份	短期融资券	中期票据	企业债券	公司债券	可转换公司债券	可分离交易可转债	合计
2004	—	—	1 242.5	—	334.9	—	1 577.4
2005	1 380.5	—	1 851.5	—	248.8	—	3 480.8
2006	2 667.1	—	2 831.5	—	120.7	99	5 718.3
2007	3 203.1	—	4 479.4	112	98.6	287.8	8 180.9
2008	4 203.1	1 672	6 821.3	400	139.2	920.7	14 156.2
2009	4 561.1	8 622	11 029.6	1 131.7	120.1	950.7	26 415.2

数据来源：中国债券信息网、Wind 资讯。

三、市场制度建设

（一）股票期货市场

2009 年，随着市场化改革的推进，我国资本市场基础性制度建设和市场约束机制进一步加强，市场健康发展的内在基础进一步夯实。

一是改革和完善新股发行体制。按照“分步实施、逐步完善”的原则，继续深化新股发行体制改革，完善询价和申购机制，优化网上发行制度安排，重视中小投资者的参与意愿，加强风险提示，推动发行人、投资者和承销商等市场主体归位尽责，为进一步改革奠定了基础。

二是完善期货市场制度建设。发布《期货市场客户开户管理规定》，实施统一开户制度，提升期货市场风险防范能力，强化期货市场开户实名制，提高期货市场运行效率。

三是完善交易结算制度。修改《证券登记结算管理办法》，明确了合伙企业开立证券账户规则，确立了金融期货交易所与证券登记结算机构的数据交换制度，为跨市场监管创造条件。

（二）银行间债券市场

一是强化银行间债券市场基础制度和系统建设。2009 年 3 月，《银行间债券市场债券登记托管结算管理办法》发布，对债券登记托管结算机构的职能与管理，债券登记、托管和结算的相关业务环节，参与各方的权利、义务和法律责任等方面进行了规范。作为银行间债券市场基础性规章制度之一，该办法的实施有利于进一步规范债券登记、托管和结算业务，保护投资者合法权益，防范相关业务风险，促进债券市场功能发挥，对我国债券市场的健康、规范发展具有深远意义。2009 年 6 月，银行间债券市场新一代本币交易系统成功上线，新交易系统吸收了原交易系统的优点，在系统结构、交易功能、客户管理、扩展功能等方面有明显改进，标志着银行间债券市场基础设施建设得到进一步加强，适应了银行间债券市场快速发展的要求。

二是推动非法人机构投资者进入银行间债券市场。2009 年 3 月和 7 月，中国人民银行先后发布第 5 号和第 11 号公告，允许基金管理公司以特定资产管理组合名义、证券公司以资产管理计划（包括集合资产管理计划、专项资产管理计划和定向资产管理计划）在银行间债券市场开立债券账户进行投资、交易，并从制度安排及交易管理等方面进行了规范。非法人机构投资者有序进入银行间债券市场，进一步丰富了银行间债券市场投资者类型，适应了差异化、多样化的市场需求，进一步提升市场的流动性。

三是加强金融债券发行交易管理和信息披露，扩大发债主体范围。先后发布《全国银行间债券市场金融债券发行管理操作规程》、关于汽车金融公司和金融租赁公司发债公告等规章制度，进一步规范与完善金融债券发行管理，稳步扩大发债主体的范围，提高金融债券发行审核的透明度，健全市场约束与风险分担机制。同时，取消银行间债券市场流通债券发行规模不低于 5 亿元的限制，为中小企业发债融资创造了良好的政策条件。

四是统一场外金融衍生产品交易主协议。2009 年 3 月，中国银行间市场交易商协会发布新的《中国银行间市场金融衍生产品交易主协议》，提高了我国场外金融衍生产品交易的标准化程度，增进了交易效率，降低了法律风险。

五是银行间市场清算所股份有限公司成立。2009 年 11 月 28 日，中国外汇交易中心、中央国债登记结算有限责任公司、中国印钞造币总公司、中国金币总公司 4 家单位在上海共同发起成立了银行间市场清算所股份有限公司（以下简称上海清算所），注册资本金 3 亿元人民币。上海清算所主要为金融市场提供直接和间接的本外币交易及其衍生产品交易清算服务，包括清算、结算、交割、保证金管理、抵押品管理、信息服务、咨询等业务。作为我国银行间债券市场重要的中介服务机构，上海清算所通过集中管理市场交易对手方的风险，向市场参与者提供清算便利，促使市场交易、清算、结算三个核心业务环节相互独立、分工合作，有利于提高清算效率和市场透明度，更好地防范系统性金融风险，维护金融体系稳定。

第六章

政府、企业和住户财务分析

2009年，政府部门财务状况较好，债务水平总体较低；企业部门生产经营稳步改善，偿债能力稳定；住户部门持有的金融资产继续增长，结构更趋多元化，整体债务水平较低，但信用卡逾期透支的情况明显上升，潜在的信用风险值得关注。

一、政府部门

2009年，在“保增长、扩内需、调结构、促改革、惠民生”的方针指导下，各级政府部门积极贯彻落实积极的财政政策，保证各项重点支出需要，财政支出保持较快增长。总体来看，我国政府部门的财务状况良好，债务水平较低。良好的政府部门财务状况，为防范、化解系统性金融风险提供了有力保障。

（一）政府部门财务状况较好，债务水平较低

2009年，在积极落实各项财政政策的同时，政府部门债务维持在较低水平，仍在我国综合国力的承受范围之内。

财政收入增速放缓。2009年是财政收支矛盾十分突出的一年。全年实现财政收入68 477亿元，同比增长11.7%，增幅为2000年以来最低（图6－1）。从收入结构看，全年税收收入59 515亿元，占同期财政收入的86.9%；非税收入8 962亿元，占比13.1%。税收收入中，国内增值税、企业所得税和

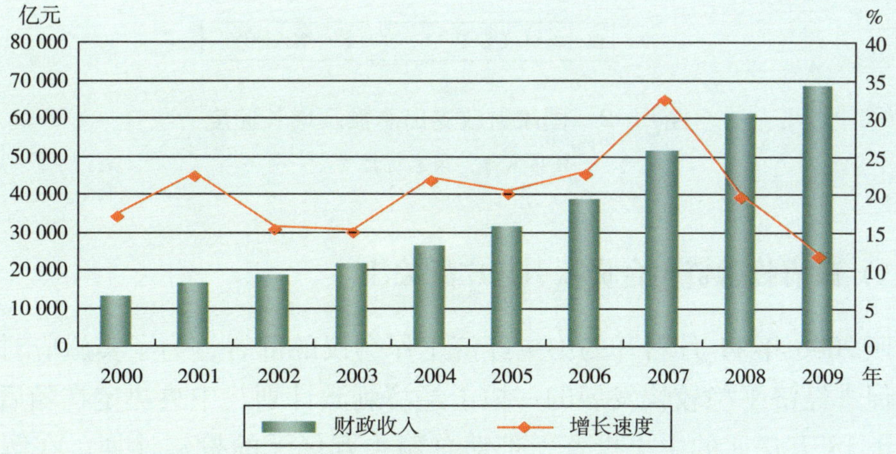

图6－1　国家财政收入总额及增长速度

数据来源：国家统计局。

营业税是主要收入来源，全年分别征得18 481亿元、11 534亿元和9 014亿元，同比分别增长2.7%、3.2%和18.2%，占同期财政收入的27%、16.8%和13.2%。全年非税收入同比增加1 856亿元，增长26.1%。非税收入的增加部分，有1 540亿元来自其他非税收入。

财政支出增长较快。2009年财政支出75 874亿元，同比增加13 281亿元，同比增长21.2%（图6－2）。在财政支出中居前五位的项目为：教育支出10 370亿元，占同期财政支出的13.7%，同比增长15.1%；一般公共服务支出9 158亿元，占比12.1%，同比增长10.5%；社会保障和就业支出7 561亿元，占比10%，同比增长11.1%；农林水事务支出6 632亿元，同比占比8.7%，增长38.9%；城乡社区事务支出4 993亿元，占比6.6%，同比增长25.6%。

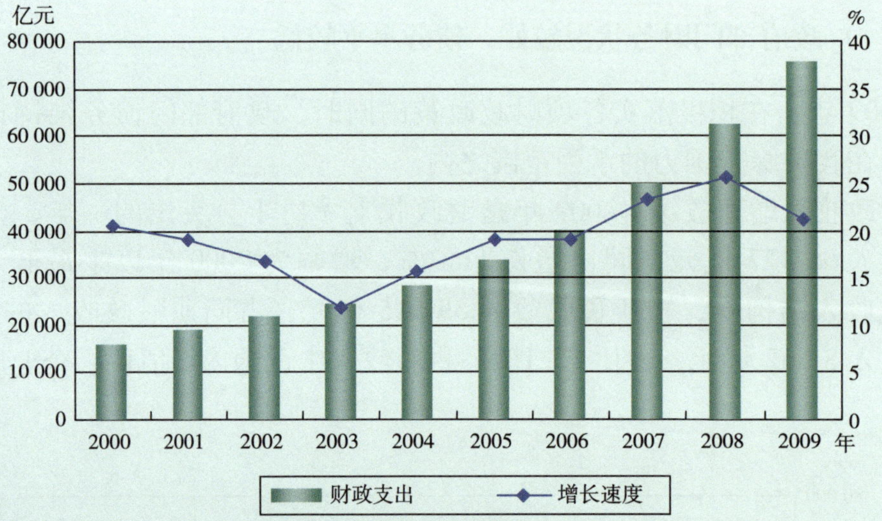

图6－2　国家财政支出总额及增长速度

数据来源：国家统计局。

（二）政府投融资平台贷款引起广泛关注

按照2008年11月召开的中央经济工作会议的部署，为了实施应对国际金融危机促进经济平稳较快发展的一揽子经济刺激计划，中央决定在随后的两年内新增1.18万亿元的中央投资，带动总额4万亿元的投资计划。在解决配套资金的过程中，各地政府投融资平台发挥了重要作用，同时投融资平台贷款的质量也受到社会各界的广泛关注。

专栏15　地方政府投融资平台的发展与规范

地方政府投融资平台是伴随着我国投融资体制改革的深入、政府职能的转变而出现并发展的，也与我国当前的发展阶段和有关制度安排密切相关。当前，我国正处于快速城镇化时期，各类基础设施建设与改造需要大量中长期资金投入，但地方政府受自身财力与《预算法》约束，通过设立投融资平台，筹集资金用于城市建设。

2008年下半年以来，为应对国际金融危机，满足中央项目配套资金和自身投资需要，地方政府投融资平台的发展出现了一些新情况和新特点：一是投融资平台数量增加较快。全国绝大多数省级和地市级政府乃至大多数县级政府设有投融资平台，呈现量多面广的特点。二是投融资平台债务规模增长十分迅猛，大部分负债发生在2008年下半年和2009年上半年。三是融资渠道以银行信贷资金为主。四是资金主要投向城市投资建设、交通运输和土地开发。

总体来看，地方政府投融资平台短期发展势头迅猛，负债规模增长过快，出现了一些值得关注的问题。一是部分地方政府投融资平台过度负债，债务偿还存在较大不确定性。二是地方政府投融资平台缺乏统一管理，难以掌握地方政府真实负债情况。三是部分地方政府投融资平台公司运作不规范，缺乏可持续发展能力。四是地方政府投融资平台融资主要依赖银行贷款，银行信贷风险较为集中。

针对上述问题，一是要继续加强地方政府投融资平台规范管理，完善风险控制机制。通过制定地方政府融资平台管理办法，建立地方债务风险预警体系，对投融资平台进行归口统一管理，将投融资平台融资行为纳入规范化、制度化轨道，防范和化解地方政府过度负债的风险。二是要加强对商业银行等金融机构的风险监管与贷款指引，切实提高防范风险能力。加强对商业银行投融资平台贷款及信托公司参与地方政府融资运作情况的监督检查，指导商业银行等金融机构建立地方政府负债的风险管理制度，正确认识、科学预测地方财政补偿能力。充分发挥银团贷款作用，建立商业银行对投融资平台贷款的风险识别与分散机制。三是要在制度明确、风险可控的前提下，运用市场机制解决地方政府负债需求。借鉴地方政府债券发行的经验，抓紧研究论证和拟订市政债券（地方政府债券）管理办法，借鉴国内外债券市场的实践来规范和约束地方政府负债行为，提高政府债务和财务信息的透明度，强化市场对地方政府信用的监督和约束。四是要积极开展地方政府投融资平台贷款的证券化工作。利用债券市场来识别、分散和防范投融资平台贷款的信用风险，降低贷款的集中度，并促进债券市场产品的多元化。

二、企业部门

2009年，企业部门生产经营活动触底回升，但总体水平仍处于近几年的低位。企业长期偿债能力基本稳定，短期偿债能力有所提高，货币资金继续快速增长，利息保障能力有所增强；但企业流动资产变现能力依然较弱，流动负债比例较高，自有资本比例下滑；小型企业资产负债率仍然高于大中型企业，中小企业融资难问题仍未得到有效解决。

（一）企业生产经营先抑后扬，但总体低于往年水平

企业销售收入增速较年初回升，但仍低于往年水平。2009年1～11月[①]，规模以上工业企业主营业务收入同比增长7.1%，增幅较1～2月提高10.2个百分点，但同比下降17个百分点；2009年全年，中国人民银行监测的5 000户工业企业（以下统称5 000户企业）实现销售收入同比下降2.5%，降幅较第一季度缩小13.1个百分点，但降幅同比扩大18.6个百分点。

企业盈利能力比年初有所恢复，但仍处于近年来的较低水平。2009年1～11月，规模以上工业企业实现利润同比上升7.8%，增速较1～2月提高45.1个百分点，同比提高2.9个百分点。2009年全年，5 000户企业利润总额同比增长20.9%，增幅较第一季度上升69.9个百分点，同比上升40.7个百分点。

企业营运能力较年初有所改善，但仍低于上年水平。2009年，5 000户企业营业周期为129.7天，较第一季度末减少22天，但同比增加19.3天；企业总资产周转率为0.9次，较第一季度末上升0.1次，同比下降0.1次。

（二）企业长期偿债能力基本稳定，流动性较弱

企业长期偿债能力基本稳定，短期偿债能力较上年有所提高。截至2009年11月末，规模以上工业企业资产负债率59.2%，与2008年同期持平；5 000户企业资产负债率60.6%，比上年年末提高1.1个百分点（图6－3）。

① 目前，对于全口径的规模以上工业企业效益数据，国家统计局只统计有1～2月、1～5月、1～8月、1～11月数据，对于其他月份和全年数据，只有22个省市的汇总数据；因此，此处仅以1～11月数据来说明规模以上工业企业的生产经营情况。

资产负债率总体变化不大，企业长期偿债能力基本稳定。

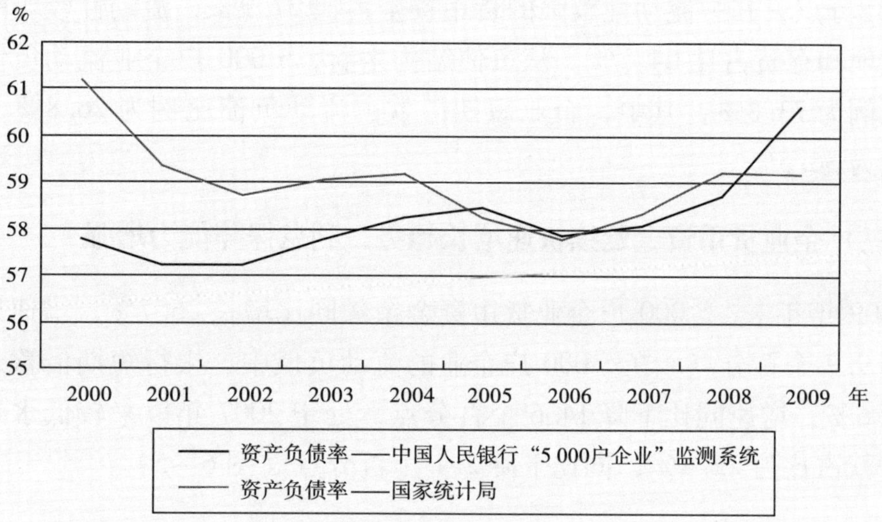

图6－3　资产负债率走势

数据来源：中国人民银行、国家统计局，其中2009年为11月末的数据。

从企业短期偿债能力看，2009年年末，5 000户企业流动比率为104.3%，速动比率为74.6%，分别比上年年末提高3.4个和5个百分点，表明企业短期偿债能力有所提高（图6－4）。

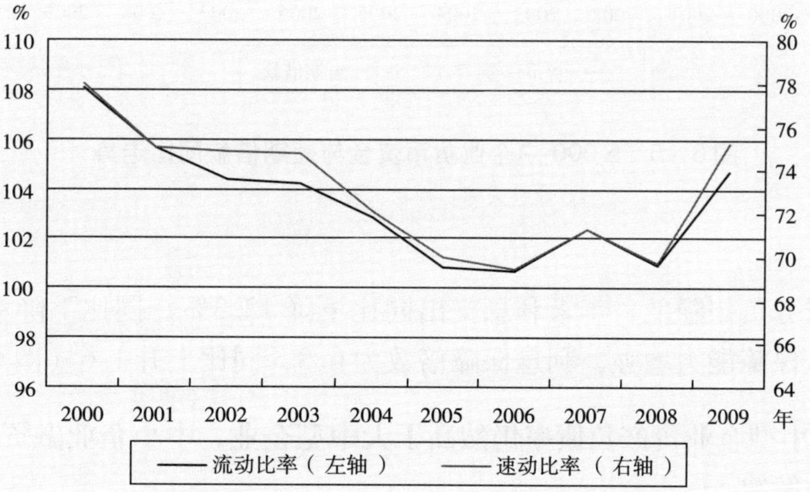

图6－4　企业流动比率与速动比率走势

数据来源：中国人民银行。

工业企业流动资产变现能力依然较低，流动负债比例较高。从资产方来看，2009年年末，5 000户企业流动资产占总资产比例为46.4%，同比下降0.7个百分点；其中流动性较强的货币资金占比27.9%，流动性较弱的应收及预付款项和存货占比64.2%。从负债结构来看，5 000户企业流动负债占负债总额比例为73.8%，其中，企业短期借款占流动负债比例为26.8%，应付及预收款为36.5%。

（三）企业货币资金延续快速增长趋势，利息保障能力增强

2009年年末，5 000户企业货币资金余额同比增长26.7%，增速比上年年末提高9.7个百分点。在5 000户企业的流动负债中，银行短期借款余额同比增长4.6%，增速同比下降14.6个百分点，处于2007年以来较低水平；银行短期贷款占比为22.4%，同比下降2.1个百分点（图6－5）。

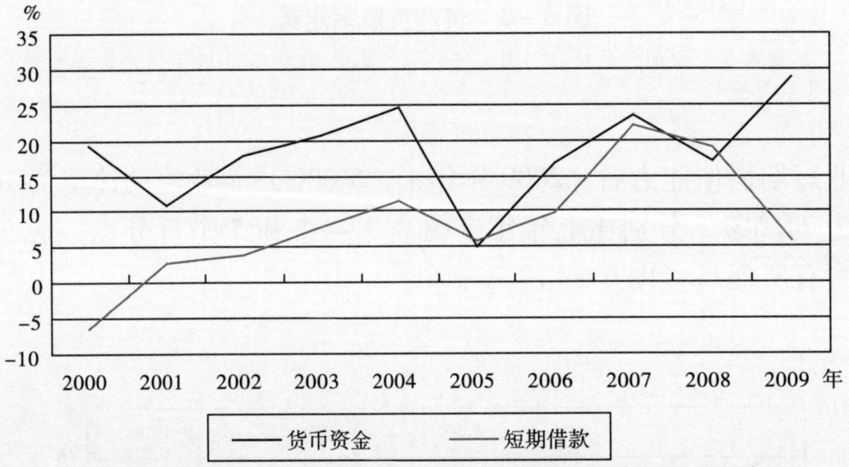

图6－5　5 000户企业货币资金与短期借款同比走势

数据来源：中国人民银行。

企业财务负担降低，年末利息支出同比下降12.3%，同比下降43.3个百分点；利息保障能力增强，利息保障倍数为6.8，同比上升1.6（图6－6）。

（四）小型企业资产负债率仍然高于大中型企业，中小企业融资难问题仍未得到有效解决

截至2009年11月末，大、中型企业资产负债率相对较低，分别为61%和58.6%，小型企业资产负债率相对较高，为65.9%，分别高出大、中型企

业4.9个和7.3个百分点；与上年年末相比，大、中型企业资产负债率上升2.3个和0.5个百分点，小型企业下降1.2个百分点，2009年小型企业筹措资金能力相对下降（图6－7）。

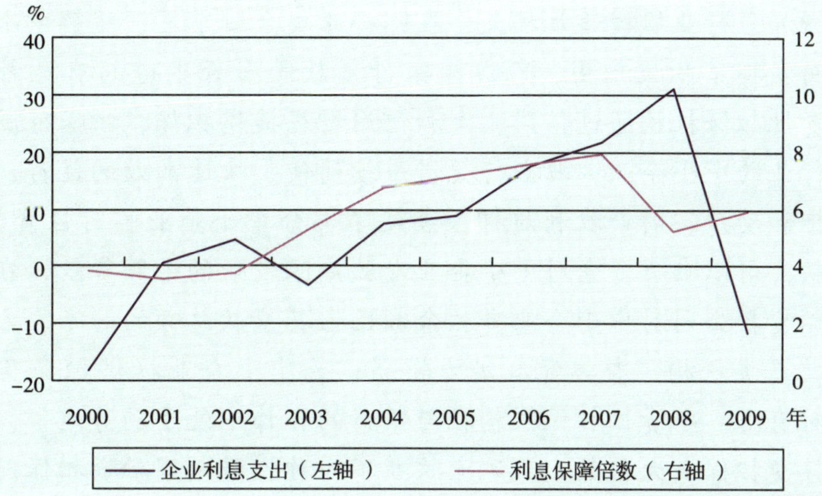

图6－6　企业利息支出与利息保障倍数同比走势

数据来源：中国人民银行。

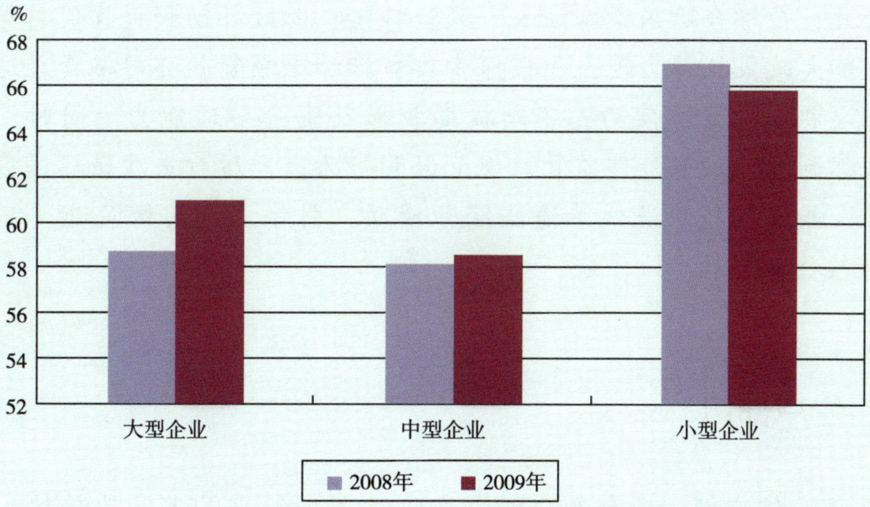

图6－7　大、中、小型企业资产负债率

数据来源：中国人民银行，其中2009年为11月末的数据。

专栏16 充分发挥非金融机构在中小企业融资中的积极作用

近年来，以中小企业为主要服务对象的融资性担保机构、典当行和小额贷款公司三类非金融机构（以下简称“三类机构”）发展较快，机构数量不断增加，行业规模逐步扩大，在弥补正规金融不足、缓解中小企业融资难方面发挥了积极作用，已成为银行贷款等融资渠道的有益补充。目前，融资性担保机构通过信用放大和信用增级提供担保，担保范围已覆盖大多数行业的中小企业；典当行凭借手续简便、快速高效的优势，从事房地产抵押和动产、财产权利质押，满足了部分中小企业临时性资金需求；小额贷款公司以自有资金对中小企业发放期限较短的小额贷款，在部分地区，小额贷款公司对中小企业贷款余额已占其贷款总额的一半左右。

但“三类机构”整体资本实力较弱，为中小企业提供担保及融资的作用相对有限。融资性担保机构在与银行的合作中处于弱势地位，往往只能被动接受担保放大倍数，且风险收益不对称，限制了融资担保能力；典当行的经营资金主要来自资本金，且后续融资渠道狭窄，资金融通功能受到制约；小额贷款公司资金渠道狭窄，资金瓶颈约束明显，对中小企业融资能力不足。同时，“三类机构”在发展中也存在行业规范不足、外部环境较差、可持续发展能力不强等问题，资金融通功能的发挥仍存在较多制约因素。

为此，应综合运用资本注入、风险补偿、财政补助和税收优惠等多种形式，加大政策扶持力度，积极探索典当行和小额贷款公司融资渠道，增强“三类机构”资本实力，不断提高担保及资金融通能力。同时，完善相关法律制度，加强外部监管，规范经营行为，严厉打击涉嫌非法吸收公众存款、非法放贷、洗钱等违法经营活动，引导、规范和促进“三类机构”持续稳健发展。

三、住户部门

2009年，住户部门持有的金融资产延续了近年来的多元化趋势，货币性资产占比进一步下降，证券类资产占比提高。整体上看，住户部门债务水平较低，债务违约的风险较小。但是，个人贷款中的信用卡贷款不良率上升较快，潜在的信用风险值得关注。

（一）住户部门金融资产迅速增长，结构渐趋多元化

住户部门金融资产迅速增长，但人均水平较低。我国经济的持续快速发展和居民收入的稳定增长及金融市场的发展为居民金融资产的增长创造了条件。近年来，住户部门金融资产总量大幅增长，2004 年至 2009 年第三季度末，住户部门金融资产总量增长 127.5%（表 6－1）。但从人均水平看，我国居民的金融资产规模仍处于较低水平：按期末汇率折算，2009 年第三季度末，我国居民人均持有金融资产仅为 4 502 美元，而美国、英国、德国、日本四国同期人均持有金融资产分别为 14.4 万美元、10.6 万美元、7.4 万美元和 12.6 万美元[①]。

表 6－1　我国住户部门金融资产负债情况

单位：亿元

	2004 年	2005 年	2006 年	2007 年	2008 年	2009 年第三季度末
金融资产	180 369	209 083	251 600	335 495	342 870	410 359
本币通货	17 820	19 945	22 469	25 211	28 622	30 781
存款	129 575	150 551	171 737	181 840	228 478	263 825
证券	15 190	14 399	23 945	58 311	25 139	39 570
债券	6 293	6 534	6 944	6 707	4 981	2 738
股票	8 897	7 865	17 001	51 604	20 157	36 832
证券投资基金份额	1 905	2 449	5 618	29 716	17 011	20 456
证券客户保证金	1 339	1 566	3 128	9 904	4 760	6 628
保险准备金	14 113	18 315	22 680	27 097	37 831	49 282
结算资金	－77	23	17	0	0	0
其他（净）	504	1 835	2 005	3 415	1 030	－182
金融负债	29 431	32 972	39 636	50 652	57 892	75 591
贷款	29 431	32 972	39 636	50 652	57 892	75 591
净金融资产	150 938	176 111	211 964	284 843	284 978	334 768

数据来源：中国人民银行。

① 其中，德国为 2009 年 4 月末的数据，美国、英国、日本为 2009 年 9 月末的数据。如无特殊说明，美国、英国、德国和日本居民部门金融资产负债数据均取自各国公布的“资金流量表”（Flow of Funds Accounts）存量数据。居民部门包括居民部门和为居民部门提供服务的非营利性机构。

金融资产结构渐趋多元化。随着金融产品日益丰富，居民金融资产结构也从单一向多元化发展，表现为传统的货币性金融资产比重显著下降，而证券类资产比重上升。具体来看，存款仍是我国居民最主要的金融资产，2009 年第三季度末其占比高达 64.3%，但比 2004 年的 71.8% 下降了 7.5 个百分点（表 6－2）。现金资产的比重从 2004 年的 9.9% 下降到 2009 年第三季度末的 7.5%。证券类资产的比重显著上升，证券类资产（包括债券、股票、证券投资基金份额）的比重从 2004 年的 9.5% 提高到 2009 年第三季度末的 14.6%，上升 5.1 个百分点。

表 6－2　我国居民主要金融资产结构

单位：%

	2004 年	2005 年	2006 年	2007 年	2008 年	2009 年第三季度末
本币通货	9.9	9.5	8.9	7.5	8.3	7.5
存款	71.8	72.0	68.3	54.2	66.6	64.3
证券	8.4	6.9	9.5	17.4	7.3	9.6
债券	3.5	3.1	2.8	2.0	1.5	0.7
股票	4.9	3.8	6.8	15.4	5.9	9.0
证券投资基金份额	1.1	1.2	2.2	8.9	5.0	5.0
证券客户保证金	0.7	0.7	1.2	3.0	1.4	1.6
保险准备金	7.8	8.8	9.0	8.1	11.0	12.0

数据来源：中国人民银行。

值得注意的是，保险准备金在我国住户部门金融资产中的比重较低。据统计，保险准备金在我国居民部门金融资产中的比重从 2004 年的 7.8% 上升到 2009 年第三季度末的 12%，但仍然低于发达国家 20% 以上的平均水平。这说明我国居民对各种保险产品的消费水平较低，保险市场发展空间广阔。

（二）住户部门资产负债状况的分析与评价

住户部门负债规模扩大。2004 年至 2009 年第三季度末，我国居民部门金融负债由 2.94 万亿元增至 7.56 万亿元，增长 156.8%，负债来源主要为银行贷款。从贷款期限看，2009 年第三季度末短期贷款比重 33.2%，中长期贷款比重 66.8%（表 6－3）。

表 6－3　我国住户部门金融负债结构

单位：%

	2004 年	2005 年	2006 年	2007 年	2008 年	2009 年第三季度末
短期贷款	34.1	33.6	33.9	31.4	33.6	33.2
中长期贷款	65.9	66.4	66.1	68.6	66.4	66.8

数据来源：中国人民银行。

住户部门负债水平低。2009 年第三季度末，我国住户部门的金融资产负债率（金融负债总额/金融资产总额）仅为 18.4%，而美国、英国、德国、日本分别为 31.7%、37.3%、33.8% 和 26%（图 6－8）。次贷危机爆发后，英国和美国等国家住户部门金融资产大幅缩水，2008 年该指标显著上升；2009 年，随着资本市场价格的回升，该指标又有所回落，金融资产负债率波动较大。与美国、英国等国相比，我国住户部门同期金融资产负债率较低，住户部门资产负债表的安全性较高。

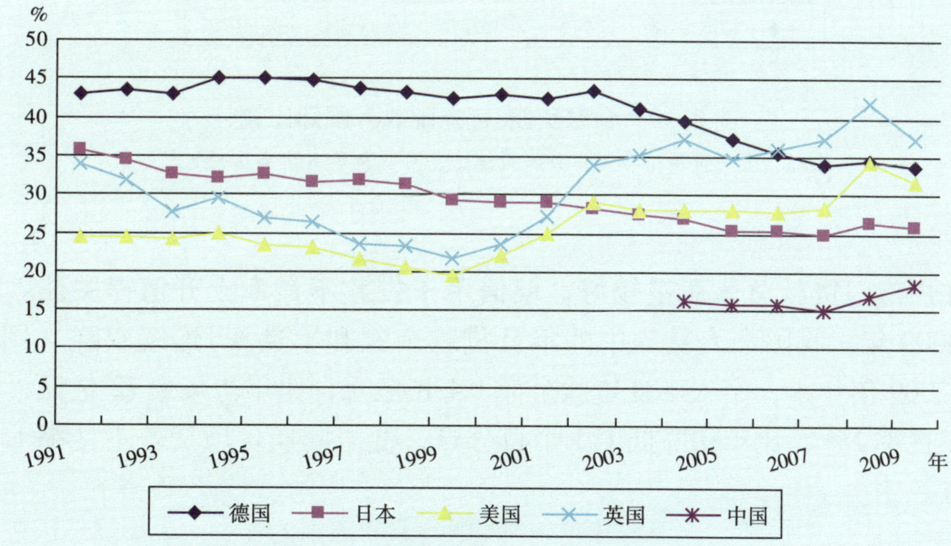

图 6－8　金融资产负债率国际比较

数据来源：各国中央银行，其中 2009 年数据德国为 2009 年 4 月末的数据，美国、日本、英国和中国为 2009 年 9 月末的数据。

居民金融负债与可支配收入的比值是衡量居民债务偿还能力的重要指标，可反映债务的可持续性。近年来，发达国家住户部门金融负债与可支配收入之比过高，基本上都超过100%。2008年，英、美两国该指标分别高达168.7%和131.7%（图6-9）。金融资产负债率和金融负债与可支配收入比同时大幅度上升，是导致英、美两国住户部门金融资产负债表危机发生的重要原因之一。与发达国家相比，我国住户部门金融负债占可支配收入的比重很低，2004~2007年该比率维持在30%~34%[①]，住户部门的财务可持续性整体较强。

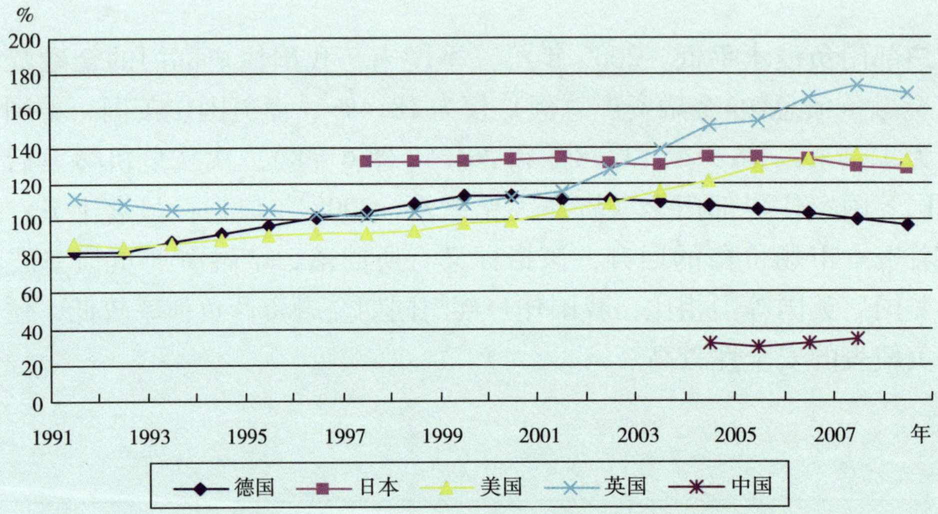

图6-9 金融负债/可支配收入国际比较

数据来源：金融负债由各国中央银行统计，可支配收入由各国统计局统计。

住户部门贷款总体质量较好，但信用卡贷款不良率上升值得关注。2008年至2009年，我国个人贷款中的不良贷款余额和不良率[②]连续双降（图6-10）。2009年年末，个人不良贷款余额1 438亿元，比年初减少72亿元；个人贷款不良率2%，比年初降低1.1个百分点，低于同期各项贷款不良率1.3个百分点。

---

① 我国居民可支配收入数据来源于《资金流量表（实物交易）》。

② 不良贷款数据来源于中国银监会，此部分数据2007~2008年统计范围包括政策性银行、国有商业银行、股份制商业银行、城市商业银行、农村商业银行、农村合作银行、外资法人机构及其分行、外国银行分行、城市信用社（包括单一法人社和保留社）、农村信用社、企业集团财务公司、信托投资公司、金融租赁公司和汽车金融公司，2009年后统计范围增加邮政储蓄银行。

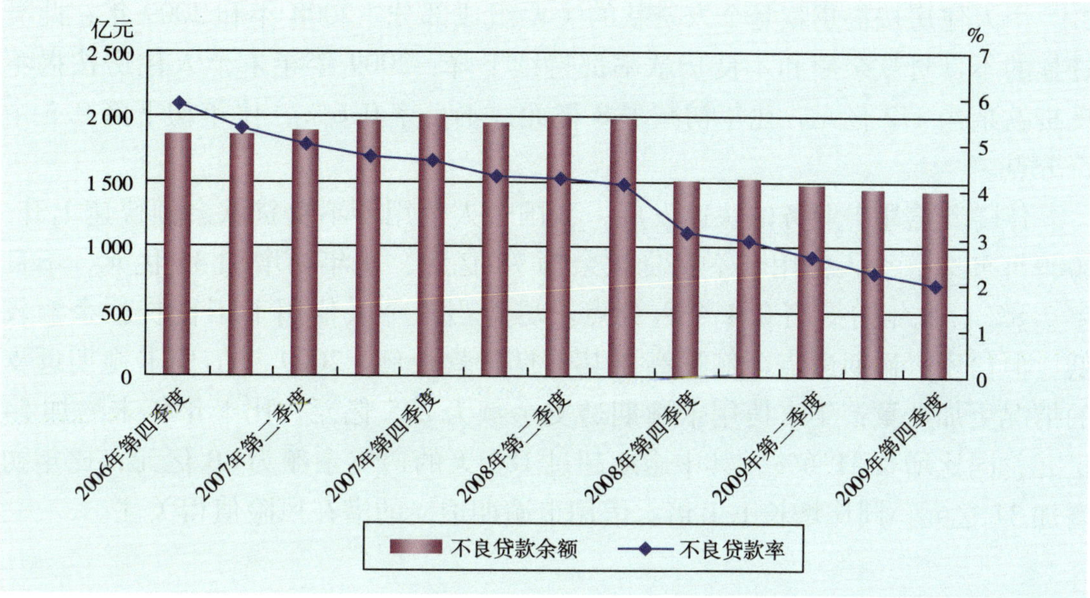

图6－10 我国个人贷款中不良贷款情况

数据来源：中国银监会。

个人贷款中，汽车贷款的不良率相对较高。经过2008年和2009年两年的连续下降，目前该比率已降至2.8%（图6－11），低于同期各项贷款的不良率。

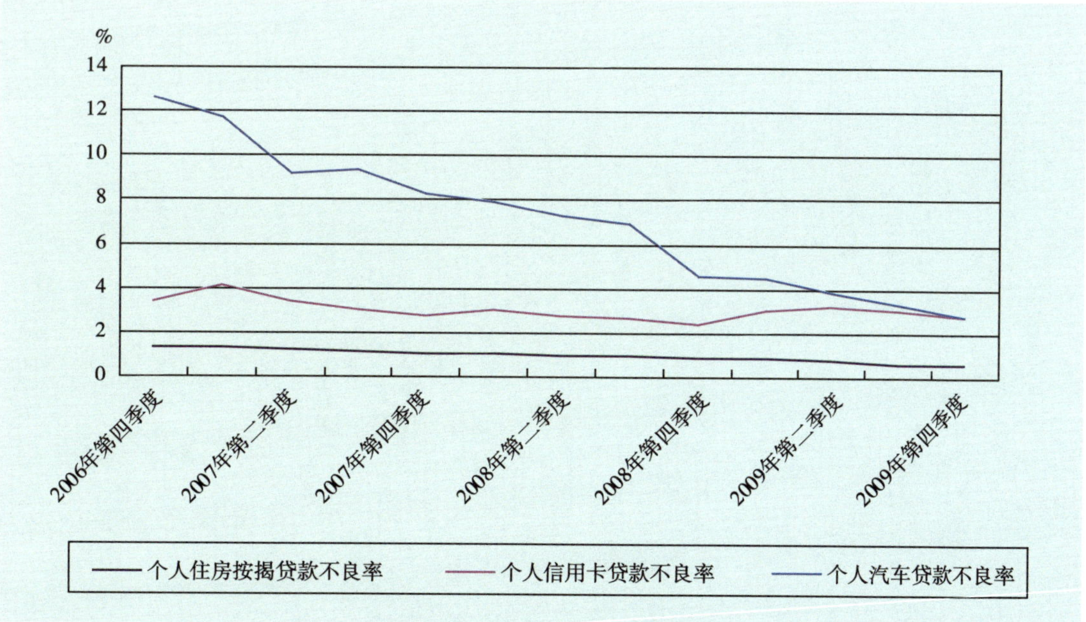

图6－11 个人贷款不良率

数据来源：中国银监会。

个人住房按揭贷款是个人贷款的主要组成部分。2008 年和 2009 年，此类贷款的不良贷款余额和不良贷款率都持续下降：2009 年年末个人住房按揭不良贷款余额 272 亿元，比年初减少 8 亿元；不良率 0.6%，比年初下降 0.3 个百分点。

伴随着信用卡业务的快速发展，我国个人信用卡不良贷款余额快速上升。2009 年年末，个人信用卡不良贷款余额 78 亿元，比年初增加 35 亿元，不良率 2.8%，比年初提高 0.4 个百分点。尽管当前个人信用卡不良贷款余额较低，但信用卡逾期透支余额远高于其不良贷款余额。2009 年信用卡逾期透支的情况更加严重：年末信用卡逾期透支余额为 225 亿元，比上年年末增加 54 亿元，同比增长 31.6%，其中逾期超过 180 天的透支余额为 60 亿元，比年初增加 31 亿元，同比增长 1.1 倍。信用卡逾期透支的潜在风险值得关注。

第七章

金融基础设施

2009年，我国金融基础设施现代化稳步推进，支付体系建设取得新进展，金融法律法规进一步完善，企业会计准则有效实施，信用环境进一步改善，反洗钱工作继续推进，在营造安全有序的金融生态环境、促进金融业稳健运行方面发挥了重要作用。

一、支付体系

（一）支付体系建设取得新进展

支付系统建设稳步推进，系统运行稳定。一是中国电子商业汇票系统在2009年10月投入运行，标志着我国商业票据业务进入电子化时代，该系统将推动短期资金利率市场化，促进全国统一票据市场的形成。二是对大额支付系统实施了必要的功能改造，为实现电子商业汇票系统依托支付系统办理资金清算和人民币跨境贸易支付业务处理提供了有力支持。三是中央银行会计核算电子对账系统的应用进一步推广，实现了中国人民银行与金融机构账务核对的电子化，进一步减少了会计核算风险点。四是内地与香港建立起多种货币支付系统互通安排，开通了美元、港元、欧元和英镑支付业务，标志着两地正式建立了覆盖本外币的全方位跨境支付清算合作机制。五是成功组织了中国人民银行本外币支付系统应急备份切换演练，提高了支付系统应对突发事件的能力。2009年，全国各类支付系统共处理人民币支付业务88.2亿笔，金额1 207.58万亿元；同比分别增长21.4%和6.8%。

非现金支付工具业务管理进一步加强，非现金支付工具应用更加广泛。2009年，相关部门联合开展了加强银行卡安全管理、预防和打击银行卡犯罪行动，中国人民银行与公安部共同建立了联合整治银行卡违法犯罪长效机制，强化了银行卡风险防控，优化了银行卡支付环境。2009年，我国非现金支付工具应用更加广泛，全年共使用票据、银行卡等非现金支付工具办理支付业务214.14亿笔，金额715.75万亿元，同比分别增长16.8%和13.1%。截至2009年年末，全国累计发行银行卡20.66亿张，同比增长14.8%；银行卡跨行支付联网商户156.65万个，POS机具240.83万台，ATM 21.49万台；持卡消费额已占社会消费品零售总额的32%，银行卡作为我国个人使用最为广泛的支付工具的地位进一步加强。

农村支付环境建设全面启动，农村支付服务水平明显提高。一是发布《关于改善农村支付服务环境指导意见》，明确了改善农村支付服务环境的指导思想、总体目标和具体要求。二是在农村地区推广非现金支付工具，改进农村地区的银行结算账户服务与管理，全国农村支付服务水平明显提高。截至2009年年末，全国共有20 587家农村信用社、1 035家农村合作银行、1 664家农村商业银行和88家村镇银行接入中国人民银行支付系统，进一步畅通了农村地区异地汇划渠道。全年农民工银行卡特色服务实现交易1 782.35万笔，金额221.02亿元，同比分别增长40.4%和176.9%，方便了农民工的异地支付。

相关规章制度和工作机制不断健全，支付体系监管体制逐步完善。一是组织完成了境内从事支付清算业务的非金融机构登记工作，推进了非金融机构支付清算服务监管工作。二是完成了全国存量单位银行结算账户相关公民身份信息真实性核实工作，银行账户实名制得到进一步落实。三是建立健全支付信息定期公开披露制度，定期向社会公布支付体系运行状况，支付体系监管更加透明、高效。

支付结算领域对外交流不断推进，国际合作进一步加强。2009年7月，我国正式加入十国集团中央银行支付结算体系委员会（CPSS），成为其23名正式成员之一；中国人民银行与欧洲中央银行建立了支付结算会议机制；定期与境内外币支付系统8个结算货币的相关货币当局进行信息沟通，深化了对支付风险特别是跨境风险的认识，建立健全了跨境支付和多币种支付的联合监管机制，促进了我国支付体系的整体安全和稳定。

（二）进一步完善我国支付体系

当前，与人们日益增长的支付需求以及经济金融改革发展要求相比，我国支付体系仍有待改进，如某些支付法律法规滞后于经济金融发展需要、市场在支付体系建设中的作用尚未充分发挥、中央银行在支付体系中的统筹协调职能有待加强、支付体系发展地区间不平衡等。因此，今后要继续加强支付体系建设，拓展支付服务领域，强化支付监督管理，满足社会经济发展需求。

进一步完善支付结算基础设施。加快开发和建设中国人民银行第二代支付系统和中央银行会计核算数据集中系统，规划建设永久灾备系统。同时，加强支付系统风险监测，建立健全支付系统评估机制，强化对重要支付系统的监管，确保支付系统安全、稳定运行。

继续推动非现金支付工具应用。做好《票据法》的修订工作，及早出台《银行卡条例》，推动支付工具法规制度建设。培育和规范银行卡市场，强化银行卡风险管理，完善银行卡手续费定价机制，促进银行卡业务的发展。完善电子商业汇票系统功能，完成该系统在全国的推广应用。

进一步完善账户实名制。逐步实现人民币银行结算账户管理系统与相关部门系统的联网，健全联网核查疑义信息反馈核实机制。不断完善银行账户实名制的相关制度框架，研究制定《人民币银行结算账户管理条例》，构建适应市场经济发展的账户管理体系。

大力改善农村地区支付服务环境。目前，我国支付体系发展地区间不平衡问题仍旧突出，在西部地区特别是广大农村地区，主要的支付工具仍然是现金，支付手段和支付效率比较落后，金融机构网点的覆盖率较低，支付服务整体水平有待提高。应充分调动有关方面的积极性，总结试点地区改善农村支付环境工作经验并在全国推广，加快城乡支付服务一体化。

加强非金融机构支付清算监管。尽快出台《支付清算组织管理办法》，加强对非金融机构支付清算业务的监管。研究制定《电子货币发行与清算办法》，规范银行机构及特定非金融机构等的电子货币发行与清算行为。

制定国家支付体系发展规划。建立支付体系发展规划工作机制，加强调查研究，力争在2010年年末发布《中国支付体系发展规划》，为我国支付体系科学发展提供指导。

二、法律体系

2009年，我国出台了一系列与经济金融形势相适应的法律法规，进一步健全和完善了已有金融法律制度，为金融业安全、有序运行提供了坚实的法律基础。

（一）金融业运行的法制基础进一步完善

《刑法修正案（七）》出台，为进一步从严惩治金融犯罪提供了法律依据。《刑法修正案（七）》于2009年2月由第十一届全国人民代表大会常务委员会第七次会议通过，自公布之日起施行。《刑法修正案（七）》涉及金融行业的内容包括：一是扩大了内幕交易的形式，将利用内幕消息之外的非公开信息获取非法利益的行为也规定为犯罪；二是将“非法从事资金支付结算业务”纳入非法经营罪范畴；三是对违反国家规定出售或提供本单位在履行职责、提供服务过程中获得的公民个人信息行为规定为犯罪。《刑法修正案（七）》是根据经济和社会形势发展需要对《刑法》所做的一次新的修正，为进一步从严惩治金融犯罪提供了法律依据。

修订颁布《统计法》，为统计工作顺利开展提供了有力保障。修订后的《统计法》于2009年6月由第十一届全国人民代表大会常务委员会第九次会议通过，自2010年1月1日起施行。此次修订进一步健全了各项统计管理制度，加强了统计机构的监管职能，维护了国家统计的权威性，完善了对统计弄虚作假行为的问责制度，加强了统计项目的管理。新《统计法》的颁布实施对加强政府统计能力、提高统计数据质量、提高统计公信力提供了更加坚实有力的法制保障。

修订颁布《保险法》，为我国保险业发展提供了新动力。修订后的《保险法》于2009年2月由第十一届全国人民代表大会常务委员会第七次会议通过，自2009年10月1日起施行。此次修订进一步完善了商业保险的基本行为规范，加强了对被保险人和受益人的保护，强化了保险监督机构的监管手段和措施，明确了保险监督管理信息共享机制等。新《保险法》的颁布实施有利于提升保险业法治水平，将对保险业的持续、平稳、健康发展产生积极而深远的影响。

一些重要司法解释相继出台，增强了金融相关法律法规的可操作性。最高人民法院就不良债权转让、证券公司风险处置、反洗钱、信用卡管理及保险法适用等问题出台了一系列司法解释。这些司法解释明确了相关法律在金融领域中的具体应用，增强了相关法律法规的可操作性和完整性，对涉及金融的民事纠纷、刑事案件的解决起到了重要指导作用。

金融管理部门规章制度不断完善，进一步促进了我国金融业健康发展。中国人民银行、银监会、证监会、保监会（以下简称“一行三会”）会同相关管理部门相继发布了一系列金融管理规定和监督管理办法，为金融市场的健康发展提供了制度性保障。此外，2009年，各金融管理部门为应对国际金融危机影响、促进金融业健康发展出台了一系列的规范性文件，为维护我国金融稳定发展提供了法律制度保障。

（二）继续推进金融法律制度的调研、起草、修订工作

此次国际金融危机表明，基础金融法律制度的缺失或与社会发展不适应，会对金融稳定造成重大影响。加快与金融相关法律的制定修改，并将研究成熟的金融管理制度尽快立法成果化，是未来金融法制建设的重要工作。今后，要继续着力加强金融法律体系建设，推动重大金融法律法规的起草和修订工作。

推动《证券投资基金法》的修订。2009年，全国人民代表大会财政经济委员会牵头有关单位启动了《证券投资基金法》的修订工作，该项工作在2010年全面展开。《证券投资基金法》的修订涉及私募基金的合法地位、证券投资基金管理人等内容，将对我国基金市场发展产生重大影响。

积极研究和推动我国金融消费者权益保护立法。针对目前我国的金融消费者权益保护法律制度还存在的专门立法缺失、法律制度不健全、保护机构不明

确等问题，相关部门已着手对一些国家金融消费者权益保护法律制度进行深入、系统的研究，并结合我国实际情况，探索建立金融消费者权益保护法律制度，以有效维护广大金融消费者的合法权益。

推动重要金融管理条例早日出台。一是尽快出台《征信管理条例》、《黄金市场管理条例》和《现金管理条例》，为完善征信行业和黄金市场管理、规范现金使用行为提供重要法律保障。二是同步推进《存款保险条例》及其制度设计和《银行业金融机构破产条例》的起草工作，早日建立健全银行业金融机构的市场退出机制。三是继续推动《贷款通则》、《银行卡条例》和金融控股公司监管规则的修订、起草工作，进一步细化并完善规范金融业行为相关法律法规。

三、会计标准

2009 年是我国实施新企业会计准则体系的第三年，新企业会计准则体系已在绝大多数金融企业和大部分大中型非金融企业平稳实施。国际金融危机爆发后，国际会计标准制定机构不断加强与金融稳定理事会（FSB）等国际组织的合作，共同致力于制定全球统一的高质量的会计标准，中国企业会计标准面临与国际会计标准持续全面趋同的机遇和挑战。

（一）新企业会计准则得到有效实施，国际趋同进展顺利

新企业会计准则实施范围不断扩大。新企业会计准则在上市公司得到了有效实施，且已扩大到了非上市金融类企业、中央国有企业和大部分省（区、市）的国有企业。对上市公司“A + H”股年报对比、具体准则项目应用、单个上市公司执行会计准则情况等分析表明，新企业会计准则得到有效实施。目前，我国银行业、证券业和保险业金融机构会计准则转换工作稳步推进，部分金融企业实施了基于 XBRL① 的账簿体系分类标准和财务报告体系建设，实现了会计信息处理的标准化。

中国企业会计准则国际趋同取得重要进展。中国企业会计准则得到了国际会计准则理事会（IASB）以及中国香港、欧盟等地区资本市场的认可，在国际趋同方面取得重要进展。一是中国企业会计准则得到了欧盟资本市场的认

① XBRL（Extensible Business Reporting Language，可扩展商业报告语言）是 XML（Extensible Markup Language，可扩展标记语言）在财务报告信息交换方面的一种应用，是目前应用于财务信息处理的最新技术。XBRL 由 XBRL 国际联合会（XBRL International）发布，可免费在全球范围内使用，有助于促进在全球各类软件应用中商业信息的自动交换和可靠提取。

可，在2009年至2011年年末的过渡期内，允许中国企业进入欧盟资本市场时可按照中国企业会计准则编制财务报告，不需要再根据国际财务报告准则进行调整。二是中美会计准则趋同等效已列入中美经济联委会和中美战略与经济对话议题。中国会计准则委员会与美国财务会计准则委员会（FASB）于2009年5月签署了第二份《中美会计合作备忘录》，在实现中美会计准则等效、积极推动建立全球统一的高质量财务报告准则等方面达成共识，为中国金融机构参与全球资本市场活动提供了便利。三是世界银行在2009年10月发布的《中国会计和审计评估项目报告》中，肯定了中国在改善企业会计、审计和财务报告实务等金融基础性、制度性框架方面取得的重大进展，认为中国企业会计准则与国际财务报告准则基本可比，中国会计准则被认为是中国本土以外多个国家与地区适用的财务报告准则。

（二）继续推动中国企业会计标准的有效实施及国际趋同

进一步加强中国企业会计准则的有效实施。中国企业会计准则在实施层面仍面临一些限制，主要包括：部分企业在应用公允价值和减值损失概念方面面临较大困难，对金融工具风险、公允价值确认、债务重组、企业合并基础、分部报告等信息披露不充分；会计教育的质量参差不齐、会计从业者素质需要进一步提高；不同会计师事务所对审计准则的遵循水平存在差异等。为加强企业对会计准则的执行能力，应积极采取措施促进准则有效实施。一是巩固企业会计准则在上市公司实施的已有成果，推动企业会计准则在非上市大中型非金融企业全面实施，提高金融机构实施新准则的水平；二是积极推进金融业基于XBRL分类标准和财务报告体系建设，实现会计信息的标准化；三是加快相关配套改革，完善我国企业内部控制体系，全面提升企业的经营管理水平和防范风险能力；四是加强机构能力建设以及职业教育和培训，全面提升企业会计人员整体水平和业务素质，打造复合型高端人才队伍；五是充分考虑小企业的需要和能力，借鉴IASB发布中小企业国际财务报告准则的经验，结合我国实际，积极考虑修改现行的《小企业会计制度》，提高小企业会计准则执行能力。

推进中国企业会计标准与国际会计标准的持续趋同。为应对国际金融危机，G20华盛顿峰会、匹兹堡峰会提出建立全球统一的高质量会计准则体系等应对措施。目前，IASB根据G20和FSB的要求，逐步改进公允价值计量、金融工具分类、贷款减值处理等方面会计准则，以实现G20峰会确定的2011年6月前实现全球会计标准整合的目标。为响应建立全球统一高质量会计准则的倡议，2010年4月1日，财政部正式发布了《中国企业会计准则与国际财务报告准则持续趋同路线图》，回顾了中国企业会计准则与国际财务报告准则趋同及获得部分国家和地区等效认同的过程，表明了中国支持建立全球统一的高质量会计准则，积极推进中国会计准则持续国际趋同的态度，提出了中国始终坚持的会计准则趋同的互动原则，主张国际财务报告准则要实现其高质量、权威性和全球公认性，必须充分考虑发展中国家尤其是新兴市场经济国家的实际情况。路线图还明确持续趋同的时间安排与 IASB 的进度保持同步，争取在 2011 年年底前完成对中国企业会计准则相关项目的修订工作，同时开展必要的宣传培训，确保所有上市公司和非上市大中型企业掌握相关会计准则的变化，并得到有效应用。因此，2010 ~ 2011 年将是中国企业会计准则与国际财务报告准则持续趋同的关键时期。此外，我国还将继续推进亚洲—大洋洲地区会计准则制定机构沟通平台的建设，加强与国际会计准则以及重要国家会计准则制定机构的沟通合作。

专栏 17　全球统一的高质量会计标准体系建设

本次国际金融危机使国际社会认识到，公允价值会计的顺周期效应以及采用已发生损失模型的金融资产减值方法等加剧了经济波动，不利于金融稳定，因此有必要建立一套全球统一的高质量会计准则体系。G20 华盛顿峰会、匹兹堡峰会提出了建立全球统一的高质量会计准则体系的目标，要求 2011 年 6 月前完成各国会计准则的整合。

全球统一高质量会计标准体系的基本特征。美国 FASB 和 IASB 在 2009 年 11 月的联合声明中指出，高质量的会计标准是指能够促进提供相关、透明、中性和可比财务信息的标准。从审慎监管角度出发，高质量的会计标准还应如实反映报告主体的商业模式，避免过度的复杂性，提高透明度和披露要求，在内容上要符合适应性、逻辑连贯性、严谨性、易于理解等要求。

全球统一高质量会计标准体系建设的进展。建立全球统一的高质量会计准则是一项重大的系统工程。已有 100 个国家（地区）要求或允许企业采用国际财务报告准则或与之趋同。欧盟、澳大利亚和中国香港等国家（地区）自 2005 年 1 月 1 日起采用国际会计准则和国际财务报告准则，加拿大、韩国、印度等国家宣布自 2011 年起采用国际会计准则和国际财务报告准则。国际金融危机爆发后，IASB 采取了以下行动：一是成立了金融危机咨询组，于 2009 年 7 月对改进国际财务报告准则及制定全球统一的高质量会计准则提出了建议，明确了有效的财务报告需要满足的条件和建立全球高质量会计准则的途径。二是在2009年5月发布了公允价值计量征求意见稿，并计划于2010年上半年发布最终准则。三是在2009年11月发布了《国际财务报告准则第9号——金融工具》（IFRS9）第一阶段关于金融工具分类和计量的正式稿。目前，IASB正就金融资产减值、套期会计等事项发布征求意见稿。FASB和IASB已就准则趋同问题达成初步共识并作出了具体工作安排。

建立全球统一高质量会计标准体系应考虑的其他问题。一是各国经济发展的不平衡，文化、政治及国情的不同，决定了各国参与会计准则国际化的形式、程度及速度很难保持一致。为坚持会计标准制定机构的独立性和利益相关者的广泛参与，应重视利益相关方的协调；在相关标准制定机构和国际组织中应增加新兴市场国家和发展中国家的代表权和话语权；在准则制定中，应考虑各国特别是发展中国家的实际情况和经济社会发展制度的差异性，善于吸收发展中国家行之有效的制度安排，以更充分地体现新兴市场国家以及转型经济国家的意见和利益。二是全球会计准则趋同的目标是形成全球适用的高质量会计标准。直接采用国际财务报告准则的国家不存在趋同确认问题，但对于中国等大部分不是直接采用国际会计标准的国家，存在趋同达标状态的专业判断问题。趋同强调实质，同时也要兼顾形式。是否在趋同上达标，目前没有公认的标准，而是通过专家评估的方法来进行判断。三是考虑到上市公司与中小企业的不同特点，制定适合不负受托责任的中小企业的财务报告准则，是国际会计标准制定机构和各国会计标准制定组织应考虑的问题。中小企业是扩大就业的主渠道，也是技术创新的源泉，是各国重要的经济增长动力。因此，必须重视对中小企业的会计服务和融资服务。2009年7月，IASB发布中小企业国际财务报告准则，为中小企业量身定制了会计标准，减轻了其执行会计准则的成本，推动了相关会计准则的执行。

四、信用环境

2009年，我国信用环境进一步改善，公众信用意识显著提高，各地方、各部门更加重视信用建设，征信系统在促进信贷、防范风险、维护经济金融稳定等方面成效显著。

（一）信用环境进一步改善

社会信用体系建设稳步推进。一是社会信用体系建设部际联席会议加强统筹协调，各成员单位按照职责分工，相互配合，在建立和完善行业信用记录、加快征信系统建设、推动法制建设等方面积极开展工作，稳步推进社会信用体系建设。二是各部门、各地方加强信用宣传教育，完善相关法规、制度、标准，加强信息共享和信息公开，加强政务协同，推动建立“守信受益、失信惩戒”的信用建设联动机制，信用在市场经济中的价值和作用初步显现。

征信系统作用日益显著。一是提升商业银行经营管理水平，促进信贷业务较快增长。截至2009年年末，企业和个人征信系统分别为1 576万户企业和6.6亿自然人建立了信用档案，实现了商业银行间借款人信用信息的共享。商业银行通过查询征信系统，降低了调查成本，提高了审批效率，在有效防范信用风险的同时，促进了信贷业务的较快发展，特别是有力推动了个人消费信贷业务发展，缓解了中小企业融资难问题。二是提升金融机构防范信用风险能力，维护经济金融稳定健康发展。目前，征信系统已连通了所有的银行业金融机构，接入了小额贷款公司、汽车金融公司等。这些机构都把查询企业和个人征信系统作为贷前审查的必经环节，有效提升了防范信用风险的能力。三是提高了有关部门的行政管理效率和执法力度。有关部门将掌握的行政处罚及与信用相关的信息纳入征信系统，利用商业银行的信贷手段，提高了行政管理效率和执法力度，增强了企业和个人遵纪守法的自觉性。例如，部分省市借助征信系统解决了企业拖欠农民工工资等问题。

公众信用意识显著提高。一方面，征信系统如实记录企业和个人的信用信息，并依法对外提供信息服务，使得企业和个人过去的信用行为对其未来的经济活动产生重大影响，从制度上建立了督促企业和个人重视维护自身良好信用记录、守信履约、遵纪守法的激励和约束机制。另一方面，随着征信系统应用的日益广泛和征信宣传工作的日益推广，许多企业和个人树立了信用理念，改变了过去的信用行为习惯，提高了履约守信意识。部分企业和个人知道企业和个人征信系统的情况后，主动归还了欠税、欠薪、欠款等，信用意识大为提高。越来越多的人开始主动查询自己的信用报告，关心自身信用记录。截至2009年年末，个人主动查询本人信用报告的次数累计达110万人次，其中仅2009年就达76.6万人次，较前两年大幅增加。

（二）继续推进征信及社会信用体系建设

进一步完善相关法规、制度和标准。尽快出台《征信管理条例》，建立健全相关法律法规，通过立法妥善处理好信息公开与保护个人隐私、商业秘密和国家信息安全的关系，保护征信活动相关当事人的合法权益，规范征信机构行为，促进征信业发展。按照规范与发展并重的原则，完善征信制度基础，促进信用服务行业健康发展。加快信用服务行业国家标准化建设，形成完整、科学的信用标准体系。

继续推动征信系统建设。从制度设计、资金安排等多方面确保征信系统的安全性和先进性，进一步提高系统数据质量，完善系统功能，提升信用服务水平，满足多样化信用信息需求，充分发挥征信系统在推动社会信用体系建设、促进信贷、防范风险、维护经济金融稳定中的基础性作用。

进一步加强征信行业管理。建立健全征信监管框架，理顺监管职权，明确监管责任，改善外部环境，推动竞争与创新，促进征信行业自律。严格市场准入，加强机构监管，查处违法违规行为，完善市场退出机制，规范征信机构行为和市场秩序，建立征信投诉与异议处理机制，防止非法采集和滥用信用信息，促进征信行业健康发展。

持续推进中小企业和农村信用体系建设。大力提高对中小企业和农户的信用信息服务水平，建立健全中小企业和农村经济主体电子信用档案，积极开展中小企业和农村经济主体的信用评价，进一步培育和加强中小企业和农户的信用意识。结合国家政策，引导商业银行创新金融产品，增加对中小企业和农村经济主体的金融支持。

深入开展征信宣传教育。创新多种形式，借助多种渠道，开展扎实有效的征信宣传活动，推进征信宣传工作常规化和制度化。继续推动将征信及相关金融知识纳入国民教育正规体系、逐步建立征信宣传工作长效机制。同时，进一步加强社会主义荣辱观宣传教育和舆论引导，积极营造信用良好的社会氛围。

五、反洗钱

2009 年，我国加强了反洗钱工作的战略规划和统筹协调，洗钱犯罪司法体系不断完善，金融机构反洗钱防范措施不断加强，可疑交易监测和案件调查水平继续提升，国际合作逐步深入，对增强金融机构自身经营稳健性和促进市场稳健运行的作用日益明显。

（一）反洗钱工作继续向全面和纵深推进

我国首次发布国家反洗钱战略。为了更有效地组织协调反洗钱工作，中国人民银行自 2007 年起牵头组织研究我国的反洗钱战略规划。2009 年 12 月，反洗钱部际联席会议正式发布《中国2008～2012年反洗钱战略》，分析了我国反洗钱工作现状、机遇与挑战，对今后五年的反洗钱工作作出了战略安排，提出了与现阶段中国国情相适应的反洗钱工作指导思想、总体目标、实施原则、步骤、具体目标和行动要点。制定和发布首份国家反洗钱战略，有助于统筹指导全国反洗钱工作，促进反洗钱各部门达成共识和提高协调效率，提高我国反洗钱工作整体有效性，提升我国在反洗钱领域负责任大国的国际形象。

反洗钱法律体系不断完善。2009年2月，十一届全国人大常委会第七次会议通过《刑法修正案（七）》，修改第三百一十二条，增加专门条款对利用单位实施“掩饰、隐瞒犯罪所得、犯罪所得收益罪”的行为进行打击。5月，国务院发布《彩票管理条例》，规定“彩票发行机构、彩票销售机构应当建立风险管理体系和可疑资金报告制度”，首次明确了彩票行业的反洗钱义务。11月，最高人民法院出台了《关于审理洗钱等刑事案件具体应用法律若干问题的解释》，解决了洗钱定罪方面的一些关键问题。中国人民银行先后发布了《银行卡组织和资金清算中心反洗钱和反恐怖融资指引》和《支付清算组织反洗钱和反恐怖融资指引》，规范了对相关行业和组织的反洗钱监管工作。

反洗钱监管水平进一步提高。一是开展金融机构反洗钱评估评级工作，探索建立金融机构反洗钱工作分级管理机制。二是调整现场检查工作的思路，按照“风险为本”的原则，重点对洗钱风险高、有涉案记录、有违规记录的金融机构开展现场检查，逐步加大对现金业务、网上金融业务、团险业务等案件多发领域的专项检查力度，切实提高反洗钱现场检查工作质量。三是深化反洗钱监管合作机制，健全反洗钱工作信息交流机制。细化了“一行三会”反洗钱监管信息定期交流制度，逐步建立起与金融机构间的反洗钱工作对话机制。

反洗钱调查和案件协查工作力度不断加大。2009年，反洗钱工作更加重视金融机构的重点可疑交易报告质量。下半年，中国人民银行在全国范围内成功开展了为期半年的“护航2009”反恐融资专项行动，督促金融机构建立健全反恐融资制度，积极配合反恐部门防范和打击境内恐怖活动，保障了新中国成立60周年大庆的顺利进行。反洗钱领域打击犯罪效果显著增强，2009年共发现和接收可疑交易线索10 317起，其中各级金融机构报告重点可疑交易报告9 518份，占总数的92.3%；向侦查机关报案654起，协助侦查机关调查涉嫌洗钱案件970起。

反洗钱国际合作逐步拓展和深入。一是我国积极参与金融行动特别工作组（FATF）及区域性反洗钱组织的各项工作：按照反洗钱国际标准完善国内有关制度；积极参与国际组织在全球范围内对有关国家（地区）洗钱风险与反洗钱体系有效性的评估讨论；有重点地参与反洗钱反恐融资领域新标准的讨论、制定和犯罪类型研究；直接参与FATF第四轮评估准备工作，积极参与对评估原则确定和具体标准实施的讨论。二是恢复我国在亚太反洗钱组织（APG）的活动，承办欧亚反洗钱组织（EAG）第十一届全会，进一步扩大反洗钱领域国际影响，共同防范洗钱风险，维护国际金融体系的健康、透明、安全。三是中国反洗钱监测分析中心与16个境外金融情报中心签署了反洗钱及反恐融资合作谅解备忘录，金融情报双边合作范围不断扩大。四是我国积极参加相关国际合作机制，有力支持了对联合国安理会决议有关金融制裁、预防腐败、防范资金外逃、加强境外非政府组织管理等工作的执行。

（二）继续完善反洗钱制度，提升反洗钱工作有效性

适时开展国家层面的洗钱风险评估，推进“风险为本”的反洗钱监管。洗钱风险评估是“风险为本”反洗钱监管的基础和前提。应从分析我国洗钱案例出发，从国家层面评估洗钱的行业、产品、渠道和地区等风险，运用统计方法全面和持续掌握我国洗钱特点和规律，为制定实施反洗钱战略和政策、评估反洗钱制度的有效性提供实证依据。

加强反洗钱制度建设，推动制定特定非金融行业反洗钱指引。要进一步做好对房地产、珠宝、贵金属等行业的反洗钱研究，适时发布相关行业的反洗钱监管制度，积极推动特定非金融高风险行业和新兴支付工具的反洗钱监管工作。

理顺反洗钱监管工作机制，进一步提高反洗钱监管有效性。完善现场检查与非现场监管相结合的反洗钱监管机制，逐步改变主要依赖现场检查手段的反洗钱监管格局，通过科学监测、有效监管逐步提升非现场监管手段的效力。促进金融机构逐步提高反洗钱意识和工作水平。加强重点可疑交易报告工作，进一步提高线索质量。

积极参加国际合作，重点做好FATF评估后续工作。总结近三年反洗钱领域主要工作成果，完成全面后续行动报告，力争于2010年6月FATF全会结束后续报告程序。做好我国在遵守反洗钱和反恐融资相关标准的评估。同时，进一步做好国际反洗钱组织相关课题的研究和标准制定，加强对国际反洗钱动态和趋势的跟踪和研究。

第八章

宏观审慎管理

第八章

国际金融危机使国际社会深刻认识到，现行金融监管主要关注单个金融机构的稳健运营，在维护整个金融体系稳定方面存在重大不足。为弥补这一缺陷，加强宏观审慎管理成为危机后主要国际组织和经济体金融监管改革的共同政策主张，在 G20 的统一领导下，一些主要国际金融组织和标准制定机构正在研究制定相关制度。当前，国际国内经济金融环境日趋复杂，我国也面临着防范系统性风险的挑战。应把握国际金融监管改革趋势并从国情出发，加强宏观审慎管理，切实维护金融稳定。

一、防范系统性风险是宏观审慎管理的根本目标

国际货币基金组织、金融稳定理事会和国际清算银行在 2009 年发布的《系统重要性金融机构、市场和工具评估指引：初步考虑》中指出，系统性风险是指由于金融体系整体或局部受到破坏导致金融服务中断、对实体经济具有潜在负面影响的风险。

金融业近年来的新变化为系统性风险的形成和传播提供了条件。这些新变化主要表现为，经济金融全球化不断加深，金融体系与实体经济的联系和相互依赖更加密切，金融产品复杂程度大幅提高，大型金融机构扩张迅速并对金融体系产生系统性影响，金融市场参与者的关联性更为紧密，金融行为的集体性和同步性不断增强，金融体系日益复杂。

从此次国际金融危机看，系统性风险主要产生于两个方面，跨行业方面（cross－section dimension）和跨时间方面（cross－time dimension）。跨行业风险是指由于金融机构之间、金融机构与市场和基础设施之间的相互关联性导致金融体系的脆弱性。例如，金融机构具有共同的风险暴露，当金融机构的行为在某一情形下发生同向变动时，即使单个金融机构都符合微观审慎监管标准，但这种具有“羊群效应”特征的集体行为也可能给整个金融体系带来风险。跨时间风险是指由于金融体系存在顺周期性，在经济周期的更迭过程中，金融风险通过金融体系内部以及金融体系与宏观经济的相互作用被催生甚至放大。例如，金融机构在经济衰退时抛售资产、紧缩信贷，在经济繁荣时购买资产、扩张信贷，会对经济衰退或经济过热起到推波助澜的作用，加剧经济的周期性波动，反过来又影响金融体系的自身稳健性。

现行金融监管在防范系统性风险方面存在严重不足。从监管目标看，现行金融监管主要侧重于微观审慎监管，以防范单个金融机构风险、维护单个金融机构和市场的稳定为目标；从监管范围看，现行金融监管不仅缺乏对宏观经济与金融体系关联性的监测、评估和管理，也缺乏对系统重要性金融机构、市场

和工具的有效监管；从监管措施看，现行金融监管的一些政策和工具可能加剧金融体系的顺周期效应，催生甚至放大金融风险。例如，在金融体系陷入困境时，单个金融机构为满足监管要求同时紧缩信贷、停止拆借，虽然对单个金融机构而言是审慎理性的决策，但会导致合成谬误，形成或加剧系统性风险。

为弥补现行金融监管的缺陷，宏观审慎管理以防范系统性风险为根本目标，将金融业视做一个有机整体，既防范金融体系内部相互关联可能导致的风险传递，又关注金融体系在跨经济周期中的稳健状况，从而有效管理整个金融体系的风险，最终实现维护金融稳定、支持经济平稳发展的目标。

二、宏观审慎管理框架

宏观审慎管理框架主要由三方面构成：一是宏观审慎分析，以识别系统性风险；二是宏观审慎政策选择，以应对所识别的系统性风险隐患；三是宏观审慎工具运用，以实现宏观审慎政策目标。

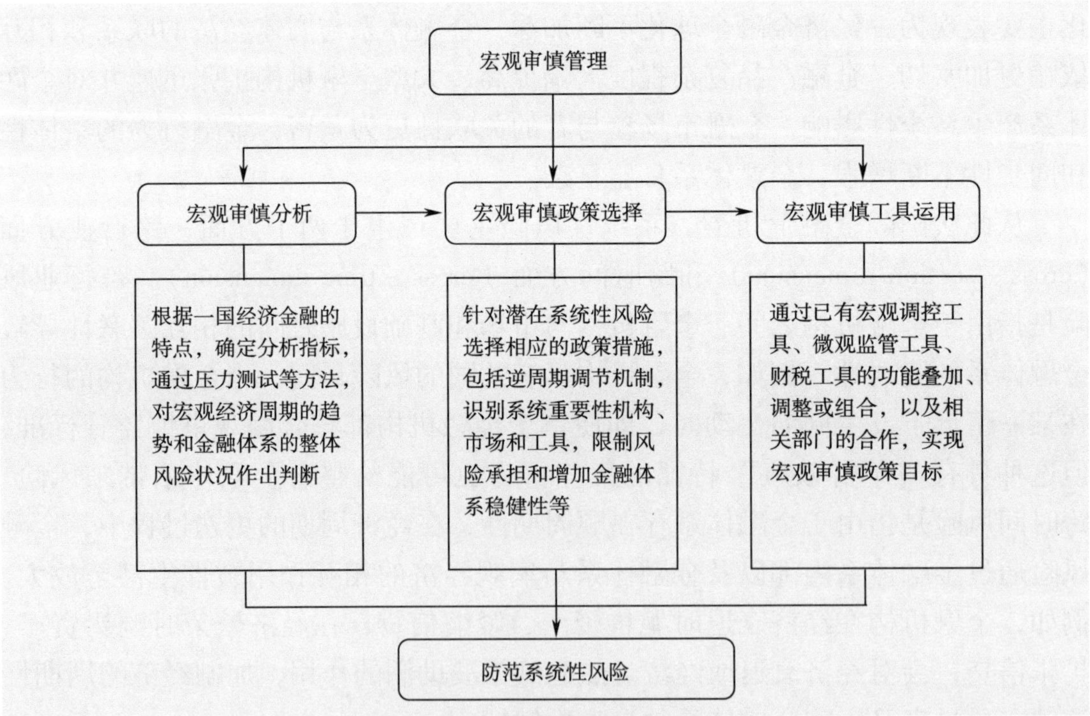

图 8－1　宏观审慎管理框架

宏观审慎分析。宏观审慎分析通过建立准确和简便的统计指标，开发金融体系的早期预警指标及宏观压力测试体系，进行宏观审慎监测演练（monitoring exercises），对宏观经济周期的趋势和金融体系的整体风险状况作出判断。宏观审慎分析立足于一国经济金融的特点，如果一国金融体系受宏观经济影响显著，宏观审慎分析就需要引入反映宏观经济健康发展的代表性指标；如果一国金融风险主要由金融体系的某一行业或机构引发并跨行业传播形成，宏观审慎分析则需要采用关注跨行业风险的方法。从金融体系的结构看，在以银行为金融活动主体的国家，宏观审慎分析需要强化对信贷规模、银行资产负债表的关注；而在金融市场发达国家，证券市场价格类指标应作为分析的主要指标。

宏观审慎政策选择。宏观审慎政策选择是指针对宏观审慎分析识别出的潜在系统性风险研究相应的政策措施。宏观审慎政策选择主要考虑三方面内容：一是针对各类顺周期因素积累的源于总量的宏观风险，考虑采取逆周期行动。其中，逆风向调节机制作为一项跨周期的制度安排，在经济上行期增加动态拨备和资本要求，约束信贷过度增长，防止资产泡沫的累积，提高金融支持经济持续发展的能力；在经济下行期降低拨备和资本要求，缓解信贷萎缩和资产价格下跌，平滑经济波动，促使经济加快复苏。二是针对跨行业风险方面，考虑不同金融机构对系统性风险的影响，确定系统重要性金融机构、市场和工具的范围，对具有系统性影响的金融机构制定严格的规则，或收取系统性风险费及额外费用。由于系统性风险越来越多地源于单个机构共同的风险暴露，针对跨行业风险的规则可能是临时性的，并随时间调整，因此，应对顺周期和跨行业风险的宏观审慎政策有时难以清楚区分。三是针对金融体系的结构特点，研究限制风险承担和增强金融体系抗风险能力的措施。包括：紧急的资本要求，控制金融业规模、集中度、金融机构业务范围的竞争政策，影响杠杆率的税收政策，对金融机构股东和高级管理人员的激励机制，存款保险的风险费率调整，大额实时清算系统和中央清算安排等金融体系基础设施安排等。

宏观审慎工具运用。宏观审慎工具并非一种特殊的、独立的政策工具，而是服务于防范系统性风险目标，为实施宏观审慎政策对已有宏观调控工具、微观监管工具、财税会计工具的功能叠加、调整或组合。因此，宏观审慎工具并非由某一机构单独掌握和运用，而是由中央银行、金融监管机构、财税部门等不同部门分别掌握和实施。宏观审慎工具大致可以分为三大类。第一类是服务于宏观审慎目标的微观监管工具，如资本、流动性监管要求。第二类是服务于宏观审慎目标的宏观调控工具，又可进一步分为三类：一是总量层面，如新增贷款和 M_2 增速目标；二是行业层面，如针对房地产行业的首付比例、月供收入比、最低利率等；三是机构层面，如差别存款准备金、动态拨备和资本缓冲等。第三类是服务于宏观审慎目标的财税会计工具等。此外，中央银行的最后贷款人职能和对经营失败金融机构的处置机制等危机应对措施也可服务于宏观审慎目标。

要充分发挥中央银行在宏观审慎管理中的作用。宏观审慎管理本质上是宏观调控的组成部分，与中央银行维护宏观经济和金融稳定目标一致。中央银行在宏观审慎分析和货币政策工具运用中具有相应职责和优势，国际上普遍强调要充分发挥中央银行在宏观审慎管理中的重要作用。同时，宏观审慎管理与宏观调控、微观监管密切相关。一方面，实现宏观审慎目标可能会对货币政策目标和金融监管目标产生影响；另一方面，宏观审慎工具的实施依赖于货币政策工具、微观监管工具和财税工具的运用。因此，在宏观审慎管理中，需要加强相关部门之间的沟通和合作，实现信息共享。为保证宏观审慎管理的透明度和一致性，相关部门应该加强共同研究、统一决策，并按照决策要求分别实施所掌握的宏观审慎工具。此外，实现对跨境金融活动的宏观审慎管理，还需要加强不同国家和经济体之间的合作，以避免跨境监管套利等问题。

三、加强宏观审慎管理是国际金融危机后国际金融监管改革的核心内容

国际金融危机爆发前，金融监管以防范单个金融机构风险为主要目标，在单个金融机构看似健康稳定的情况下，没能对金融业日趋紧密的相互关联、宏观经济对金融体系稳健性日趋重要的影响给予足够关注，在宏观审慎管理方面存在明显不足。一是具有系统重要性的金融机构、工具和市场未得到有效监管或监管不足。二是不同类型和不同地区的金融机构和金融产品面临不同的监管规则和制度，同类金融活动监管套利严重。三是新资本协议、拨备计提、外部信用评级和公允价值会计准则等金融监管政策和工具具有内在的顺周期性，在一定程度上强化了经济周期的波动性。四是缺乏有效防范系统性风险的组织体系，金融风险信息不能及时共享，导致识别、预警和处置系统性风险存在困难。

针对上述问题，加强宏观审慎管理成为危机后国际社会关于金融监管改革的一致主张。国际清算银行（BIS）早在20世纪70年代末就提出了宏观审慎管理理念，但一直没有得到足够重视。此次国际金融危机爆发后，国际社会在对危机成因和教训进行深刻反思的基础上，提出将加强宏观审慎管理作为国际金融监管改革的核心内容。G20《加强监管和提高透明度》报告提出的25项建议中前4项建议都涉及加强宏观审慎管理。根据G20的要求，FSB、BIS、BCBS、全球金融体系委员会（CGFS）及其他标准制定机构正在研究强化宏观审慎管理方面的政策和工具。美国、英国、欧盟等国家和地区也将强化宏观审

慎管理作为监管改革的重点，并通过改革相应的监管组织架构和监管制度实现这一目标。

（一）明确相关部门防范系统性风险的目标和职责

2009 年 6 月，美国奥巴马政府向国会递交了《金融监管改革：新的基础》，着力强化美联储在对系统重要性金融机构、市场和工具的监管、信息收集、紧急救助等方面的作用。2009 年 2 月，英国出台了《2009 年银行法案》，明确规定英格兰银行在金融稳定中的法定职责和核心地位，并强化其维护金融稳定的政策工具和权限。法案要求在英格兰银行理事会下成立金融稳定委员会。7 月，英国财政部发布《改革金融市场》白皮书，重申英格兰银行维护金融稳定的目标及为实现目标可采用的市场工具。2009 年 5 月，欧盟委员会公布了《欧洲金融监管》改革计划，提出设立欧洲系统性风险委员会，并强调中央银行应在宏观审慎管理中发挥领导作用。2008 年 8 月，法国出台了《经济现代化法》，赋予法国中央银行系统性风险和危机处理的管理权。

（二）加强宏观审慎分析

各国金融监管改革方案都强调要加强宏观审慎分析，重点监测信贷发放和定价、杠杆率、资产价格等指标，评估宏观经济和金融体系发展中产生的对金融稳定的潜在威胁。美国的《金融监管改革：新的基础》提议，设立金融服务监督委员会，以促进信息共享和合作，甄别系统性风险，该委员会有权提请监管部门注意风险并责成其作出回应。欧盟系统性风险委员会负责收集并处理有关宏观经济、金融稳定和金融监管等信息，监测和评估系统性金融风险隐患，在风险趋于严重时发出预警并在必要时提出应对建议，监督有关各方对预警和建议进行落实。英国《特纳报告》提出，建立宏观审慎分析框架，英格兰银行和金融服务局应共同、深度介入宏观审慎分析，并开发相应的政策工具。

（三）建立逆风向的调节机制

根据 G20 的要求，FSB、BCBS 及其他标准制定机构正在研究建立逆风向的调节机制，主要内容是建立逆周期的资本缓冲制度和动态损失准备制度，增强金融体系的损失吸收能力。此外，提高金融机构的资本质量和资本充足水平，加强对复杂金融产品的资本监管；促进金融机构建立稳定的长期流动性来源，加强流动性风险监管的国际协调和流动性融资的跨境监管；要求金融机构进行有效的薪酬管理，根据各类风险对薪酬进行动态调整，将奖金规模和公司的长期及总体表现挂钩；加强表外业务的会计披露，降低金融工具会计的复杂性，降低公允价值会计准则的顺周期性。

（四）扩大监管范围，强化对系统重要性金融机构、市场和工具的监管

2009年10月，FSB制定了系统重要性金融机构、市场和工具的评估指引和工作计划，提出从规模性、替代性、关联性三方面评估金融机构、市场和工具的系统重要性，并从资本、流动性、杠杆率、风险管理、组织架构、业务模式、危机处置等方面降低系统重要性金融机构的道德风险。在扩大监管范围方面，美国的《金融监管改革：新的基础》对对冲基金、私募股权基金、风险资本等私人资金池的投资顾问提出了监管和信息披露要求，强调加强资产证券化、信用评级机构等的管理，为场外衍生产品建立中央交易对手（CCP）。英国财政部的《改革金融市场》白皮书强调对表外工具的监管，对具有系统重要性的对冲基金或其他类型的投资中介，实施适当的审慎监管，降低监管套利风险。欧盟委员会的《欧洲金融监管》计划强调，金融体系中所有存在系统性风险隐患的机构都应纳入监管范围，尤其应加强对影子银行体系的监管。上述各类监管改革方案还提出了以下强化监管的具体措施：一是实施更加严格的监管要求，在资本、流动性、风险管理等方面，对大型银行提出更加严格的要求，并进行压力测试。二是加强对大型银行的现场检查和风险监测，采取风险隔离措施。三是降低大型银行机构和业务的复杂程度，明确在出现危机时，如何通过出售子公司或资产取得紧急资金，以确保经营困难时实现有序退出。四是建立合理的薪酬激励机制，将薪酬制度与风险暴露相挂钩，避免银行追求短期回报而过度承担风险。五是加强监管者之间、监管者与宏观经济管理部门之间的沟通合作，建立跨境监管合作机制。

专栏18　系统重要性金融机构对金融稳定的影响

在本次金融危机中，雷曼兄弟公司、美国国际集团（AIG）和北岩银行等大型金融机构纷纷陷入困境甚至破产，重创了全球金融体系，加剧了金融危机的恶化和蔓延，凸显了系统重要性的金融机构对金融稳定的影响。

雷曼兄弟公司曾是美国第四大投资银行和最大的抵押贷款证券商之一，位居美国固定收益券商前5名，为遍布全球的客户提供全方位、多元化服务。2008年第二季度末，雷曼兄弟公司资产规模约6 000亿美元，而同期美国证券经纪人的总资产约为3万亿美元。雷曼兄弟公司与众多机构有债权债务关系，许多货币市场基金都是其债权人。在衍生产品市场，2008年第二季度末，其拥有未实现收益460亿美元，同时还有未实现损失260

亿美元。同时，雷曼兄弟公司还是众多机构客户（如对冲基金等）最重要的经纪人，为他们提供清算等服务。雷曼兄弟公司的倒闭，首先将信用风险转移给交易对手，给许多货币市场基金造成了重大损失；其次，作为许多机构的主要经纪人，其倒闭使这些机构不能正常开展业务；最后，投资者预期其资产将被出售偿还债务，引发了大范围的资产价格重估。其他金融机构为减少损失，争相抛售资产，诱发了投资者之间的“羊群效应”，形成“止损—卖出—再止损—再卖出”的恶性循环，加剧了金融市场的波动，引发了系统性风险。

AIG 是美国最大的保险集团，交易对手遍布全球，业务涉及银行、证券、保险、年金等多个领域。AIG 大量投资于美国次贷市场，同时，利用其 AAA 级的信用评级作为支撑，为大量基于房地产市场的担保贷款凭证（CLO）和担保债务凭证（CDO）提供信用违约互换（CDS）保护，是全球最重要的 CDS 提供商之一。由于在房地产市场上有巨大的风险敞口，AIG 在次贷危机中遭受重创。AIG 对金融系统的重要性影响表现在诸多方面：如果听任其倒闭，其承保的数以百万计的保单持有人的权益将受到不利影响，向其购买了规模达 400 亿美元保险的年金计划将不能得到有效保障；对其拥有 100 亿美元债权的地方政府，700 亿美元债权的银行、投资银行、共同基金将遭受巨大损失；导致全球 CDS 市场不能正常交易。

此外，一些按常规标准不具有系统重要性的金融机构，在特定的情况下也会对整个金融体系产生影响。例如，英国的北岩银行，截至 2006 年年末，其资产规模仅占英国银行系统的 2%，持有的债务占英国主要银行债务规模的 2.5%，股票市值占英国股票市场市值的 0.3%。但由于北岩银行是英国第五大住房抵押贷款银行，又采用发行住房抵押支持证券从金融市场融资的业务发展模式，且其发行的债券占到了英国同类证券总量的 17%，对证券市场影响很大。因此，当北岩银行出现财务危机后，对具有相同资金结构、使用相同业务模式融资的银行产生了不利影响，并进一步引发了整个银行体系的动荡。

从上述典型案例可以看出，一些金融机构由于规模大、交易对手多、组织结构复杂、与其他机构和投资者的关联性强、提供不可替代的金融服务等原因，在金融体系中具有系统重要性地位。它们一旦陷入困境，不仅自身面临巨大的救助成本，也会通过影响交易对手和市场信心加剧市场恐慌，造成整体金融体系的不稳定，并最终对实体经济产生负面影响。为此，必须采取有效措施，强化对这些具有系统重要性的金融机构的监管。

（五）加强金融管理部门之间的协调和配合

美国的《金融监管改革：新的基础》在强化美联储系统性风险监管职责的同时，提出设立金融服务监督委员会，负责促进信息共享和合作，解决监管部门管辖权争端。2009 年 12 月 11 日，众议院通过《2009 年华尔街改革与消费者保护法案》，提议设立跨部门的金融稳定监督委员会（FSOC），作为系统性风险监管者，负责识别对金融稳定造成威胁的金融机构和金融活动。2010 年 3 月 15 日，参议院银行委员会主席多德提出《2010 年美国金融稳定再造法案》，提议设立 FSOC，负责识别、监测和处置大型复杂金融机构导致的系统性风险及导致风险在不同机构间传播的金融产品和金融活动。英国财政部的《改革金融市场》白皮书提出，成立由财政部、英格兰银行和金融服务局三家机构代表组成的金融稳定委员会，由财长担任主席，负责评估系统性风险，当出现重大风险时由金融稳定委员会协调上述三方采取干预行动。欧盟委员会的《欧洲金融监管》计划提出，负责宏观审慎管理的欧洲系统性风险委员会和欧洲金融监管者体系要加强互动，共享宏观审慎分析结果，针对风险预警或建议采取共同行动。

四、强化我国宏观审慎管理，防范系统性风险

（一）宏观审慎管理的探索

近年来，中国人民银行等相关部门按照党中央、国务院的统一部署，不断加强和改进宏观调控，积极推进金融改革，采取综合措施维护金融稳定，有效抵御了国际金融危机对我国金融体系的冲击，促进了国民经济平稳较快发展。

加强系统性风险的监测和评估。初步构建我国金融稳定监测指标体系，建立金融风险监测评估方法和操作框架，定期发布《中国金融稳定报告》，对我国金融体系的稳定状况进行全面评估。探索银行业、证券业和保险业的风险监测与评估方法，防范跨市场、跨行业金融风险。

采取防范系统性风险的综合措施。进一步加强和改进宏观调控，综合运用多种货币政策工具，促进国民经济平稳较快发展。推动中国工商银行、中国农业银行、中国银行、中国建设银行、交通银行、国家开发银行等大型金融机构改革，进一步完善金融机构公司治理，建立激励约束和充分竞争机制，培育健康的微观主体。大力推动金融市场改革和发展，完善市场结构，丰富市场产品，促进直接融资发展。完善金融基础设施，进一步推动支付结算体系的现代

化建设，保障支付结算体系的稳健运行，稳步推进征信体系建设。

妥善处置高风险金融机构。中国人民银行会同监管机构和地方政府做好16家高风险金融机构的市场退出工作，牵头处置德隆系风险，牵头完成高风险证券公司的重组工作，配合监管部门完成农村信用社、证券公司等的风险处置，完善个人债权收购管理制度，推动建立证券交易结算资金第三方存管制度，完善金融机构市场退出机制。

改进和加强金融监管，完善金融监管协调机制。在国务院的统一领导下，中国人民银行、银监会、证监会、保监会、国家外汇管理局等部门定期研究解决金融领域重大问题，统筹协调跨部门事宜，共同研究制定危机应对措施。国家发展改革委、财政部、中国人民银行等宏观经济管理部门之间建立了定期会商制度，分析研判宏观经济金融形势。中国人民银行牵头制定了《中国人民银行、银监会、证监会、保监会信息共享暂行办法》，银监会、证监会、保监会等金融监管部门签署了《金融监管分工合作备忘录》。自国际金融危机以来，中国人民银行和金融监管部门加强宏观审慎管理研究，探索通过建立逆周期资本缓冲、动态拨备和额外资本要求等工具促进金融机构稳健运行。

构建防范系统性风险的长效机制。建立和完善金融机构突发事件应急机制，制定系统性风险应对预案。强化中央银行的最后贷款人职能，发挥中央银行在维护金融体系稳健运行中的重要作用。建立证券投资者保护制度和保险保障制度，完善金融安全网，研究建立存款保险制度。

（二）完善我国宏观审慎管理制度

当前，我国金融体系仍面临着防范系统性风险的艰巨任务。一方面，我国国情决定了金融体系的稳健性与宏观经济政策的关系更为直接和密切，而当前宏观经济调控面临的形势存在较大不确定性。世界经济虽有复苏迹象，但并不稳定，且政策退出也是一个各国间动态博弈的复杂过程；国内信贷持续扩张动力仍然较强，随着外部环境好转，流动性偏多的问题再度凸显，未来包括通货膨胀、资产价格泡沫、周期性不良贷款增加等宏观风险将会显著上升；我国银行信贷对金融稳定有特殊重要意义，但目前调控工具相对不足。这些情况都亟须加强宏观审慎管理，增强调控弹性，既要保持适当政策力度，又要准确研判政策调整的时机和方式，防范和控制好宏观风险。另一方面，近年来，跨行业、跨市场的机构和交叉性金融产品快速发展，银行、证券、保险行业相互介入的案例逐渐增加，组织结构复杂、业务多元化的金融控股公司不断形成壮大，担保公司、典当行、私募股权基金等准金融机构参与金融活动的程度愈来愈深，都对金融体系稳定形成潜在冲击。而现行分业监管对上述系统重要性金融机构、工具和市场的监管存在不足，亟须进一步改进和完善监管体制，加强宏观审慎管理，弥补监管真空和缝隙。

专栏19　宏观审慎分析方法探索：基于支付结算信息的金融网络模型

宏观审慎分析是加强宏观审慎管理的第一步，对系统性风险的分析、监测、评估是宏观审慎分析的核心内容。研究表明，由金融机构间相互连接关系构成的金融网络结构，是理解和把握系统性金融风险的关键。

IMF在2009年4月发布的《全球金融稳定报告》重点介绍了四种评估金融机构关联性的定量模型：网络模型（Network Approach）、CO－RISK模型、危机依存度矩阵模型（Distress Dependence Matrix）、违约强度模型（Default Intensity Model）。按照现有金融关联模型的思路，以银行间支付结算信息为基础，可以构造我国的金融网络结构模型，动态刻画金融机构间（主要是银行间）的流动性风险传递过程。

一、金融网络模型

基于银行间支付信息，可以将金融网络模型作如下设定：

网络节点为不同的银行机构，连接节点的线为机构间的资金往来。假设整个体系中有n家机构，它们之间的资金往来构成一个$n \times n$的矩阵M，称为流动性矩阵。t时刻银行间支付结算矩阵M如下：

$$M = \begin{bmatrix} M_{1,1} & \cdots & M_{1,j} & \cdots & M_{1,n} \\ \vdots & & & & \\ M_{i,1} & \cdots & M_{i,j} & \cdots & M_{i,n} \\ \vdots & & & & \\ M_{n,1} & \cdots & M_{n,j} & \cdots & M_{n,n} \end{bmatrix}$$

其中，元素M_{ij}代表一段时间里从机构i流入到机构j的资金量。同样，可以定义总流出向量$\bar{p} = (p_1, \cdots, p_n)$如下：$p_i = \sum_{j=1}^{n} M_{ij}$。则我们可以用一个三元变量（$\Pi$，$\bar{p}$ $\bar{c}$）来描述银行网络。其中Π是$n \times n$的矩阵，定义为$\Pi_{ij} = \frac{M_{ij}}{p_i}$，代表银行机构间资金往来的比重矩阵。变量$\bar{c} =$（$c_1$，$\cdots$，$c_n$）为资金存量向量，其中每一个$c_i$代表在支付结算体系中机构$i$的备付金头寸。如果将时间因素引入进来，一个动态银行网络可以用$(\Pi^t, \bar{p}^t, \bar{c}^t)_{t=-\infty}^{+\infty}$

来表示。在每一个时间点 t 上，我们给出了一个静态的切面。

在无外部资金流入网络且参与者行为同质的前提下，有如下的流动性风险传递机制：

$$c_i^{t+1} = c_i^t + \sum_{j=1}^{n} \Pi_{ij}^t p_j^t - p_i^t$$

结合支付信息，我们可以对任意时点上网络稳定性开展冲击测试，以多维度评估银行网络的稳定性，并识别和刻画具有系统性影响机构及其流动性风险的传递过程。

二、我国金融网络稳定性走势分析

通过对2007年5月至2009年12月共32个月度支付数据的实证分析，可以得到我国金融网络稳定性的广度（B_1）与深度（D_1）[①]指标。在此期间，B_1 和 D_1 的走势大体相近，均表现出明显的下行趋势，表明该时期我国金融系统的稳定性逐步提高。

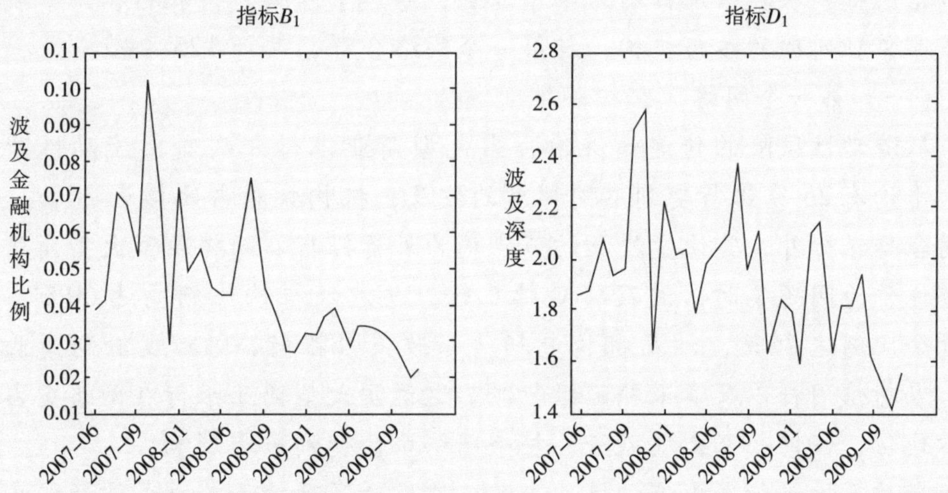

图8－2 我国金融网络稳定性指标走势

其中，2008年5月至2008年8月 B_1 和 D_1 呈现上升趋势，表明该时期我国金融网络稳定性较弱，这与当时全球金融危机对我国金融体系的影

① B_1 和 D_1 为网络稳定性指标，分别表示受波及的机构数和冲击的轮数。B_1 和 D_1 的数值越大，表示网络的稳定性越差，系统性风险也越大，反之则相反。

响逐步显现相吻合。此后，随着各项宏观调控政策的出台，实体经济逐步企稳回升，同时商业银行及时调整经营策略，B_1 和 D_1 开始下降，金融网络的稳定性逐步增强，金融体系的系统性风险水平明显下降。

三、我国金融网络的结构特点

银行间的网络是一个强连通网络，根据连接程度的强弱，每个节点在网络中所起的作用是不同的。不同的网络结构，即使其平均稳定程度相近，宏观审慎管理部门实施管理与调节的方式也存在差别。此外，网络结构随着时间的推移会发生改变，不了解网络结构，就无法开展网络视角下的宏观审慎分析。

在此选取2009年6月这一时间截面对我国银行网络的结构特点进行初步分析。考虑到数据细化的困难，研究分为细化程度不同的两个网络。第一个网络包括大型商业银行①、政策性银行、股份制商业银行、城市商业银行、农村商业银行、农村合作银行、农村信用社、城市信用社、邮政储蓄银行和外资银行共84个节点，其中，城市商业银行、农村商业银行、城市信用社和农村信用社均为单个节点；第二个网络，将农村信用社展开为多家单独列项的参与机构，与第一个网络合并，共计125个节点。

（一）第一个网络

从流动性风险的传递情况看，当大型商业银行分别发出流动性冲击时，平均有25家银行受到不同程度的波及，机构数量占比接近30%。除农村合作银行外，其他受波及的节点均为外资银行。而将4家大型商业银行整体作为问题集时，波及将延续6轮，总波及机构比例高达60%，涉及资金比例达76%，涉及机构包括2家政策性银行、9家股份制商业银行、农村信用社以及多家外资银行等。这说明大型商业银行在网络中占据核心地位，任何一家出现风险，整个网络都会受到严重影响。

当政策性银行发出流动性冲击时，波及最高延续3轮，总波及机构为5家，影响资金比例超过4%，且影响机构均为外资银行。但某些大型商业银行或股份制商业银行发出流动性冲击时，个别政策性银行会受到一定程度的影响。这表明，尽管政策性银行整体在网络中的影响力较弱，但其并不孤立。

当股份制商业银行发出流动性冲击时，影响将延续5轮，总波及机构

① 本专栏中，大型商业银行指中国工商银行、中国农业银行、中国银行和中国建设银行4家，交通银行在股份制商业银行中统计。

比例达50%，涉及资金比例达34%，涉及机构主要为外资银行。这表明，股份制商业银行联系广泛，但网络影响力远不及4家大型商业银行。

邮政储蓄银行的资产规模高达2.4万亿元，从规模上看不可忽视。如果将其作为问题集，影响将延续2轮，总波及机构为2家，涉及资金比例仅为1%。同样，无论以任何子集作为问题集，对邮政储蓄银行都毫无影响，表明其在银行网络中近似于一个孤立点。

当农村信用社作为整体发出流动性冲击时，对整个网络产生的影响仅有2轮，影响机构比例为4%，涉及资金比例为6%。而只有当大型商业银行作为问题集时，农村信用社才会受到波及。由此可见，农村信用社作为一个子集在网络中相对孤立。

整体来看，除4家大型商业银行外，其他任何单一或多家银行发出冲击对金融网络几乎都不会产生严重影响。

（二）第二个网络

将农村信用社展开为多个独立的网络节点时，网络具有以下特点：一是农村信用社内部的联系非常紧密；二是农村信用社受波及的可能性大大增加；三是如果某些农村信用社发出冲击，将有数十家农村信用社受到波及，波及深度可达5~6轮。这表明，农村信用社的局部网络关联性较为显著。

针对上述情况，为切实防范系统性金融风险，应把握国际趋势并从我国国情出发，将宏观审慎管理纳入我国宏观调控及金融稳定的政策工具组合，抓紧建立相关制度：

建立金融体系稳健性分析监测和评估制度。中央银行应会同相关部门强化宏观审慎分析，把握宏观经济走势及其风险变化，建立系统稳健性监测评估指标体系，发布逆风向调节的景气指数/逆周期系数，作为金融机构需采用的行为指引，金融监管部门相应完善对金融机构的监管要求。

建立和完善逆风向的货币信贷动态调控机制。在我国，信贷仍是最重要的货币投放方式和银行资产构成，且信贷波动是银行体系顺周期性的主要表现，也是造成系统性风险的重要来源，因此，人民银行等相关部门应在客观准确判断宏观形势的基础上创新货币政策工具，进行适时、灵活的逆风向调控，建立健全与新增贷款超常变化相联系的动态拨备要求和额外资本要求，通过逆周期的资本缓冲，平滑信贷投放，引导货币信贷适度增长，实现总量调节和防范金融风险的有机结合，在维护宏观经济稳定的同时促进金融机构的稳健运行。

完善系统重要性金融机构、市场和工具的监管制度。在当前可能导致系统性风险的因素中，金融控股公司、私募股权基金等机构既是金融监管重点，又是金融监管难点。为此，要加快建立和完善我国金融控股公司监管制度，制定更审慎的资本、流动性等监管标准，督促金融控股公司加强公司治理和风险管理，简化业务结构，降低风险集中度，控制整体风险。要借鉴私募股权基金监管的国际经验，明确对一定资产规模以上的私募股权基金的注册或备案要求和信息披露要求，坚持行业自律监管和监管机构指导相结合的原则，既防范私募股权基金可能带来的系统性风险，又鼓励该行业的规范发展。

构建多样化和多层次的金融体系。金融体系的多样化和多层次，不仅有利于形成金融市场价格发现机制，避免市场主体的高度同质化造成的市场交易量低和无法有效定价，还有助于促进金融主体行为的相互独立和异质化，降低金融业务的相关性，防止金融主体行为“羊群效应”引发的金融不稳定。为此，要鼓励建立多种类型、不同层次的金融机构体系，积极发展多元化、异质化的金融业务模式和业务品种，夯实防范系统性风险的基础。

加强部门配合，实现宏观审慎管理与微观审慎监管的有效协调和补充。中国人民银行和金融监管部门根据职责分工实现统筹协调，密切关注宏观经济形势变化和银行业、证券业、保险业运行状况，研究分析影响金融稳定的风险因素，加强对系统性金融风险的分析和研判。研究分析跨行业、跨市场的金融机构和交叉性金融业务的发展情况，促进监管政策和措施协调。强化金融风险化解和处置行动的配合，加强金融稳定信息共享，实现信息共享的规范化和常规化。通过上述措施，使宏观审慎管理与微观审慎监管各有侧重，互为补充，相互促进，既防止单个金融机构发生重大风险，又防范整个金融体系的系统性风险。

尽快推出存款保险制度，完善经济与金融安全网。当前，在我国推出存款保险制度的时机已经成熟。建立存款保险制度是金融领域的一项重要制度安排。尽快推出存款保险制度，不仅有利于把握宏观经济政策力度，防范信贷规模大幅扩张后新一轮信贷风险的形成和积累，加强宏观调控手段、货币政策、监管措施的协调，引导金融支持经济平稳、健康增长，还有利于强化金融机构风险管理，并为高风险中小型金融机构建立有序的市场退出机制，确保金融平稳、健康运行。同时，存款保险制度有利于促进中小金融机构的培育和发展，缓解中小企业和“三农”融资难。为此，应把握时机，尽早推出存款保险制度，强化对存款金融机构的市场约束。实行限额保险和差别费率，强化对“大而不能倒”机构的制约，弥补监管资源的不足，防范和化解金融风险。

专栏20　危机期间各国（地区）强化存款保险措施有关情况

国际金融危机爆发后，各国（地区）陆续出台强化存款保险的措施，旨在增强金融市场流动性，提振投资者和存款人对市场的信心，防止挤兑风险。根据IMF和国际存款保险协会（IADI）2009年9月的研究显示，危机期间，共有47个国家采取不同形式加强了存款人保护。其中，28个国家选择在有限存款保险体系下增加保险限额，19个国家引入全额担保。在28个增加保险限额的国家中，75%的国家选择永久性地增加存款保险限额；25%的国家选择临时性地增加存款保险限额。

上述国家（地区）采取的主要措施有：一是提高存款保险限额。美国将存款保险限额从10万美元临时性上调至25万美元。保加利亚、捷克等国家宣布将存款保险限额上调至5万欧元。比利时、西班牙等国家将存款保险限额上调至10万欧元。意大利宣布对10.3万欧元内的所有银行存款给予保障。俄罗斯将公民存款保险的赔偿上限提高到70万卢布（约合2.3万美元）。二是对存款进行全额担保。美国出台临时流动性担保计划，对受保银行非生息交易账户25万美元以上的存款给予全额担保；对受保银行及其他金融机构在银行间市场发行的高级无担保债给予担保。冰岛、丹麦、澳大利亚、中国香港、中国澳门、新加坡、马来西亚等先后宣布将对存款给予全额担保。三是其他措施。美国积极运用多种方式处置倒闭银行，并努力吸引私人资本参与破产银行处置。美国联邦存款保险公司（FDIC）出台《关于收购破产银行的有关规定》，鼓励私人资本参与美国银行业问题资产处置。印度尼西亚要求中央银行的存款担保机构必要时向银行和保险公司提供救助。

2009年6月，BCBS与国际存款保险协会联合发布《有效存款保险核心原则》，提出了建立有效存款保险制度的18条原则。主要内容包括：一是明确存款保险制度的政策目标，强调通过合理的制度设计减少道德风险。应实行强制保险，以避免逆向选择；保险程度应有限度、保险范围应覆盖大多数存款人的绝对利益；存款保险制度应有充足的资金来源，保证对存款人的立即偿付。二是存款保险机构应参与对问题银行的早期监测、及时干预和处置。为确保履行职责，存款保险机构必须拥有来自银行、监管部门和中央银行方面的清晰信息；能够有效管理自身风险；能够对银行进行检查或有权利要求进行检查；对问题机构能够提供财务救助。三是其他相关问题。如提高公众对存款保险制度的认识；对破产金融机构的处置；存款保险机构与金融安全网其他成员之间的合作。

专题一

国际金融监管改革综述

由美国次贷危机引发的国际金融危机严重冲击了全球金融体系，各国普遍认识到加强金融监管的重要性。针对危机暴露出的现行金融监管框架存在的弊端和缺陷，主要发达经济体以及 G20、FSB、BCBS、IOSCO 及 IAIS 等国际组织和标准制定机构相继提出金融监管改革的建议和方案，旨在构建更加完善的金融监管体系。研究国际金融监管改革方向与进展，借鉴国际金融监管改革经验，对于促进我国金融业的健康发展意义重大。

一、国际金融监管改革基本特点

从各国和国际组织出台的金融监管改革建议和方案来看，此轮国际金融监管改革突破了原有监管制度框架，呈现出新的特点。

监管理念转变，金融监管加强。20 世纪 80 年代以后，随着金融创新和金融自由化的发展，以美国为代表的发达经济体推崇放松金融管制、强调市场自律的监管理念，特别是美国 1999 年实施《金融服务现代化法案》后，各种信用衍生产品迅猛发展，而相应的监管未能跟上，金融发展与监管严重不平衡。此次金融危机表明，过分依赖市场自律，以金融机构内部风险控制为主、外部监管为辅的监管理念无法纠正市场固有的缺陷。危机之后，发达经济体全面反思现有监管理念，对其金融监管框架进行了较大调整。以美国为代表的发达经济体提出的监管改革方案普遍主张推行更加严格的金融监管标准。

监管目标调整，注重防范系统性风险。现行金融监管侧重于微观审慎监管，主要关注单个金融机构的稳健性、盈利能力和清偿能力，而忽略了金融机构的经营模式变化、金融业的相互关联性、宏观经济变量对金融体系稳健性的影响以及由此产生和累积的系统性风险。此次危机使各国普遍认识到单纯强调微观审慎监管的不足，应加强宏观审慎管理，将金融业视做一个有机整体，既防范金融体系内部相互关联可能导致的风险传递，又关注金融体系在跨经济周期中的稳健状况，从而弥补微观监管的不足，有效管理整个金融体系的风险。从陆续出台的监管改革方案看，构建宏观审慎管理与微观审慎监管相结合的金融监管框架成为各国金融改革的重要内容，主要包括加强宏观审慎分析，评估宏观经济和金融体系发展中产生的危及金融稳定的潜在风险，有针对性地选择相应的政策措施，综合运用宏观审慎工具，防范系统性风险。

监管范围扩大，监管方式进一步完善。部分金融机构、市场和工具未受到监管是导致国际金融危机爆发的重要原因之一。为此，G20 伦敦峰会提出对金融监管范围进行审视，将金融监管的范围扩大至所有具有系统重要性的金融机构、市场和工具，不具有系统重要性影响的金融机构、市场和工具也应接受注册要求和适当监督。美国和欧盟的监管改革方案涉及金融业的各个领域，监管触角进一步延伸。BCBS、IOSCO 及 IAIS 等标准制定机构也正加紧修订和完善相关监管标准，新的监管规则涉及严格的资本要求、流动性、风险管理、透明度、公司治理和薪酬政策等方面。随着这些规则的出台和实施，监管方式将进一步完善，有利于金融机构的稳健经营。

跨境监管合作加强，跨境监管水平提升。此次金融危机的爆发凸显了加强跨境监管合作的必要性。G20 伦敦峰会提出，以各国现有金融监管框架为基础，针对所有大型金融机构建立联合监管机制（Supervisory College），将其作为加强跨境金融机构监测工作的一部分；各国和区域当局应共同加强国际和区域层面的跨境监管合作，促进监管者之间的信息共享；监管机构应加强跨境危机管理合作；完善金融机构清算制度和破产法律，研究跨境金融机构破产问题的国际合作。目前已针对 30 多个大型金融机构建立了联合监管机制。2009 年 4 月，FSB 发布《危机管理跨境合作原则》，提出 15 条跨境危机管理原则，涵盖了危机的防范、应对以及最终的风险处置。此外，美国、英国、欧盟等提出的监管改革方案都强调加强国际监管协调与合作。

G20 成为国际金融监管合作重要平台。2008 年 11 月，G20 在华盛顿举行首次峰会，与会首脑共同商讨应对国际金融危机的良策，并为全球金融改革寻求共识。2009 年 4 月和 9 月，G20 在伦敦和匹兹堡举行峰会。自此，G20 在推动国际金融监管改革、加强全球经济有效治理以及规范经济全球化发展方面发挥主导作用，已成为国际经济金融领域政策对话与协调的重要平台。为改革国际金融监管体制、重建金融体系、防止危机蔓延及重现，G20 对全球金融监管改革提出了明确建议和要求，推动新兴市场经济国家加入 FSB，并将 FSB 作为全球金融监管标准制定的领导者。目前，BCBS、IOSCO、IAIS 等国际标准制定机构在 FSB 引领下，积极修订、完善相关标准与准则。

二、国际金融监管改革主要内容

（一）强化宏观审慎管理，维护金融稳定

防范系统性风险是金融监管改革的核心目标。在金融监管改革的各种建议和方案中，都把防范系统性风险、维护金融稳定作为核心内容。G20 伦敦峰会提出，作为对微观审慎和市场诚信监管的有益补充，各国应该加强宏观审慎管理，降低系统性风险的过度累积。美国财长保尔森的《金融监管体系现代化蓝图》和奥巴马政府的《金融监管改革：新的基础》均提出将防范系统性风

险作为金融监管改革的主要目标。欧盟《欧洲金融监管》改革计划提出成立欧洲系统性风险委员会（ESRC），负责监测和预警整个欧盟金融市场上可能出现的系统性风险，并在必要情况下提出应对建议。

明确防范系统性风险的机构、职责和权力，强化中央银行的主导作用。此次金融危机表明，中央银行与金融监管彻底分离不利于有效监测和防范系统性风险。为此，相关改革建议和方案都在不同程度上强化了中央银行在防范系统性风险中的作用。美国众议院通过的《2009 年华尔街改革与消费者保护法案》规定，美联储有权要求其确认的威胁金融稳定的大型金融控股公司通过出售、转移资产或停止特定业务类型等方式削减规模，限制大型金融控股公司的集中度，要求其认定的资本严重不足的大型金融控股公司破产。欧盟《欧洲金融监管》改革计划明确指出，中央银行应该在宏观审慎管理中发挥领导作用，其主要职责是维护货币与金融稳定。

加强监管机构间的协调、配合和信息共享。奥巴马政府监管改革方案指出，分业监管存在严重的监管重叠和监管缺位问题，加强金融监管机构之间的协调是解决问题的重要手段。《2009 年华尔街改革与消费者保护法案》要求设立由金融监管部门负责人组成的、跨部门的金融服务监督委员会（FSOC），职责包括向国会提出关于金融监管的建议，确定应予监管的金融公司和业务活动，解决部门争端，对于威胁金融稳定的金融活动和行为施以严格的监管规则和标准。

关注系统重要性机构、市场和工具，加强对“大而不能倒”金融机构的监管。G20 伦敦峰会提出，应确保所有具有系统重要性的金融机构、市场和工具受到适当的监管和监督，其程度应与各机构、市场和工具在本地和全球范围内的系统重要性相一致。2009 年 11 月，根据 G20 领导人要求，IMF、BIS 和 FSB 共同制定了《系统重要性金融机构、市场和工具的评估指引：初步考虑》，提出评估金融机构、市场和工具系统重要性的标准和方法。此外，为防范金融机构“大而不能倒”风险问题，一些国家提议对系统重要性金融机构实施更加严格的监管标准，强化其日常监管，并对大型金融机构进行“瘦身”。2010 年 1 月，奥巴马提议，限制大型银行的规模和业务范围，要求银行不能从事与自身盈利有关而与服务客户无关的自营交易业务，禁止银行拥有、投资或发起私募基金和对冲基金。

引入逆周期性监管措施，减缓顺周期影响。金融体系存在的顺周期性在国际金融危机中起到了推波助澜的作用，主要表现在资本的监管要求、公允价值会计准则以及信用评级等方面。2009 年 4 月，FSB 发布《关于解决金融体系中顺周期性的报告》，建议建立减缓顺周期性因素影响的相关机制，具体措施主要涉及资本框架、贷款损失拨备及估值与杠杆间的互动三个方面。BCBS、IOSCO 等标准制定机构也正在研究制定缓减顺周期的相关监管规则。

（二）扩大监管范围，确保整个金融体系受到适当监管

对冲基金。2009 年 6 月，IOSCO 发布一系列针对对冲基金的准则，包括强制登记注册、监管和报告评估系统性风险所需信息的规定。此外，IOSCO 要求监管者相互合作和共享信息，以加强对在全球范围内活跃的对冲基金及其管理人的有效监管。美欧等国家和地区也已经启动针对对冲基金监管的相关工作。美国参众两院的改革方案都要求对冲基金到美国证券交易委员会（SEC）注册，并加强信息报告和披露。欧盟正在制定的《另类投资基金管理人准则》，要求对包括对冲基金在内的投资基金管理人建立全面有效的管理和监管框架。

信用评级机构。2009 年 4 月，G20 伦敦峰会提议加强对信用评级机构的监管。此后，有关国家和地区开始采取措施减少监管规则对外部评级的依赖性。SEC 再次修改《证券交易法实施基本规则和规章》，对信用评级机构保持独立性、防止利益冲突、加强信息披露等作了进一步的规定。欧盟颁布《信用评级机构监管法规》，确立对信用评级机构的立法监管框架。

OTC 衍生产品。为提高 OTC 衍生产品交易市场的透明度，G20 伦敦峰会呼吁推行 OTC 信用衍生产品的中央交易对手（CCP）制度。支付结算体系委员会（CPSS）和 IOSCO 已成立联合工作组，加强 CCP 现有清算标准的执行，并对标准进行扩展以更好地应对与 OTC 衍生产品中央结算有关的风险。此外，对 OTC 衍生产品市场加强监管的工作也在积极推进。2009 年 9 月，OTC 衍生产品监管机构论坛（OTC Derivatives Regulators Forum）成立，筹备建立全球 CDS 托管的国际合作监管框架以及利率衍生产品和股票衍生产品的全球交易托管制度。2009 年 3 月，美国洲际商品交易所（ICE）正式开始为 CDS 提供集中清算服务，成为全球在 CDS 市场引入的第一个中央交易对手方。英国和欧洲大陆的许多 CDS 合约清算所已经开始运作。

（三）完善监管工具和方法，增强微观监管的有效性

提高资本质量，扩大资本的风险覆盖范围。危机爆发以来，BCBS 致力于总结经验教训，研究制定国际银行监管改革措施，强化资本监管框架。2009 年 7 月，BCBS 发布了《新资本协议市场风险修订案》和《交易账户新增风险资本计算指南》，强化了对证券化和再证券化、交易账户的资本要求，扩大了对交易对手信用风险的资本覆盖范围。2009 年 12 月，BCBS 发布《增强银行业抗风险能力（征求意见稿）》，提出加强监管资本框架、引入杠杆率以及建

立逆周期资本缓冲等一系列改革措施。

建立流动性监管标准，加强流动性风险管理。2008 年 9 月，BCBS 发布《流动性风险管理和监督的稳健原则》，大幅提高银行业流动性管理标准，明确银行流动性风险监测控制程序和方法，规定流动性风险监管基本原则和监管职责。2009 年 12 月，BCBS 发布《流动性风险计量、标准与监测的国际协议（征求意见稿）》，建立全球统一的国际活跃银行最低流动性标准，提出通用的流动性风险监测工具，加强流动性跨境监管合作和信息共享，以帮助监管当局识别和分析银行体系的流动性风险，增强银行体系应对全球流动性压力的能力。此外，欧盟银行监管委员会提出关于流动性风险管理的 30 项原则建议，主要包括金融机构的流动性管理和流动性风险监管两方面内容。

改进风险管理的制度和工具，提升风险管理能力。在加强资本和流动性管理的同时，BCBS 根据 G20 和 FSB 的有关要求和建议，对拨备制度、压力测试等问题提出了改进建议，以全面提高金融机构的风险管理能力。在拨备制度方面，BCBS 提出以预期损失为基础的前瞻性贷款损失准备计提方法，以鼓励银行加强拨备。在压力测试方面，BCBS 于 2009 年 5 月发布《压力测试实践和监管稳健原则》，对此次金融危机中的压力测试实践进行评估，并在评估基础上提出了强化银行压力测试的指导原则和建议。

修订会计准则，加强信息披露和提高透明度。为弥补金融创新产品信息披露不足和披露标准不一等缺陷，G20 伦敦峰会建议会计准则制定机构采取措施降低金融工具会计准则的复杂性，提高披露要求，并建议国际会计准则理事会（IASB）推动会计准则趋同，最终形成一套各国共同遵守的高质量会计准则。2009 年 6 月，美国财务会计准则委员会（FASB）发布《金融资产转换会计标准》和《对 FASB 会计标准解释第 46（R）号的补充规定》，加强了表外业务的会计披露的要求。2009 年 11 月，IASB 发布《国际财务报告准则第 9 号——金融工具》，引入有关金融资产分类和计量的新要求，降低金融工具会计的复杂性。IASB 和 FASB 计划于 2011 年 6 月前完成金融会计工具、合并报表、终止确认、公允价值计量等 10 个项目的趋同工作。

完善薪酬管理，构建合理的薪酬激励机制。为避免金融机构薪酬政策导致激励机制的扭曲，2009 年，FSB 先后发布《稳健薪酬做法原则》和《稳健薪酬做法原则实施标准》，提高了对金融企业薪酬制度透明度的要求，以强化市场对金融企业薪酬的监督约束。BCBS、IOSCO 和 IAIS 已开始着手将 FSB 提出的原则及实施标准纳入其指引，FSB 成员也在积极推动相关准则的实施。

（四）完善存款保险制度和金融消费者保护制度，维护市场稳定

进一步完善存款保险制度。此次危机表明，存款保险制度对防范和化解系统性风险的积极作用尤为明显。2009 年 6 月，国际存款保险协会（IADI）和 BCBS 在总结各国存款保险制度应对金融危机经验的基础上联合发布了《有效存款保险体系核心原则》，提出建立有效存款保险制度的 18 条原则，明确存款保险制度的政策目标，强调通过合理的制度设计减少道德风险，并提出存款保险机构应参与对有问题银行的早期监测、及时干预和处置。目前，FSB 已将该原则纳入其主导推行的标准大纲，该大纲主要包含了国际通用的维持一个稳健和运行良好的金融体系所需遵循的一系列标准。

建立金融消费者保护制度。此次危机中，金融机构、评级机构和监管部门的失误导致公众对金融机构的信心严重受损。有关国家通过强化金融消费者保护制度来恢复公众信心。美国的监管改革方案从以下几个方面加强对金融消费者保护：成立独立的消费者金融保护署（CFPA），统一对消费者和投资者提供免受金融伤害的综合保障；要求相关机构采取合理的信息披露方式，并与消费者进行充分的信息沟通，全面揭示消费者的权利以及他们所承担的成本、损失和风险，从增强透明度、简单化、公平性和可得性四个方面进行消费者保护改革。英国的《改革金融市场》提出对现行的金融消费者保护制度进行微调。一是对金融服务赔偿制度进行充分的事前融资，增强其保障性；二是进一步加强金融消费者的利益保护，包括提高金融服务和产品的透明度及更快捷地解决金融消费投诉。

三、国际金融监管改革面临的困难和问题

总体而言，当前的国际金融监管改革在一定程度上有利于金融体系的稳定，但改革措施和计划实施的阻力较大，难度较高，改革的最终前景面临不确定性。

（一）改革各方利益诉求难以协调

从国际层面看，各国对于金融监管改革各有重点，难以就推行全面金融监管的所有措施达成共识。如在 G20 伦敦峰会前，欧盟主张以外部监管为主，辅以行为准则约束；但美国、英国等国则强调改进金融行为准则、加强自律和提高透明度来加强监管。从各国内部看，金融监管改革涉及不同利益集团之间的交锋，争端和博弈在所难免。如在危机发源地美国，奥巴马政府提出的监管

改革方案受到多方争议。关于授权美联储作为系统性风险监管者的争论主要涉及分权制衡监管原则调整、美联储作为货币政策制定者的独立性及其他监管机构的权力让渡等方面。关于设立独立的消费者金融保护机构，金融机构认为这将增加成本，限制消费者的选择范围。

（二）改革时机影响改革效果

国际金融危机对金融体系造成巨大冲击，促使国际社会全面反思，危机成为推动本轮金融监管改革的主要动力。随着危机的缓解和应对措施成效的显现，2009 年下半年经济金融领域逐渐出现向好迹象，国际社会普遍认为危机最困难的时期已经过去，改革的倦怠情绪日益明显。最初的一些较为“激进”的改革提议正在逐渐失去“市场”，利益集团的游说大军在各国内部形成较大阻力，不利于改革的推进。

（三）改革并未触及根本

虽然本轮国际金融监管改革针对危机暴露的缺陷和不足采取了一系列针对性措施，但改革仍只局限在对现行监管体制的修修补补上，未对现行监管框架作根本性的调整。例如，当前的改革方案仍不能有效解决分业监管中存在的监管重叠和监管空白等问题，对评级行业的监管改革也未触及根本的利益矛盾。在此次危机中，主要评级机构助推了危机的发展和蔓延，其根本原因在于现行评级体系采用“发行人付费”模式，评级机构更倾向于维护发行人和自己的利益，忽视投资者权益。但相关改革方案仅呼吁评级机构改进信息披露，而未触及公开更多细节内容和妥善控制利益冲突，未涉及付费评级模式的改革问题。

（四）改革未涉及监管问责机制

总体来看，本轮改革对监管部门自身执行力不足、监管不作为和监管失败的责任追究很少涉及。危机表明监管懈怠是导致金融系统杠杆率过高，风险不断扩大的原因之一。G20 伦敦峰会认为，实现监管目标不仅需要稳健的监管，更需要有效的执行。无论针对市场参与者设立的监管规则多么稳健，如果执行体系失效，监管体系达到理想效果的能力也会受到制约。尽管 G20 峰会对此已有倡议，但在其后各种版本的改革方案中对监管问责的改革却鲜有涉及。

近年来，我国的金融改革有序推进，取得了明显成效。当前，我国宜抓住历史机遇，一方面，积极参与国际组织和标准制定机构推进国际金融监管改革的相关工作，及时跟踪和掌握国际监管最新趋势，努力扩大我国在这些组织和机构的影响力和话语权；另一方面，在制定国内金融改革和发展战略时，应注意借鉴和吸收国际金融监管改革的成果，进一步推进国内金融改革，完善微观审慎监管，加强宏观审慎管理，完善投资者保护制度，构建防范系统性风险、维护金融稳定的长效机制。

专题二

农村金融体系改革与发展

农村金融体系改革与发展是推进社会主义新农村建设的重要方面，是解决城乡统筹协调发展的长期课题。自2004年以来，连续7年的中央一号文件均强调农村金融改革的重要性。2007年召开的第三次全国金融工作会议要求加快建立健全适应“三农”特点的多层次、广覆盖、可持续的农村金融体系。2008年党的十七届三中全会要求进一步推进改革并建立现代农村金融制度，以适应新形势下推动农村改革发展的需要。

一、农村金融改革进展情况和农村金融服务现状

近年来，在党中央、国务院的领导下，中国人民银行、银监会等有关部门着力推进农村金融改革，改善农村金融服务，在金融机构重组和改革、金融组织创新、金融产品创新、金融基础设施建设和金融扶持政策方面都取得了明显进展。

（一）多层次、广覆盖、可持续的农村金融体系已初步形成

目前，包括农村合作金融机构（含农村信用社、农村合作银行、农村商业银行）、中国农业银行、中国农业发展银行、中国邮政储蓄银行、村镇银行等银行业金融机构，以及保险公司、证券公司、期货公司、贷款公司和农村资金互助社在内的县域金融体系已初步形成，较好地满足了农户和农村经济组织多样化的金融服务需求。此外，小额贷款公司试点工作也正在稳步推进。

深入农村社区内部的金融网点提供了大量的涉农信贷。截至2009年年末，我国涉农贷款余额达9.14万亿元，占各项贷款余额的21.5%，同比增长32.3%；农村合作金融机构共为约8 242万农户提供信贷服务，占我国全部农户总数的33.5%。

各类金融机构在涉农贷款较快扩张的同时，保持了较低的涉农贷款不良率，初步实现了可持续发展。截至2009年年末，金融机构涉农贷款不良率为5.94%，同比下降2.23个百分点。其中，国有商业银行涉农贷款不良率为2.75%，中国农业发展银行涉农贷款不良率为3.72%，股份制商业银行涉农贷款不良率为1.44%；农村合作金融机构涉农贷款不良率为12.6%，同比下降4.32个百分点。

农业保险发展取得积极进展。农业保险的业务规模不断壮大，2009年，全国农业保险保费收入133.9亿元，同比增长21%，提供风险保障3 812亿元，同比增长59%；覆盖领域逐步拓宽，目前农业保险险种达160多个，涵盖了包括种植业、养殖业、农房、农民家庭财产、农机、养老、新型合作医疗

在内的“三农”多个领域；试点地域不断扩大，形成以中国人保、中华联合两家全国性保险公司，黑龙江阳光、吉林安华和上海安信3家专业性农业保险公司组成的农业保险经营网络，农业保险已覆盖了全国所有的省（区、市）；服务能力不断提升，明确理赔时限，简化理赔手续，提高农业保险的服务质量和水平。

（二）农村金融机构改革进展顺利

农村信用社改革取得重要进展。按照国务院关于深化农村信用社改革的总体部署以及“明晰产权关系、强化约束机制、增强服务功能、国家适当扶持、地方政府负责”的总体要求，农村信用社改革于2003年8月在浙江等8省（市）率先启动，2004年8月扩大到29个省（区、市），并于2006年年末推广到全国（除西藏）所有地区。截至2009年年末，全国共组建以县（市）为单位的统一法人机构2 054家，农村商业银行43家，农村合作银行196家。

经过改革，农村合作金融机构资金实力有所增强，支农力度不断加大。所有者权益从2002年年末的－274.18亿元增长到2009年年末的4 305亿元。同期各项贷款余额由1.4万亿元增加到4.7万亿元，增长251%；各项存款余额从2万亿元增加到6.97万亿元，增长237%；截至2009年年末，全国农村合作金融机构农业贷款余额2.1万亿元，占各项贷款的比例由2002年年末的40%提高到44%；占全部金融机构农业贷款的比例由81%提高到95%。

同时，农村合作金融机构不良贷款率持续下降，不良贷款余额也有所下降。按四级分类的不良贷款余额和不良贷款率分别从2002年年末的5 147.14亿元和36.93%下降至2009年年末的3 490亿元和7.4%；按五级分类的不良贷款余额和不良贷款率则分别从2006年年末的7 327.29亿元和27.93%下降至2009年年末的5 077亿元和10.89%（图1）。

中国农业银行改革取得阶段性成果。多年来，中国农业银行为服务“三农”作出了重要贡献。2006年以来，按照党中央、国务院确定的“面向三农、整体改制、商业运作、择机上市”的改革要求，有关部门积极稳妥地推进中国农业银行股份制改革。自2009年1月股份公司挂牌以来，治理架构初步建立并开始运转，风险控制体系不断完善，内部改革和机制转换工作稳步推进，各项业务平稳快速发展。中国农业银行积极探索“面向三农”和“商业运作”相结合的有效途径，以服务创新和事业部制改革试点为主线，不断增加涉农信贷投放，加强和改进“三农”金融服务。2008年3月以来，中国农业银行先后在四川、重庆、广西、甘肃等7省（区、市）分支行开展“三农金融事业部”改革试点，构建一整套有别于城市业务的体制机制和运营模式，促进

"三农"金融业务的决策中心下沉，提升县域支行的经营活力和市场竞争力，对服务"三农"起到了较为明显的推动和促进作用。

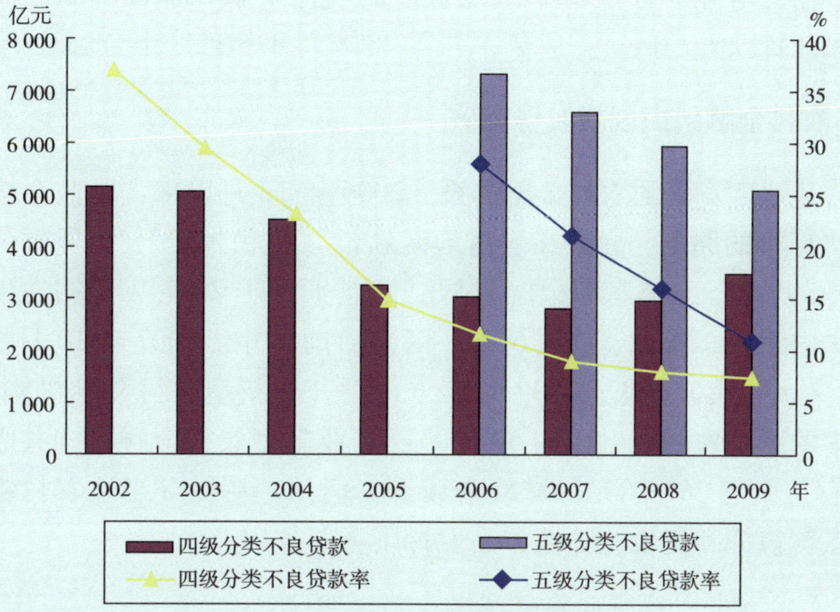

图1　农村合作金融机构不良贷款情况

数据来源：中国银监会。

中国农业发展银行改革不断推进。中国农业发展银行自1994年成立以来，业务范围变化较大，主要经历了三个阶段：1994年成立至1998年3月，主要业务为粮棉油收购、储备和调销贷款，同时承担农业开发、扶贫等专项贷款以及粮棉企业加工贷款等；1998年3月至2004年7月，专司粮棉油收购信贷业务；2004年7月国务院第57次常务会议以来，中国农业发展银行的业务范围逐步拓展，先后开办农业产业化龙头企业和加工企业贷款、小企业贷款和农业科技贷款、农业基础设施建设和农业综合开发贷款等商业性业务。确保农民种粮收入（不打白条），切实维护农民利益，积极支持改善农业生产条件，支农能力不断增强。目前，按照2007年全国金融工作会议关于政策性金融机构改革"一行（司）一策"的原则，中国人民银行会同有关部门积极研究中国农业发展银行的改革相关问题，为论证改革方案做准备。

中国邮政储蓄银行改革进一步深化。2003年以来，邮政储蓄实现了资金自主运用，通过优先为农村信用联社等地方性金融机构提供资金支持的方式，将邮政储蓄资金返还农村使用。2006年之后，邮政储蓄通过参与银团贷款的方式，将大宗邮储资金投入到国家“三农”重点工程、农村基础建设和农业综合开发等领域。2007年年初，中国邮政储蓄银行正式挂牌成立，开始探索按照商业化原则服务农村的有效形式。在将小额存单质押贷款业务推广至全国的基础上，在河南等7省（市）试点农户的联保贷款和保证贷款、商户的联保贷款和保证贷款等小额贷款业务，并于2008年年初推广至全国。

（三）农村金融组织创新取得突破

为了构建适度竞争的农村金融体系，2006年12月以来，银监会按照“低门槛、严监管”的原则，允许在农村地区新设“村镇银行”、“贷款公司”和“农村资金互助社”三类新型金融机构。试点工作于2007年年初在四川、青海、甘肃、内蒙古、吉林、湖北6省（区）启动，并于2007年10月扩大到全国31个省（区、市）。截至2009年年末，已开业新型农村金融机构172家，批准筹建中的新型农村金融机构58家。已开业新型农村金融机构共吸收股金70亿元，存款余额269亿元，贷款余额181亿元，在提升当地农村银行业金融机构网点覆盖率和竞争充分性方面发挥了重要作用。

（四）农村金融产品创新初见成效

2003年8月，在推进农村信用社试点改革的同时，允许试点地区农村信用社的贷款利率上浮不超过贷款基准利率的2倍。2004年10月，农村信用社贷款利率浮动上限扩大到贷款基准利率的2.3倍。贷款利率上浮范围的逐步扩大，有利于农村金融机构根据收益覆盖风险原则合理定价，实现自身财务可持续发展，为农村金融产品创新创造了条件。

在总结农村信用社小额农户信用贷款和联保贷款经验的基础上，中国人民银行和银监会2008年10月联合印发《关于加快推进农村金融产品和服务方式创新的意见》，决定在中部六省和东北三省选择粮食主产区或县域经济发展有扎实基础的部分县（市）开展农村金融产品和服务方式创新试点。试点内容包括：大力推广农户小额信用贷款和农户联保贷款，扩大农户贷款覆盖面；创新贷款担保方式，扩大有效担保品范围；探索发展基于订单与保单的金融工具，提高农村信贷资源配置效率，分散农业信贷风险；在银行间市场探索发行涉农中小企业集合债券，拓宽涉农小企业的融资渠道；改进和完善农村金融服务方式，积极推进农村金融服务电子化、信息化和规范化。试点进一步促进金融机构持续加大对“三农”的有效资金投入，创新和完善涉农金融服务新机制，不断满足农村多元化的金融服务需求。

（五）农村金融基础设施逐步改善

加强农村信用体系建设。近年来，中国人民银行积极推进全国统一征信体系的建设，基本建成全国集中统一的企业和个人信用信息基础数据库，全国统一征信体系已覆盖农村地区。同时，以信用户、信用村和信用乡（镇）为基础的农村信用体系建设稳步推进。2007 年，中国人民银行在部分地区开展农户信用信息采集与评价试点，2009 年发布《中国人民银行关于推进农村信用体系建设工作的指导意见》，逐渐形成了地方政府、商业银行和各有关部门共同推进农村信用体系建设的局面。截至 2009 年年末，全国 2 682 个县（区）中已有 2 372 个县（区）开展了农户信用档案建设工作，共为 1.1 亿农户建立了信用档案，并对其中 7 318 万农户进行了信用评定。已建立信用档案的农户中获得信贷支持的农户达 6 692 万户，贷款发生额超过 2.2 万亿元，贷款余额为 9 582 亿元。

加强农村支付体系建设。近年来，中国人民银行把加强农村地区支付体系建设作为改善农村金融服务的重要举措。通过设计灵活多样的接入方式，方便农村信用社、农村商业银行等农村金融机构接入支付系统和支票影像交换系统，使农村金融机构资金汇划渠道更加畅通。截至 2009 年年末，全国共有 20 587 家农村信用社网点接入中国人民银行支付系统。同时，中国人民银行还督促和指导农村信用社电子化建设，加快农村信用社和上级联社间网络建设速度，逐步建立农村信用社内部支付结算网络，改善支付结算渠道。

扩大农民工银行卡服务范围。2005 年 12 月，贵州省率先开展农民工银行卡特色服务试点，农民工在打工地利用银行卡存入现金后，可以在家乡就近的农村信用社营业网点实现跨行柜台取现，并可享受比较优惠的费率。截至 2009 年年末，贵州、湖南等 23 个省（区、市）辖内 5.2 万个农村合作金融机构营业网点、全国 31 个省（区、市）辖内 1.5 万个中国邮政储蓄银行营业网点开通了农民工银行卡特色服务受理业务。2009 年，农民工银行卡特色服务实现交易 221.02 亿元，同比增长 1.77 倍。农民工银行卡特色服务满足了外出打工农民资金汇兑、存储等方面的需求，有效解决了农民工打工返乡携带大量现金的资金安全问题。

（六）农村金融扶持政策渐成体系

灵活运用货币政策工具促进金融机构改革和发展，引导金融机构扩大支农力度。一是实行差别存款准备金率。目前大部分农村信用社的法定存款准备金率为 11%，比大型商业银行低 5.5 个百分点，其中，涉农贷款比例较高、资产规模较小的农村信用社（农村合作银行）的存款准备金率为10%，比大型商业银行低6.5个百分点。村镇银行比照当地农村信用社执行。二是加大支农再贷款发放力度。1999年以来，中国人民银行推出支农再贷款业务，增加金融机构可用资金，支持其扩大涉农信贷投放。截至2009年年末，全国支农再贷款额度达到1 497亿元，其中，西部地区和粮食主产区的支农再贷款额度达1 393亿元，占全国的93%。中国人民银行累计发放支农再贷款达1.3万亿元，其中90%以上用于发放农户贷款。三是通过发行专项票据和发放专项借款支持农村信用社改革。2003年以来，中国人民银行运用专项票据和专项借款支持农村信用社改革。截至2009年年末，中国人民银行共计向2 407个县（市）农村信用社发行专项票据1 695亿元，向2 340个县（市）农村信用社兑付专项票据1 641亿元，发放专项借款21亿元。

陆续出台财税扶持政策。2003～2009年，财政部出台“营业税减按3%征收，所得税中西部地区全免，东部地区减半”的优惠政策，累计减免农村信用社营业税、所得税760亿元，实际拨付到位的保值贴补息为88亿元。2009年，财政部印发《中央财政新型农村金融机构定向费用补贴资金管理暂行办法》，开始在全国范围内实施中央财政对村镇银行、贷款公司和农村资金互助社等新型农村金融机构的定向费用补贴政策。同时，财政部印发《财政县域金融机构涉农贷款增量奖励资金管理暂行办法》，开始在黑龙江、河南、湖南、云南、新疆5省（区）实施国家财政对县域金融机构的涉农贷款增量奖励政策，并于2009年年末将试点范围扩大到内蒙古、江苏、安徽3省（区）。

研究出台其他优惠政策。在农村地区新设机构的商业银行，在城区机构和业务准入方面享受便利条件。免征农村资金互助社的监管费，对其他农村金融机构的监管费减半征收。拟对用于当地贷款达到新增存款一定比例的县域法人金融机构，在货币政策、监管政策方面实施一定优惠。

二、目前农村金融体系存在的问题

经过多年改革与发展，农村金融体系不断完善，但由于农村经济和农村金融具有高风险、低收益的特征以及我国经济尚处于转型阶段，农村金融仍是整个金融体系的薄弱环节，存在许多不足之处。

（一）农村金融供给无法适应农村多元化金融需求

长期以来，我国农村金融产品少，服务方式单一，金融供给无法适应农村多元化金融服务需求。一是金融机构在农村地区提供的服务主要以满足农户的基本存、贷款需求为主，针对农业科技、农产品开发、水利设施、农产品营销等方面的金融产品和服务基本处于空白。二是农业保险发展滞后，规模较小，覆盖范围有限，赔付标准较低，不能适应农村经济发展的需要，未能有效分散和降低农业风险。三是农产品价格波动导致的市场风险是农业生产和销售面临的主要风险之一，需要有效的期货产品来加强这方面的风险管理，但目前我国农产品期货市场的品种和规模有限，影响了套期保值功能的充分发挥。

（二）部分农村金融机构法人治理不完善，定位不明确

目前部分农村金融机构法人治理结构不完善、定位不明确的问题仍较突出。主要表现为：一是部分农村信用社省联社及派出机构与县联社之间的权责关系不够明确。部分地区省联社及其派出机构与辖内县联社"一级法人"社基本上变成了行政性的上下级关系，县联社作为一级法人的自主权受到了限制，股东大会、监事会等形同虚设。二是部分农村信用社股权高度分散，资格股占比过高，这部分股金要保本分红，还可以退股，股东的主要目的是获得贷款上的便利和利息优惠，股东缺乏行使权利的积极性。三是中国农业发展银行的定位和有效经营模式仍待探索，中国农业银行的法人治理需进一步完善。

（三）农村金融机构不良贷款率偏高

近年来，农村金融机构不良贷款率有所下降，但部分农村金融机构特别是农村信用社的不良贷款率仍然偏高。原因主要是：一是农村地区经营面临比城市经营更高的系统性风险。二是自身经营管理不够完善、治理结构存在一定问题。三是农业保险、信贷抵押担保等发展滞后。四是乡村债务消化进程缓慢。

（四）有关配套政策不尽完善

农村金融的发展需要相关配套政策的支持，但目前我国农村地区的金融生态环境建设相对落后。一是农村金融创新缺乏健全的法律基础。如《物权法》出台后，相应的实施细则并未及时出台，诸如林权、应收账款等质押权设定和实施问题没有很好地解决。二是财政税收政策的支持力度不完全适应农村金融发展需求，农村金融机构发展"三农"业务缺乏外部激励和风险补偿的长效机制。三是与农村金融发展相联系的土地制度改革、投资环境、信用环境、公共基础服务设施建设等改革尚未到位，不能适应农村经济发展的要求，在一定程度上制约了农村金融改革的发展。

三、进一步推进农村金融改革

党的十七届三中全会通过了《中共中央关于推进农村改革发展若干重大问题的决定》，为建立现代农村金融制度指明了方向。下一步改善农村金融服务的重点是创新农村金融体制，放宽农村金融准入政策，加快建立商业性金融、合作性金融、政策性金融相结合，资本充足、功能健全、服务完善、运行安全的农村金融体系；加大对农村金融政策支持力度，拓宽融资渠道，引导更多信贷资金和社会资金投向农村。

（一）推进农村金融机构改革重组

继续深化农村信用社改革。强化市场约束机制，尽快完善市场退出机制。根据农村信用社的风险程度，对其采取逐步升级的校正措施，直至市场退出。对违反审慎经营原则、资不抵债的农村信用社，应允许经营稳健的金融机构按照市场化原则对其重组、兼并或收购。鼓励农村信用社坚持为县域和农村提供零售金融服务。坚持因地制宜、分类指导的原则，完善农村信用社的产权制度、组织形式和内控机制。维护和保持县（市）联社的独立法人地位，省级联社主要履行行业管理、指导、协调和服务职能，防止通过行政手段推动农村信用社的兼并、重组和联合，将农村信用社做大或将法人层级做高。

继续推进中国农业银行改革。推动中国农业银行按照国务院批准的改革实施总体方案的要求，借鉴其他大型国有银行改革经验，完善公司治理，转换经营机制，强化内部控制和风险管理机制，加快落实各项改革措施，努力实现改革目标。全面总结和评估“三农金融事业部”试点，扎实推进管理体制改革，切实建立服务“三农”的制度和组织保障，做实和完善“三农金融事业部”，全面改进“三农”金融服务。在此基础上，稳步推进战略引资和公开发行上市工作，有效提升市场竞争力。

做好中国农业发展银行改革发展研究工作。中国人民银行会同有关部门将继续推动中国农业发展银行深化内部改革，健全信贷风险防控体系，完善内控机制，加强信息系统建设，为全面改革做好准备。

完善中国邮政储蓄银行服务农村的功能。继续发挥中国邮政储蓄银行在农民存款、汇兑、支付结算方面的传统优势，发挥中国邮政储蓄银行在引导农民工汇款等农村额外储蓄资金投入“三农”方面的作用。充分利用中国邮政储蓄银行点多面广的优势，建立符合“三农”需求特点的零售业务经营体系。

（二）完善农村金融市场体系，加大农村金融产品创新

进一步完善农村地区的信贷市场、保险市场、期货市场，建立功能完备、分工合作的农村金融市场体系，加大农村金融产品创新。大力发展订单农业，鼓励开展与订单农业相结合的农村信贷产品创新，填补农业科技、农产品开发、水利设施等金融产品和服务的空白。鼓励商业性保险公司开拓农村保险市场，鼓励发展以农业订单为依据的跟单农业保险。探索建立农村信贷与农业保险相结合的银保互动机制。加快发展农产品期货市场，开发农产品期货新品种，完善市场品种结构，适时推进期货期权业务，试点设立期货投资基金，研究引入期货市场的 QFII 制度，鼓励农产品生产经营企业进入期货市场开展套期保值业务。

（三）加快存款保险制度建设，放宽农村金融准入政策

作为市场经济体系中银行业的一项基础性制度安排，存款保险制度的推出有助于增强农村中小金融机构综合抗风险能力，解决中小存款类金融机构风险处置和退而不出的问题，有效避免个别农村金融机构倒闭可能引发的存款人信心下降和存款挤提问题，必将在推动农村中小金融机构改革和重组、完善农村金融组织体系方面发挥重要作用。因此，应把握时机，尽早推出存款保险制度。

在加快存款保险制度建设、完善市场退出机制的同时，适当放宽农村金融市场准入政策。坚持产权关系清晰、组织形式多样化原则，大力发展小额信贷组织、村镇银行、贷款公司、农村资金互助社等新型农村金融机构和以服务农村地区为主的社区性中小银行。引导小额贷款公司试点健康发展，规范民间金融，积极创造条件，引导民间金融尽快成为农村金融市场的重要竞争主体。

（四）完善农村金融扶持政策体系

建立激励有效、风险可控、协调配套的农村金融扶持政策体系。一是合理运用财政杠杆，通过财政补贴、担保或税收减免等措施吸引金融机构增加对“三农”的信贷投入。二是继续发挥存款准备金、支农再贷款、利率等货币政策工具在支持农村经济发展中的作用。三是适应农村金融组织特点，改进农村金融监管，对不同类型的金融机构执行不同的监管政策。四是鼓励有条件的地区由政府出资、农民和农村企业参股，成立符合现代企业制度的股份制担保基金或担保公司，鼓励各种担保机构的发展。五是扩大有效抵押品的范围，如增加存货、应收账款等动产抵押、权利质押，并可探索开展土地抵押。六是充分发挥地方政府在改善农村金融生态环境、维护金融稳定等方面的扶持作用。

专题三

中国启动金融部门评估规划

此次国际金融危机的爆发凸显了对一国金融体系进行全面评估的重要性。危机发生以来，各国政策制定者都把维护金融体系稳定、促进经济恢复增长作为经济工作的重中之重，对金融部门的风险评估也成为各国关注的核心问题。实践表明，金融部门评估规划（Financial Sector Assessment Program，FSAP）有助于一国（地区）识别金融体系的脆弱性，进一步推进金融改革，增强金融体系稳定性。2008 年 2 月，温家宝总理在会见 IMF 总裁卡恩时宣布我国将参加 FSAP 评估；2008 年 11 月，胡锦涛主席在 G20 华盛顿峰会上承诺我国将进行 FSAP 评估。经与 IMF、世界银行协商，我国于 2009 年 8 月正式启动 FSAP 评估。

一、FSAP 概况

1997 年爆发的亚洲金融危机表明，在经济金融全球化深入发展的背景下，金融部门的稳健性对一国宏观经济的健康发展至关重要。在总结亚洲金融危机教训的基础上，IMF 和世界银行于 1999 年 5 月联合推出了 FSAP 评估，旨在加强对 IMF 成员国（含地区，下同）金融脆弱性的评估与监测，减少金融危机发生的可能性，同时推动成员国的金融改革和发展。

IMF 和世界银行首先在 12 个国家中进行了 FSAP 评估试点，从 2001 年 3 月起向成员国推广这一项目。经过多年的发展和完善，FSAP 评估已成为国际社会广泛接受的金融稳定评估框架。截至 2009 年年末，已有 125 个国家完成了首次 FSAP 评估。

对于发达国家而言，FSAP 评估由 IMF 负责执行；对于发展中国家和新兴市场国家，则由 IMF 和世界银行联合执行。评估人员以 IMF 和世界银行工作人员为主，并视具体情况邀请外部专家参加。IMF 关注的焦点是金融体系的稳定性和脆弱性，世界银行关注的焦点是金融部门发展。FSAP 评估结束后，评估团根据其分析和研究结果及政策建议拟写《FSAP 备忘录》。《FSAP 备忘录》属机密文件，不对外公布。基于《FSAP 备忘录》，IMF 针对金融部门稳定性拟写《金融体系稳定评估》（*Financial System Stability Assessment*，FSSA），并纳入其对参评国第四条款磋商[①]报告后提交 IMF 执董会讨论；世界银行针对金融部门发展需求拟写《金融部门评估》（*Financial Sector Assessment*，FSA），提交世界银行执董会。参评国完成初次评估后，每隔几年都要进行一次更新评

① 第四条款磋商是指，根据《国际货币基金组织协定》第四条款规定，IMF 与成员国定期举行磋商（通常每年一次），讨论成员国的经济政策。IMF 工作人员将根据磋商情况撰写磋商报告，提交 IMF 执董会讨论。

估，迄今已有约50个国家进行了更新评估。

二、FSAP评估的框架、内容和方法

（一）评估框架

FSAP评估以宏观审慎监测为核心，以金融市场监测、宏观金融联系分析、宏观经济监测为补充。

宏观审慎监测旨在识别影响金融体系整体稳定性的风险，评估金融体系健康状况及其脆弱性。其定量分析方法主要采用金融稳健指标（Financial Soundness Indicators，FSIs）分析和压力测试（Stress Testing），同时也运用一些定性分析，如对监管质量和金融基础设施健全性的评估。

金融市场监测用来评估金融部门受某一特定冲击或一组冲击时的风险，通常采用早期预警系统（Early Warning Systems，EWSs）模型，分析指标包括金融市场指标、宏观指标和其他变量。

宏观金融联系分析力图研究引发冲击的风险如何通过金融体系传递到宏观经济。宏观金融联系源于非金融部门对金融部门中介作用的依赖，包括非金融部门融资、居民存款、银行体系对货币政策的传导等。

宏观经济监测旨在监测金融体系对宏观经济的总体影响，特别是对债务可持续性的影响。金融不稳定将使一国付出巨大的经济成本，降低经济增长率和偿债能力并可能导致国家违约。

（二）评估内容

FSAP评估的内容包括金融结构和金融发展评估、金融部门评估、金融监管评估以及基础设施评估。

金融结构和金融发展评估旨在评估金融服务提供情况，分析导致金融服务和金融市场缺失或欠发达的原因，识别那些阻碍高效提供金融服务的因素，侧重分析金融服务的客户以及金融体系满足客户需求的效率。考察金融服务的角度包括经济体系中金融服务的范围、规模、涉及面（reach）、成本和质量。

金融部门评估的对象主要包括银行业及准银行机构、证券市场、保险业等。银行业评估的内容主要包括市场深度（以总资产等指标衡量）、市场宽度（以客户基础和产品范围来衡量）、市场竞争和效率以及市场分割等。证券市场评估主要考察证券市场是否有深度和流动性，交易和发行的成本是否合理，是否有充足的债权、股权工具。对保险业的评估主要关注保险机构是否提供了

投资和降低风险的工具，是否对长期基金提供了专业化管理，产品范围及定价是否存在缺陷等。

金融监管评估主要对银行监管、证券监管和保险监管进行评估。通过将参评国（地区）的监管实践与 BCBS 的《有效银行监管核心原则》、IOSCO 的《证券监管目标与原则》和 IAIS 的《保险监管核心原则和方法》进行对比，逐条评估参评国（地区）对国际监管标准与准则的遵守情况，评价监管效力，识别监管领域存在的风险和脆弱性，提出改革建议。

基础设施评估主要包括法律、信息和交易技术等内容。法律基础设施的核心内容包括债权人保护和破产法及其实施，评估指标包括合同的执行、破产程序的速度和效率、债权人和小股东的权利等。信息基础设施评估涉及会计和审计的规则与实践，以及对于公有或私营信贷登记和产权登记机构的法律和组织要求。对交易技术基础设施的评估主要关注大、小额支付系统，包括评估以时间和成本来衡量的货币转移体系的有效性，以及这些服务的可获得性。

（三）评估方法

金融稳健指标分析、压力测试以及国际标准与准则评估是 FSAP 的主要评估方法。

金融稳健指标是 IMF 为监测金融机构和市场的稳健程度，以及金融机构客户的稳健程度而编制的一系列指标，用来分析和评价金融体系的实力和脆弱性。通过分析 FSIs，可以评估金融部门面对冲击时的脆弱程度，分析金融部门在受到冲击后可能对宏观经济层面造成的影响。金融稳健指标包括核心指标和鼓励指标两类。核心指标只涵盖银行业，借鉴了“骆驼评级”（CAMEL）的框架，包括资本充足性、资产质量、盈利能力、流动性和对市场风险的敏感性五个方面共 12 项具体指标。鼓励指标包括存款机构、其他金融机构、非金融公司部门、市场流动性、住户部门和房地产市场等方面共 27 项具体指标。

压力测试旨在分析宏观经济变量的变动对金融体系稳健性可能产生的影响，评估因宏观经济金融联系而产生的风险和脆弱性。压力测试可用于单个机构和整个金融体系，风险因素主要包括利率、汇率、信贷、流动性以及资产价格等，研究方法包括敏感性分析（sensitivity analysis）、情景分析（scenario analysis）和传染性分析（contagion analysis）等。

国际标准与准则评估旨在从宏观经济政策的稳健性和透明度、审慎监管对金融机构稳健运行的影响、金融基础设施（包括公司治理、会计和审计标准等）的有效性等方面评估金融体系的稳定性，其评估结果体现为《标准与准则遵守情况报告》（*Reports on Observance of Standards and Codes*，ROSCs）。FSB

确认了12项国际标准与准则，FSAP评估下的标准与准则评估涵盖其中的9项[①]，它们是《货币与金融政策透明度良好行为准则》、《有效银行监管核心原则》、《重要支付系统核心原则》、《反洗钱与打击恐怖主义融资40+9项建议》、《证券监管目标与原则》、《保险监管核心原则和方法》、《公司治理原则》、《国际会计标准》、《国际审计标准》。

三、对FSAP的评价与改进

继2003年和2005年的两次评价后，IMF于2009年对FSAP进行了第三次评价。此次评价总结了FSAP推出十年来的经验，并结合此次国际金融危机教训提出了改革建议，指出了未来十年的工作重点和方向，形成了《FSAP十年：背景材料》、《FSAP——十年回顾和改革建议》、《FSAP更新报告中金融监管标准评估的新方法》和《金融部门与双边监督的进一步融合》四份报告。

（一）现有FSAP评估框架存在的不足

总体而言，FSAP评估涵盖的主题明确，并能根据形势发展变化适时作出调整，但对非金融部门状况、全球宏观经济状况、潜在的系统流动性风险涉及不多，同时对资产证券化、危机管理、问题银行处置、资本市场状况等问题的分析不够深入。

具体到参评国，FSAP评估指出了金融体系的薄弱环节，但给出的建议不够具体、清晰和直接，其实施也滞后。不同国家对FSAP评估过程参与程度各异，影响了建议的实施。此外，由于遵循自愿参加原则，在国际金融危机爆发前，FSAP评估未能覆盖所有具有系统重要性的国家。

（二）未来十年的改革方向与措施

调整总体目标。一是增加FSAP评估的灵活性，使其更好地与各国需求保持一致。二是提高评估的质量、公正性和可比性。这需要开发更多的工具和方法来评估金融部门的稳定性和发展需求及其与经济的联系，加强金融稳定性分析、宏观审慎分析和跨境联系分析。三是将FSAP评估分析及其结果与IMF、世界银行的核心工作结合起来。IMF的目标是将FSAP评估与第四条款监督更紧密地整合起来，世界银行的目标是将FSAP评估的分析和建议融入其国别援

---

① 在“破产与债权人权利”领域，IMF和世界银行尚未通过一项标准应用于FSAP目的。另外，对《财政透明度良好行为准则》和《数据公布特殊标准》/《数据公布通用系统》的评估不包括在FSAP框架内，而是由IMF单独实施。

助战略和其他金融部门工作之中。

维持基本原则不变。 FSAP 评估将在两个关键问题上保持不变：一是对发展中国家和新兴市场国家，FSAP 评估仍由 IMF 和世界银行联合执行；对发达国家，FSAP 评估仍由 IMF 独立负责。二是仍遵循自愿参加的原则。

突出重点，分清职责。 FSAP 评估通常包括金融部门稳定性和发展需求两个方面的评估，两者互为补充，但界限难以明确划分。应进一步分清职责，IMF 负责稳定性评估，侧重于短期；世界银行负责发展需求评估，围绕中期问题展开。

增强灵活性和连续性。 由于资源限制等因素，FSAP 更新评估的平均间隔约为 6 年。本轮国际金融危机表明，较长的评估间隔削弱了评估的有效性。未来将考虑在初次评估基础上，根据各国具体情况在 FSAP 更新评估中采用“模块式评估”（modular assessments），IMF 集中于金融稳定问题，世界银行集中于发展需求问题。两者均可独立进行，以提高评估的灵活性和连续性。

改进分析方法，强化分析内容。 除了改进宏观压力测试、构建指标体系、建立风险模型、提高风险监测频率、开发或有债权工具等措施外，还需加强宏观审慎风险评估工作。重点关注具有系统重要性的金融机构，开发跨部门、跨市场风险监测工具，加强系统性风险监测和管理，明确中央银行和其他监管机构的职责划分。

四、我国开展 FSAP 评估工作情况

（一）前期准备

基于掌握我国金融风险状况、切实维护金融稳定的客观需要，同时考虑到 FSAP 评估框架的适用性以及 IMF 不断推广 FSAP 评估的现实，2001 年 12 月，中国人民银行会同相关部门和单位向国务院提出我国参加 FSAP 评估的建议。2003 年 7 月，中国人民银行会同相关部门依照 FSAP 评估框架，用一年多的时间对我国金融部门稳定状况进行自评估。自评估对于我们摸清家底、防范和化解金融风险、维护金融稳定起到了积极作用。2006 年以来，中国人民银行会同相关部门按照有关工作部署，积极开展我国参加 FSAP 评估各项准备工作。

2008 年 2 月 14 日，温家宝总理在会见 IMF 总裁卡恩时宣布中国政府已决定于 2008 年参加 FSAP。IMF、世界银行原计划于 2008 年 11 月来华讨论启动我国 FSAP 评估相关事宜，后来由于次贷危机的蔓延和升级而推迟。2008 年 11 月，在华盛顿召开的第一次 G20 峰会上，胡锦涛主席与各国领导人共同承

诺对本国进行 FSAP 评估，并于 2009 年 4 月在伦敦召开的第二次 G20 峰会上重申了这一承诺。

（二）正式启动

2009 年 8 月，中国人民银行会同外交部、国家发展和改革委员会、财政部、人力资源和社会保障部、商务部、统计局、法制办公室、银监会、证监会、保监会、外汇管理局等部门研究启动我国 FSAP 评估相关工作，建立相关工作机制，成立了 FSAP 部际领导小组和部际工作小组。

各部门一致认为，近年来，我国金融法律法规体系进一步完善，会计制度和会计准则逐步与国际趋同，反映金融机构运行状况的主要财务指标和监管指标总体健康，金融机构的公司治理逐渐规范，金融业整体实力显著提高，金融体系总体稳健。在当前背景下，启动 FSAP 评估是落实我国领导人郑重承诺的实际行动，有利于结合国际经验教训审视我国金融体系的稳健性并促进我国金融长期稳定健康发展。

（三）工作进展

2009 年 9 月，IMF/世界银行 FSAP 先遣团来华举行会谈。FSAP 部际工作小组各成员单位与先遣团进行了充分的交流和沟通，双方就我国 FSAP 评估范围和评估工作进程等基本达成一致意见，并据此签订了《中国金融部门评估规划评估范围备忘录》（以下简称《备忘录》），作为我国开展 FSAP 评估的工作指引。

《备忘录》明确了我国 FSAP 评估涵盖范围：一是分析宏观金融风险和金融体系脆弱性；二是评价金融监管环境；三是评估系统流动性和金融稳定方面情况；四是评估相关法律、会计、信息披露等金融市场基础设施建设；五是评估金融发展和金融服务可获得性；六是评估应急预案和危机管理安排。

根据《备忘录》，IMF/世界银行 FSAP 评估团将分别于 2010 年 6 月、11 月来华开展现场评估，全部评估工作预计于 2011 年 7 月结束。目前，各相关部门正按计划有序开展 FSAP 评估各项工作。

附录一

银行业稳定状况定量分析：以17家主要商业银行为例

2009年，中国银行业继续保持稳健运行，资产规模、经营效益和风险管理水平持续提高，为支持国民经济平稳较快发展起到了重要作用。为分析银行业经营状况，及时了解行业风险，我们选取资产总额占银行业金融机构[①]资产总额65.86%的17家主要商业银行[②]（以下简称主要商业银行），分别从盈利能力、资产、负债、资本以及流动性等方面进行量化分析。[③]

一、盈利能力分析

2009年，17家主要商业银行盈利保持平稳增长，全年累计实现税后净利润4 926.12亿元，同比增加542.5亿元，增长12.37%；资产利润率1.05%，同比下降0.09个百分点；资本利润率19.08%，同比下降1.2个百分点。

（一）资本利润率（ROE）分解分析

2009年，主要商业银行ROE为19.08%，比2008年下降近1.2个百分点。分解分析显示，这主要由于风险收益率大幅下降所致（附表1－1），而边际利润率、业务风险水平和财务杠杆略有上升，表明银行业的盈利能力有所下降，风险管理水平亟须提高，稳健性有待加强。

附表1－1　17家主要商业银行ROE分解项目简表

	边际利润率（%）		风险收益率（%）		业务风险水平（%）		财务杠杆		ROE（%）	
	2008	2009	2008	2009	2008	2009	2008	2009	2008	2009
17家主要商业银行	23.85	28.13	8.95	6.97	53.22	54.33	17.85	17.92	20.28	19.08
5家大型商业银行	25.86	30.26	8.60	6.91	52.15	53.19	17.24	17.30	19.99	19.25
12家股份制商业银行	17.96	21.59	10.16	7.14	57.25	58.31	20.64	20.48	21.56	18.40

注：$ROE=\frac{\text{税后净利润}}{\text{营业收入}}\times\frac{\text{营业收入}}{\text{平均风险加权资产}}\times\frac{\text{平均风险加权资产}}{\text{平均总资产}}\times\frac{\text{平均总资产}}{\text{平均所有者权益}}$

$=\text{边际利润率}\times\text{风险收益率}\times\text{业务风险水平}\times\text{财务杠杆}$

① 包括政策性银行、国有商业银行、股份制商业银行、城市商业银行、农村商业银行、农村合作银行、外资银行、城市信用社、农村信用社、非银行金融机构（信托投资公司、财务公司、金融租赁公司、汽车金融公司、货币经纪公司）、邮政储蓄银行。

② 包括5家大型商业银行（中国工商银行、中国农业银行、中国银行、中国建设银行、交通银行）和12家股份制商业银行（中信银行、中国光大银行、华夏银行、广东发展银行、深圳发展银行、招商银行、上海浦东发展银行、兴业银行、中国民生银行、恒丰银行、浙商银行、渤海银行）。

③ 数据来源：中国人民银行、中国银监会，口径为法人汇总数据。

对比显示，大型商业银行的 ROE 略高于股份制商业银行。从 ROE 分解项目看，前者的边际利润率较高，而风险收益率、业务风险水平和财务杠杆较低。因此，股份制商业银行应进一步提高自身运营效率，而大型商业银行应改善风险管理，降低财务风险。

按照大型商业银行和股份制商业银行两个群组，附图 1－1 描述了 17 家商业银行 2008～2009 年 ROE 各个分解项目的波动状况，图中纵轴是相应项目与 2008 年同期相比的变化幅度。与 2008 年相比，2009 年大型商业银行的边际利润率增长较快，业务风险水平和财务杠杆略有提高，风险收益率有所下降。股份制商业银行的边际利润率增长较快，业务风险水平略有提高；财务杠杆有所下降，风险收益率下降幅度较大。

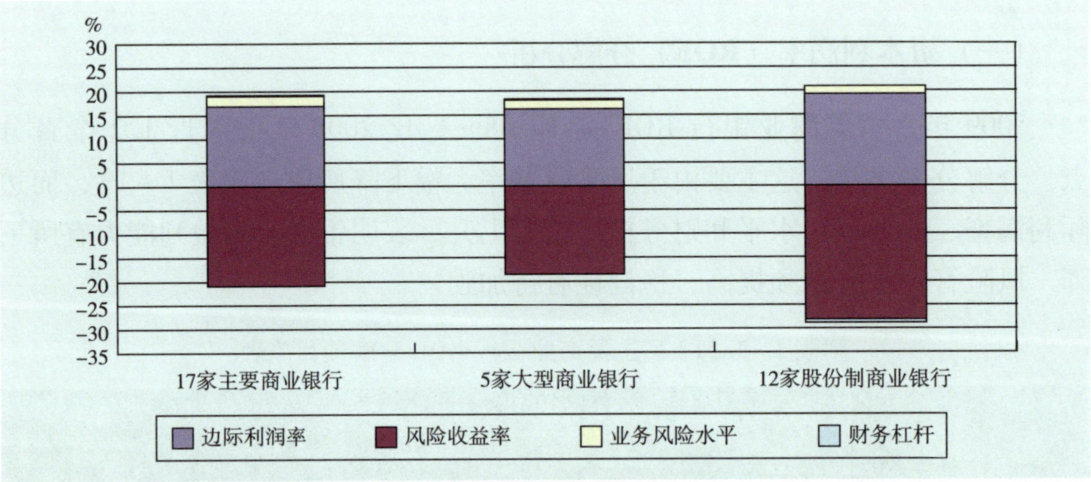

附图 1－1　17 家主要商业银行 ROE 分解项目波动情况

（二）收入结构分析

2009 年，受国际金融危机影响，银行业经营面临较大压力，净营业收入自 2005 年以来首次出现负增长。其中主要商业银行实现净营业收入 13 480. 45 亿元，下降 1. 54%。其中，大型商业银行 10 655. 03 亿元，下降 1. 49%；股份制商业银行 2 825. 42 亿元，下降 1. 72%（附表 1－2）。

受银行净息差收窄影响，主要商业银行净利息收入比上年下降 4. 27%，在净营业收入中占比 53. 67%，同比下降 1. 53 个百分点，但净利息收入仍然是营业收入的主要来源；大型商业银行和股份制商业银行净利息收入同比分别下降 4. 41 个和 3. 86 个百分点，净利息收入占比同比分别下降 1. 53 个和 1. 51 个百分点。

附表 1-2　17 家主要商业银行净营业收入构成

单位：亿元，%

项　目		17 家主要商业银行		5 家大型商业银行		12 家股份制商业银行	
		2008	2009	2008	2009	2008	2009
余额	利息净收入	7 557.55	7 234.82	5 567.90	5 322.06	1 989.65	1 912.76
	手续费净收入	1 657.84	2 055.84	1 384.64	1 754.69	273.19	301.15
	投资收益	3 837.29	3 748.05	3 388.65	3 240.37	448.64	507.67
	其他业务收入	639.06	441.75	475.48	337.91	163.59	103.84
	净营业收入	13 691.74	13 480.45	10 816.67	10 655.03	2 875.07	2 825.42
占比	净利息收入	55.20	53.67	51.48	49.95	69.20	67.69
	手续费净收入	12.11	15.25	12.80	16.46	9.50	10.66
	投资收益	28.03	27.8	31.33	30.41	15.60	17.97
	其他业务收入	4.67	3.28	4.40	3.18	5.69	3.68
	净营业收入	100.00	100.00	100.00	100.00	100.00	100.00

随着实体经济回暖和资本市场复苏，银行中间业务收入增长较快。主要商业银行手续费净收入同比增长 24.01%，其中大型商业银行增长 26.73%，股份制商业银行增长 10.23%。主要商业银行手续费净收入占比 15.25%，同比提高 3.14 个百分点，其中大型商业银行和股份制商业银行分别提高 3.66 个和 1.16 个百分点，已连续三年上升。

2009 年，银行间货币市场逐渐活跃，债券收益率曲线平稳运行，商业银行境内外投资收益波动不大，债券和股权投资收益略有下降。主要商业银行投资收益同比下降 2.31%，其中大型商业银行下降 4.36%，股份制商业银行增长 13.15%；投资收益占比同比下降 0.23 个百分点，其中大型商业银行下降 0.92 个百分点，股份制商业银行上升 2.37 个百分点。

（三）成本结构分析

2009 年，主要商业银行营业支出①为 5916.30 亿元，同比增长 3.11%，其中大型商业银行 4 510.59 亿元，同比增长 2.61%；股份制商业银行 1 405.71 亿元，同比增长 4.76%。

① 营业支出包含营业费用、营业税金及附加和其他营业支出三项。

2009年，主要商业银行的成本收入比①为37.74%，同比上升1.95个百分点。其中，大型商业银行为36.41%，上升1.67个百分点；股份制商业银行42.76%，上升3.03个百分点（附图1－2）。2009年，主要商业银行净营业收入出现负增长，营业支出增长较多，其中大型商业银行和股份制商业银行净营业收入均出现负增长，且营业支出增速高于净营业收入增速，盈利能力有所下降，成本控制有待提高（附图1－3）。

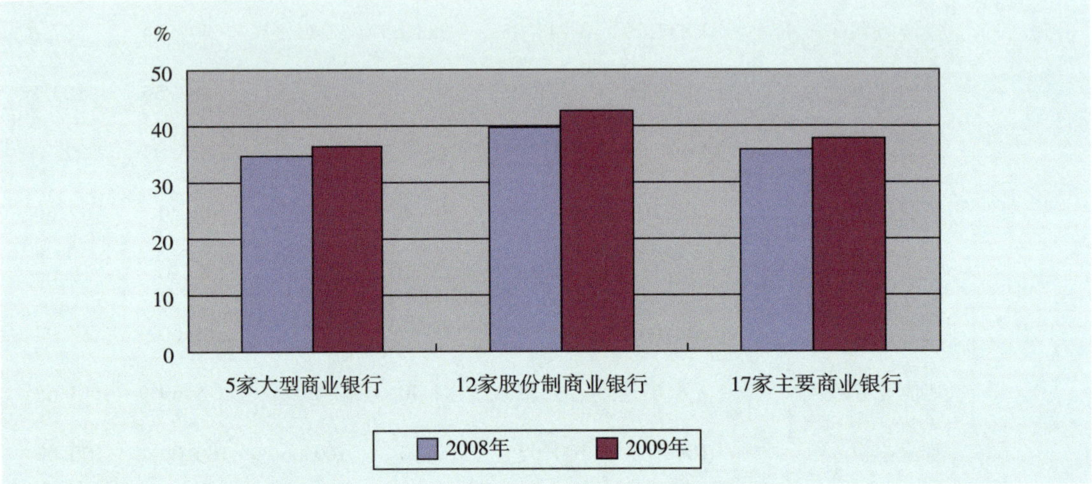

附图1－2　17家主要商业银行成本收入比

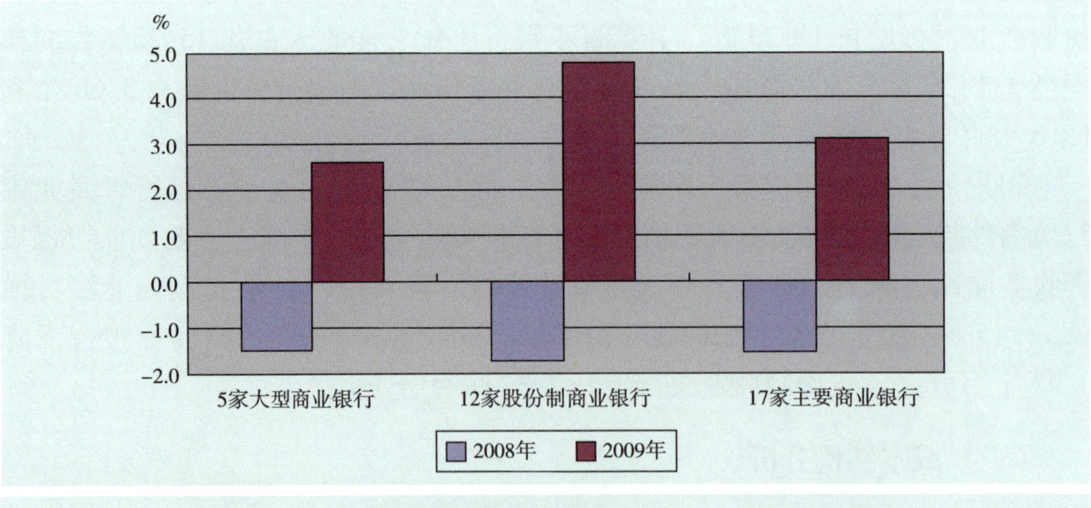

附图1－3　17家主要商业银行净营业收入、营业支出增速

① 成本收入比＝（营业支出－营业税金及附加）/（利息净收入＋手续费净收入＋其他业务收入＋投资收益）×100%。

二、资产分析

（一）总资产规模与结构

2009 年，商业银行资产规模稳步增长，17 家主要商业银行资产总额 52.62 万亿元，同比增长 27.07%，占银行业金融机构资产总额的 66.17%。其中，大型商业银行资产总额 40.80 万亿元，增长 25.25%；股份制商业银行 11.82 万亿元，增长 33.78%。

从资产构成上看，贷款和投资仍然是主要组成部分，占比在 70% 以上。2009 年，主要商业银行存放中央银行款项占总资产的比重同比下降 1.44 个百分点；贷款在总资产中占比有所上升，同比增加 2.51 个百分点；贸易融资占比同比提高 0.70 个百分点；存放同业占比同比提高 0.35 个百分点；买入返售资产占比同比提高 1.12 个百分点，增长较快；投资占比同比下降 2.26 个百分点，下降较为明显（附表 1 – 3）。

附表 1 – 3　17 家主要商业银行资产构成

单位：亿元，%

项　目	金　额		比　率	
	2008	2009	2008	2009
存放中央银行款项	63 345.36	72 946.91	15.30	13.86
存放同业款项	5 942.10	9 376.38	1.43	1.78
贷款	183 970.87	246 998.56	44.43	46.94
贴现	13 882.84	16 647.50	3.35	3.16
贸易融资	4 859.55	9 849.38	1.17	1.87
拆放同业	8 352.90	7 245.52	2.02	1.38
投资	110 066.68	127 942.33	26.58	24.32
买入返售资产	17 625.64	28 330.51	4.26	5.38
其他	6 041.87	6 841.87	1.46	1.30
总资产	414 087.81	526 178.96	100.00	100.00

（二）贷款规模与质量

截至2009年年末，主要商业银行各项贷款余额27.35万亿元，同比增加7.07万亿元，同比增长34.86%。其中，大型商业银行各项贷款余额20.65万亿元，增长34.09%；股份制商业银行各项贷款余额6.71万亿元，增长37.50%。

截至2009年年末，主要商业银行的不良贷款余额0.44万亿元，同比减少0.05万亿元；不良贷款率1.59%，同比下降0.82个百分点。其中，大型商业银行不良贷款率1.80%，下降0.95个百分点；股份制商业银行不良贷款率0.95%，下降0.40个百分点（附图1－4）。

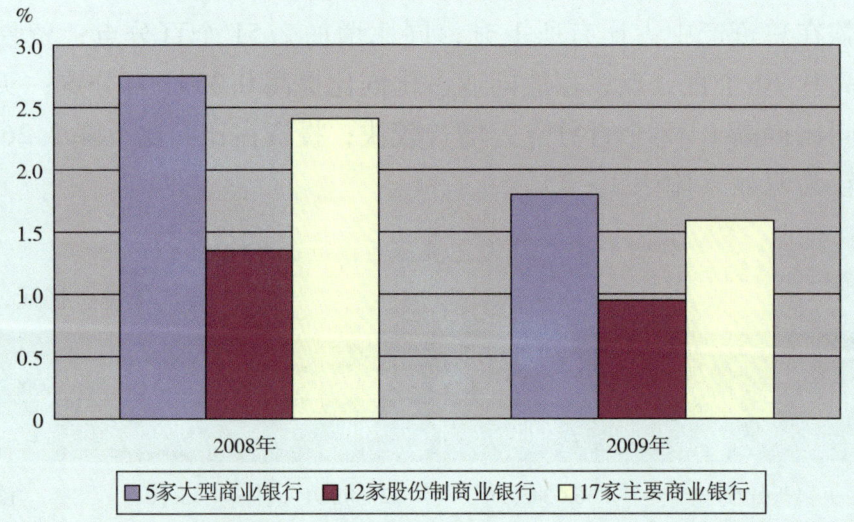

附图1－4　17家主要商业银行不良贷款率

（三）拨备覆盖率①

2009年，主要商业银行贷款损失拨备覆盖率继续大幅提高。年末，主要商业银行的整体拨备覆盖率为153.25%，同比提高35.11个百分点。其中，大型商业银行144.89%，提高34.74个百分点；股份制商业银行202%，提高32.43个百分点（附图1－5）。

① 拨备覆盖率＝贷款损失准备/不良贷款余额×100%。

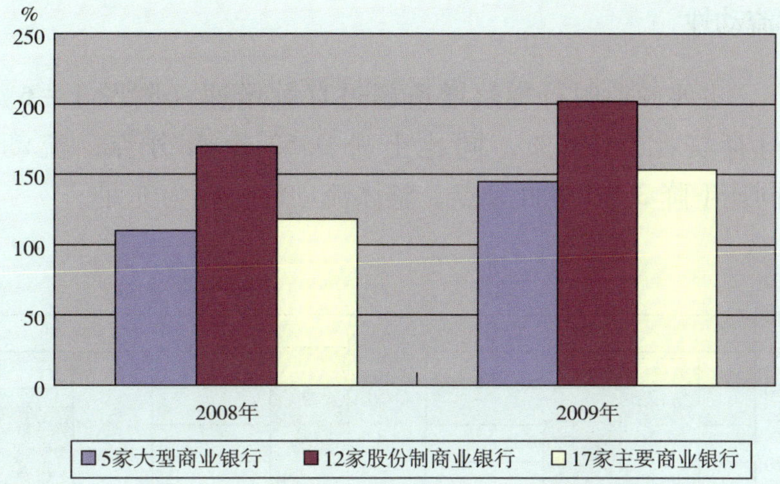

附图 1-5　17 家主要商业银行贷款拨备覆盖率

三、负债、资本与流动性

（一）负债规模与结构

截至 2009 年年末，17 家主要商业银行负债总额 49.86 万亿元，同比增长 27.81%，占银行业金融机构负债总额的 66.41%。其中，大型商业银行占比 51.42%，下降 0.15 个百分点；股份制商业银行占比 14.99%，上升 0.86 个百分点。

截至 2009 年年末，主要商业银行存款余额 42.48 万亿元，同比增长 27.49%。其中，单位存款增长 33.53%，增速同比提高 19.16 个百分点；储蓄存款增长 20.16%，增速同比下降 5.10 个百分点。受房地产、股票市场相对活跃等因素影响，储蓄存款增长有所放缓，单位存款保持较快增长，企业资金面整体较为充足。主要商业银行单位存款和储蓄存款占负债总额的比重同比下降 0.78 个百分点。

（二）资本与资本充足率

2009 年年末，17 家主要商业银行全部达到银监会资本充足率监管要求。主要商业银行整体核心资本充足率 8.71%，资本充足率 11.01%，同比均略有下降，主要原因是当年信贷资产大幅增长。2009 年，主要商业银行的资本净额同比增加 3 932.96 亿元，同比增长 18.75%。

（三）流动性

2009年，主要商业银行贷款增速超过存款增速（附图1－6）。年末，主要商业银行存贷比64.39%，同比上升3.52个百分点；流动性比率[①]为40.73%，同比下降3.62个百分点，整体流动性仍较为充足。

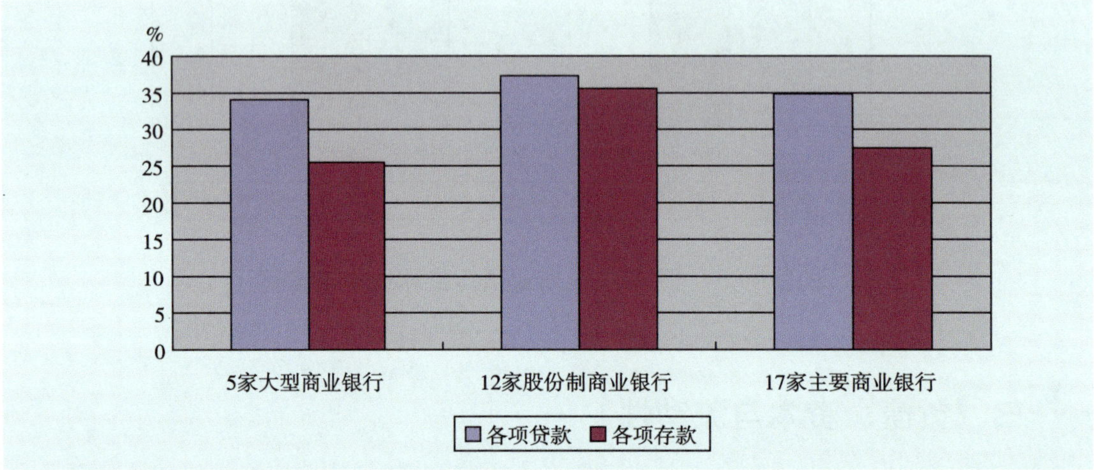

附图1－6　2009年17家主要商业银行存贷款增速

① 流动性比率＝流动性资产/流动性负债×100%。

附录二

统计资料

附表2－1　主要宏观经济指标

（年末余额）

项　　目	2005	2006	2007	2008	2009
国内生产总值（亿元）	183 867.9	211 923	249 530	300 670	335 353
工业增加值	77 230.8	90 351.0	107 367.0	129 112.0	134 625.0
固定资产投资总额（亿元）	88 773.6	109 998.2	137 239.0	172 291.0	224 846.0
社会消费品零售总额（亿元）	67 176.6	76 410.0	89 210.0	108 488.0	125 343.0
城市	45 094.3	51 542.6	60 411.0	73 735.0	85 133.0
县及县以下	22 082.3	24 867.4	28 799.0	34 753.0	40 210.0
进出口总额（亿美元）	14 219.1	17 604.0	21 738.0	25 616.0	22 072.0
出口	7 619.5	9 689.4	12 180.0	14 285.0	12 017.0
进口	6 599.5	7 914.6	9 558.0	11 331.0	10 056.0
差额	1 020.0	1 774.8	2 622.0	2 955.0	1 961.0
实际使用外商直接投资（亿美元）	603.3	694.7	748.0	924.0	900.0
外汇储备（亿美元）	8 188.7	10 663.4	15 282.5	19 460.3	23 991.5
居民消费价格指数（上年＝100）	101.8	101.5	104.8	105.9	99.3
财政收入（亿元）	31 649.3	38 760.2	51 304.0	61 316.9	68 476.9
财政支出（亿元）	33 930.3	40 422.7	49 565.4	62 427.0	75 873.6
赤字或盈余（亿元）	－2 281.0	－2 162.5	1 738.6	－1 110.1	－7 396.7
城镇居民人均可支配收入（元）	10 493.0	11 759.0	13 786.0	15 781.0	17 175.0
农村居民人均纯收入（元）	3 255.0	3 587.0	4 140.0	4 761.0	5 153.0
城镇地区从业人员（百万人）	273.31	283.10	293.50	302.10	311.20
城镇登记失业率（%）	4.2	4.1	4.0	4.2	4.3
总人口（百万人）	1 307.56	1 314.48	1 321.29	1 328.02	1 334.74

数据来源：根据《中国统计年鉴》和《中国国民经济和社会发展统计公报》等相关资料整理。

2009年数据来源为《中华人民共和国2009年国民经济和社会发展统计公报》、《关于2009年中央和地方预算执行报告与2010年中央和地方预算草案的报告》。

附表 2-2 主要金融指标（一）

（年末余额）

单位：亿元

项　目	2005	2006	2007	2008	2009
M_2	298 755.7	345 603.6	403 442.2	475 166.6	606 225.0
M_1	107 278.8	126 035.1	152 560.1	166 217.1	220 001.5
M_0	24 031.7	27 072.6	30 375.2	34 219.0	38 246.0
金融机构各项存款	287 169.5	335 459.8	389 371.2	466 203.3	597 741.1
城乡居民储蓄	141 051.0	161 587.3	172 534.2	217 885.4	260 771.7
企业存款	96 143.7	113 239.0	138 673.7	157 632.2	217 110.0
金融机构各项贷款	194 690.4	225 347.2	261 690.9	303 394.6	399 684.8

数据来源：中国人民银行。

附表 2-3 主要金融指标（二）

（增长率）

单位：%

项　目	2005	2006	2007	2008	2009
M_2	17.6	16.95	16.74	17.82	27.68
M_1	11.8	17.49	21.05	9.06	32.35
M_0	11.9	12.65	12.20	12.65	11.77
金融机构各项存款	19.0	16.83	16.07	19.73	28.21
城乡居民储蓄	18.0	14.56	6.77	26.29	19.68
企业存款	13.6	17.78	22.46	13.67	37.73
金融机构各项贷款	13.0	15.10	16.10	18.73	31.74

注：由于统计制度的调整，本表增长率是经过调整的可比口径的同期比。

数据来源：中国人民银行。

附表 2-4 国际流动性

单位：百万美元

项　目	2005	2006	2007	2008	2009
总储备（减黄金）	821 514	1 068 538	1 530 279	1 949 260	2 414 131
特别提款权	1 251	1 113	1 191	1 199	12 510
在基金储备头寸	1 391	1 081	839	2 031	2 469
外汇	818 872	1 066 344	1 528 249	1 946 030	2 399 152
黄金（百万盎司）	19.29	19.29	19.29	19.29	33.89
黄金（折价）	4 074	4 074	4 074	4 074	9 815
其他存款性公司国外负债	41 962	531 724	82 676	75 255	70 080

注：1. 中国人民银行2009年4月对黄金数据进行了调整。

2. 自2006年起，根据金融性公司新分类，在机构分类上划分了其他存款性公司，取消了存款货币银行。二者在口径上相比，其他存款性公司中增加了国家开发银行和中国进出口银行，其他无变化。

数据来源：中国人民银行。

附表2－5　黄金、外汇储备

年份	黄金储备（万盎司）	外汇储备（亿美元）	外汇储备比上年增长（%）
1995	1 267	736. 0	42. 6
1996	1 267	1 050. 3	42. 7
1997	1 267	1 398. 9	33. 2
1998	1 267	1 449. 6	3. 6
1999	1 267	1 546. 8	6. 7
2000	1 267	1 655. 7	7. 0
2001	1 608	2 121. 7	28. 1
2002	1 929	2 864. 1	35. 0
2003	1 929	4 032. 5	40. 8
2004	1 929	6 099. 3	51. 3
2005	1 929	8 188. 7	34. 3
2006	1 929	10 663. 4	30. 2
2007	1 929	15 282. 5	43. 3
2008	1 929	19 460. 3	27. 3
2009	3 389	23 991. 5	23. 3

注：中国人民银行于2001年12月、2002年12月和2009年4月对黄金储备数据进行了调整。

数据来源：中国人民银行。

附表2－6　金融业资产简表

（本外币）

（2009年12月31日）　　单位：万亿元

项　　目	资　　产
金融业	108. 35
中央银行	22. 75
银行业金融机构	79. 51
证券业金融机构	2. 03
保险业金融机构	4. 06

注：证券业金融机构仅含证券公司。

数据来源：中国人民银行金融稳定分析小组估算。

附表2-7　2009年存款性公司概览

（季末余额）

单位：亿元

项　　目	第一季度	第二季度	第三季度	第四季度
国外净资产	182 053.9	185 839.3	191 374.8	198 531.5
国内信贷	427 576.6	457 598.4	473 934.6	495 889.2
对政府债权（净）	30 642.6	26 685.0	25 457.1	32 289.8
对非金融部门债权	371 399.5	404 604.9	422 806.3	437 005.3
对其他金融部门债权	25 534.6	26 308.6	25 671.3	26 594.1
货币和准货币	530 626.7	568 916.2	585 405.3	606 225.0
货币	176 541.1	193 138.2	201 708.1	220 001.5
流通中现金	33 746.4	33 641.0	36 787.9	38 246.0
活期存款	142 794.7	159 497.2	164 920.3	181 755.5
准货币	354 085.6	375 778.1	383 697.2	386 223.5
定期存款	100 344.8	112 491.2	113 900.0	110 872.0
储蓄存款	243 054.9	249 223.7	255 612.2	260 271.5
其他存款	10 685.9	14 063.2	14 185.1	15 080.0
不纳入广义货币的存款	10 791.5	11 134.7	11 020.2	11 812.6
债券	43 597.1	45 256.8	48 282.9	52 025.0
实收资本	22 053.9	22 267.6	22 685.2	23 290.4
其他（净）	2 561.3	-4 137.6	-2 084.3	1 067.8

注：1. 自2006年起，中国人民银行开始编制《存款性公司概览》。《存款性公司概览》同原《银行概览》相比，不包含信托投资公司和金融租赁公司。

2. 此表中“其他存款”项目自2006年起不含非金融公司保证金存款，因此与《货币供应量》中“其他存款”口径不一致。

数据来源：中国人民银行。

附表 2-8　2009 年货币当局资产负债表

（季末余额）

单位：亿元

项　　目	第一季度	第二季度	第三季度	第四季度
国外资产	166 051.1	171 854.7	179 720.2	185 333.0
外汇	153 130.8	159 281.1	166 460.9	175 154.6
货币黄金	337.2	669.8	669.8	669.8
其他国外资产	12 583.1	11 903.7	12 589.5	9 508.6
对政府债权	16 196.0	16 073.8	15 676.7	15 662.0
其中：中央政府	16 196.0	16 073.8	15 676.7	15 662.0
对其他存款性公司债权	8 457.4	7 483.5	7 591.7	7 161.9
对其他金融性公司债权	11 832.5	11 775.8	11 701.0	11 530.1
对非金融部门债权	44.1	44.0	44.0	44.0
其他资产	8 061.5	8 553.6	7 817.2	7 799.5
总资产	**210 642.7**	**215 785.4**	**222 550.9**	**227 530.5**
储备货币	124 276.7	123 929.7	133 406.6	143 985.0
货币发行	36 853.8	36 720.5	40 504.8	41 555.8
金融性公司存款	87 422.9	87 209.2	92 901.9	102 429.2
其他存款性公司	87 318.8	87 121.1	92 798.0	102 280.7
其他金融性公司	104.1	88.1	103.9	148.5
非金融性公司存款	—	—	—	—
活期存款	—	—	—	—
不计入储备货币的金融性公司存款	596.5	629.4	635.7	624.8
发行债券	41 295.8	41 208.8	39 915.6	42 064.2
国外负债	750.3	723.3	746.9	761.7
政府存款	15 954.0	24 013.0	27 247.7	21 226.4
自有资金	219.8	219.8	219.8	219.8
其他负债	27 549.6	25 061.4	20 378.5	18 648.6
总负债	**210 642.7**	**215 785.4**	**222 550.9**	**227 530.5**

注：自 2008 年起，本表增设“不计入储备货币的金融性公司存款”，删除“非金融性公司存款”和“活期存款”项目。

数据来源：中国人民银行。

附表 2－9　2009 年其他存款性公司资产负债表

（季末余额）

单位：亿元

项　　目	第一季度	第二季度	第三季度	第四季度
国外资产	21 607.6	19 477.2	17 002.0	18 745.4
储备资产	89 606.9	89 480.6	95 761.6	104 554.7
准备金存款	86 499.5	86 401.1	92 044.7	101 244.9
库存现金	3 107.3	3 079.5	3 716.9	3 309.8
对政府债权	30 400.6	34 624.1	37 028.0	37 854.2
其中：中央政府	30 400.6	34 624.1	37 028.0	37 854.2
对中央银行债权	62 440.2	63 923.7	56 886.8	55 221.6
对其他存款性公司债权	84 039.8	90 116.6	86 950.4	94 819.6
对其他金融性公司债权	13 702.1	14 532.8	13 970.3	15 064.0
对非金融性公司债权	310 058.1	336 876.6	347 348.4	355 349.7
对其他居民部门债权	61 297.2	67 684.3	75 413.9	81 611.6
其他资产	41 661.5	42 091.9	45 995.5	46 009.5
总资产	**714 813.9**	**758 807.8**	**776 356.9**	**809 230.4**
对非金融机构及住户负债	499 296.4	534 415.7	547 732.8	567 114.1
纳入广义货币的存款	486 194.4	521 212.0	534 432.4	552 899.0
企业活期存款	142 794.7	159 497.2	164 920.3	181 755.5
企业定期存款	100 344.8	112 491.2	113 900.0	110 872.0
居民储蓄存款	243 054.9	249 223.7	255 612.2	260 271.5
不纳入广义货币的存款	10 791.5	11 134.7	11 020.2	11 812.6
可转让存款	4 256.5	4 644.3	4 578.4	5 319.2
其他存款	6 534.9	6 490.4	6 441.9	6 493.4
其他负债	2 310.6	2 069.0	2 280.1	2 402.5
对中央银行负债	4 676.2	4 778.0	4 987.0	4 988.9
对其他存款性公司负债	42 876.5	44 351.9	40 990.8	45 519.7
对其他金融性公司负债	38 685.7	43 247.1	44 082.4	45 593.2
其中：计入广义货币的存款	10 685.9	14 063.2	14 185.1	15 080.0
国外负债	4 854.5	4 769.3	4 600.5	4 785.2
债券发行	43 597.1	45 256.8	48 282.9	52 025.0
实收资本	21 834.1	22 047.9	22 465.5	23 070.6
其他负债	58 993.3	59 941.1	63 215.2	66 133.7
总负债	**714 813.9**	**758 807.8**	**776 356.9**	**809 230.4**

数据来源：中国人民银行。

附表 2－10　2009 年政策性银行资产负债表

（季末余额）

单位：亿元

项　　目	第一季度	第二季度	第三季度	第四季度
国外资产	5 677.8	6 246.4	6 179.3	7 208.2
储备资产	3 461.6	1 759.1	3 408.3	3 713.6
准备金存款	3 457.8	1 755.7	3 406.0	3 711.2
库存现金	3.8	3.4	2.3	2.4
对政府债权	11.8	44.8	42.0	29.4
其中：中央政府	11.8	44.8	42.0	29.4
对中央银行债权	1 363.4	2 111.0	513.3	66.7
对其他存款性公司债权	2 673.5	3 155.1	3 349.9	3 637.0
对其他金融性公司债权	42.1	218.8	75.0	351.6
对非金融性公司债权	45 227.1	48 198.0	49 794.4	53 758.3
对其他居民部门债权	57.6	59.9	57.3	107.4
其他资产	1 985.1	1 915.2	1 838.3	1 973.3
总资产	**60 499.9**	**63 708.3**	**65 257.9**	**70 845.4**
对非金融机构及住户负债	4 769.2	6 528.5	5 975.0	6 428.6
纳入广义货币的存款	4 466.7	5 994.8	5 526.0	5 991.0
企业活期存款	3 744.8	5 059.8	4 407.4	5 002.0
企业定期存款	721.9	935.0	1 118.6	989.0
居民储蓄存款	0.0	0.0	0.0	0.0
不纳入广义货币的存款	265.4	355.3	271.6	322.1
可转让存款	205.3	303.8	203.7	244.7
其他存款	60.1	51.5	67.9	77.4
其他负债	37.1	178.4	177.4	115.5
对中央银行负债	3 658.5	3 658.5	3 658.5	3 652.0
对其他存款性公司负债	4 232.7	5 145.0	4 773.6	6 286.6
对其他金融性公司负债	1 298.9	1 093.5	1 092.9	1 120.8
其中：计入广义货币的存款	0.0	0.0	0.0	0.0
国外负债	726.9	694.6	721.6	711.8
债券发行	38 501.0	39 542.5	41 737.2	45 409.4
实收资本	3 156.3	3 155.5	3 154.9	3 154.7
其他负债	4 156.3	3 890.2	4 144.3	4 081.5
总负债	**60 499.9**	**63 708.3**	**65 257.9**	**70 845.4**

数据来源：中国人民银行。

附表 2－11　2009 年国有商业银行资产负债表

（季末余额）

单位：亿元

项　　目	第一季度	第二季度	第三季度	第四季度
国外资产	11 686.7	9 042.1	7 325.8	7 873.3
储备资产	49 041.1	47 592.7	50 586.8	51 432.9
准备金存款	47 597.1	46 201.7	48 913.7	49 946.8
库存现金	1 444.0	1 391.0	1 673.0	1 486.0
对政府债权	17 623.3	19 941.1	21 495.7	21 944.8
其中：中央政府	17 623.3	19 941.1	21 495.7	21 944.8
对中央银行债权	51 701.7	54 253.4	49 148.3	46 690.0
对其他存款性公司债权	24 228.9	27 473.5	26 984.9	29 924.3
对其他金融性公司债权	10 855.2	11 565.6	11 303.4	11 452.0
对非金融性公司债权	136 542.0	145 525.2	149 264.3	152 396.5
对其他居民部门债权	29 697.0	33 044.7	37 224.1	40 623.4
其他资产	24 263.8	24 772.6	26 931.3	26 186.4
总资产	**355 639.8**	**373 210.8**	**380 264.6**	**388 523.6**
对非金融机构及住户负债	270 252.0	284 432.5	291 288.4	296 834.7
纳入广义货币的存款	261 997.1	276 341.9	283 073.8	288 216.7
企业活期存款	78 548.5	84 240.6	85 898.1	92 435.4
企业定期存款	42 039.1	47 508.0	48 638.0	45 689.6
居民储蓄存款	141 409.5	144 593.3	148 537.7	150 091.7
不纳入广义货币的存款	6 341.7	6 588.6	6 551.1	6 845.1
可转让存款	2 174.1	2 356.0	2 414.8	2 769.8
其他存款	4 167.7	4 232.6	4 136.2	4 075.3
其他负债	1 913.2	1 501.9	1 663.5	1 772.9
对中央银行负债	445.5	462.0	484.8	536.8
对其他存款性公司负债	15 598.7	15 057.7	13 088.8	14 137.0
对其他金融性公司负债	24 132.4	27 225.1	27 679.6	28 765.5
其中：计入广义货币的存款	6 795.5	9 242.5	9 211.1	9 609.2
国外负债	709.0	888.9	902.3	782.3
债券发行	1 838.8	2 340.9	2 953.0	2 871.9
实收资本	10 815.5	10 815.5	10 815.5	10 815.5
其他负债	31 848.0	31 988.4	33 052.3	33 780.0
总负债	**355 639.8**	**373 210.8**	**380 264.6**	**388 523.6**

数据来源：中国人民银行。

附表 2－12　2009 年股份制商业银行资产负债表
（季末余额）

单位：亿元

项　　目	第一季度	第二季度	第三季度	第四季度
国外资产	2 127.9	1 989.1	1 691.5	2 022.7
储备资产	13 662.9	15 589.8	17 041.8	18 568.0
准备金存款	13 360.9	15 276.3	16 643.1	18 198.5
库存现金	302.0	313.5	398.7	369.5
对政府债权	5 067.5	6 152.0	6 578.7	6 508.4
其中：中央政府	5 067.5	6 152.0	6 578.7	6 508.4
对中央银行债权	5 422.5	4 211.4	4 222.4	5 616.0
对其他存款性公司债权	22 084.1	22 619.7	21 821.7	23 818.3
对其他金融性公司债权	1 632.9	1 714.6	1 659.6	1 964.6
对非金融性公司债权	63 847.6	72 729.3	72 420.0	71 811.0
对其他居民部门债权	11 472.3	12 813.3	14 792.6	16 615.2
其他资产	6 727.7	6 989.0	7 946.5	9 178.9
总资产	**132 045.4**	**144 808.2**	**148 174.8**	**156 103.1**
对非金融机构及住户负债	90 242.8	100 025.1	102 439.7	105 834.1
纳入广义货币的存款	87 718.3	97 586.5	99 906.6	103 122.8
企业活期存款	29 299.7	34 456.7	36 282.0	40 275.5
企业定期存款	37 139.9	40 997.8	40 366.4	39 192.7
居民储蓄存款	21 278.6	22 132.1	23 258.2	23 654.5
不纳入广义货币的存款	2 257.1	2 152.3	2 229.8	2 367.3
可转让存款	779.6	785.0	804.9	1 030.5
其他存款	1 477.5	1 367.3	1 424.9	1 336.8
其他负债	267.4	286.3	303.3	344.1
对中央银行负债	1.0	0.7	122.7	170.2
对其他存款性公司负债	12 648.0	13 505.2	12 784.2	15 284.9
对其他金融性公司负债	11 580.0	13 261.0	13 262.0	13 646.3
其中：计入广义货币的存款	3 572.1	4 583.5	4 623.9	5 072.4
国外负债	343.4	365.9	415.9	513.5
债券发行	2 788.5	2 701.0	2 867.2	2 779.5
实收资本	1 874.0	1 896.6	2 034.1	2 093.9
其他负债	12 567.8	13 052.8	14 249.2	15 780.7
总负债	**132 045.4**	**144 808.2**	**148 174.8**	**156 103.1**

注：本表机构为全国性股份制商业银行。

数据来源：中国人民银行。

附表2－13 2009年城市商业银行资产负债表

（季末余额）

单位：亿元

项　目	第一季度	第二季度	第三季度	第四季度
国外资产	117.8	105.7	107.0	91.3
储备资产	5 747.2	6 471.7	6 871.3	9 312.0
准备金存款	5 570.1	6 282.7	6 647.1	9 076.0
库存现金	177.1	189.0	224.2	236.1
对政府债权	3 817.0	4 169.3	4 414.6	4 524.5
其中：中央政府	3 817.0	4 169.3	4 414.6	4 524.5
对中央银行债权	1 192.8	868.7	704.2	561.3
对其他存款性公司债权	7 432.1	8 378.9	8 160.2	9 123.4
对其他金融性公司债权	679.7	505.4	410.8	625.9
对非金融性公司债权	21 745.1	24 571.3	26 410.5	27 051.6
对其他居民部门债权	2 900.4	3 207.5	3 635.9	4 084.0
其他资产	1 726.2	1 872.6	2 041.1	1 968.6
总资产	**45 358.3**	**50 151.1**	**52 755.5**	**57 342.6**
对非金融机构及住户负债	35 302.6	39 352.3	41 189.6	45 003.5
纳入广义货币的存款	35 089.1	39 107.9	40 932.4	44 710.2
企业活期存款	13 950.6	15 779.5	16 858.6	19 777.4
企业定期存款	10 465.9	11 965.0	12 306.0	12 476.8
居民储蓄存款	10 672.6	11 363.3	11 767.9	12 456.0
不纳入广义货币的存款	167.9	196.4	200.2	217.9
可转让存款	86.3	116.1	112.1	114.6
其他存款	81.6	80.3	88.1	103.2
其他负债	45.6	48.1	57.0	75.5
对中央银行负债	48.7	53.9	66.4	64.7
对其他存款性公司负债	4 501.6	4 806.5	4 718.8	4 741.2
对其他金融性公司负债	861.0	823.2	1 212.4	1 410.5
其中：计入广义货币的存款	315.8	235.9	344.4	391.7
国外负债	2.0	6.2	5.5	14.2
债券发行	283.2	377.3	369.5	508.4
实收资本	1 435.6	1 496.2	1 601.2	1 769.0
其他负债	2 923.8	3 235.4	3 592.0	3 831.1
总负债	**45 358.3**	**50 151.1**	**52 755.5**	**57 342.6**

数据来源：中国人民银行。

附表 2－14　2009 年农村商业银行资产负债表
（季末余额）

单位：亿元

项　　目	第一季度	第二季度	第三季度	第四季度
国外资产	5.4	6.5	5.9	6.2
储备资产	1 526.8	1 542.4	1 669.7	2 031.0
准备金存款	1 455.1	1 468.9	1 559.0	1 929.0
库存现金	71.7	73.5	110.7	102.0
对政府债权	689.4	690.7	724.5	806.2
其中：中央政府	689.4	690.7	724.5	806.2
对中央银行债权	258.9	251.3	189.8	238.2
对其他存款性公司债权	1 597.6	1 531.7	1 471.0	2 091.7
对其他金融性公司债权	14.7	16.5	14.9	29.3
对非金融性公司债权	5 515.1	6 104.9	6 595.7	6 715.0
对其他居民部门债权	770.1	791.4	842.1	1 000.5
其他资产	530.8	525.3	559.8	536.3
总资产	**10 908.7**	**11 460.7**	**12 073.3**	**13 454.4**
对非金融机构及住户负债	8 856.8	9 386.4	10 018.4	11 258.1
纳入广义货币的存款	8 823.2	9 352.1	9 978.9	11 208.2
企业活期存款	2 654.3	2 989.1	3 296.6	3 881.7
企业定期存款	1 278.8	1 351.6	1 441.2	1 557.3
居民储蓄存款	4 890.2	5 011.4	5 241.1	5 769.2
不纳入广义货币的存款	22.9	22.3	23.1	23.8
可转让存款	10.8	11.3	11.3	13.1
其他存款	12.1	11.0	11.7	10.7
其他负债	10.6	12.1	16.4	26.1
对中央银行负债	9.6	12.7	14.4	17.7
对其他存款性公司负债	919.0	889.6	804.1	691.5
对其他金融性公司负债	4.5	1.3	20.8	36.4
其中：计入广义货币的存款	1.8	0.0	3.6	0.0
国外负债	0.0	0.0	0.0	0.0
债券发行	29.0	29.0	29.0	67.0
实收资本	279.0	286.7	293.8	340.6
其他负债	810.8	854.9	892.8	1 043.2
总负债	**10 908.7**	**11 460.7**	**12 073.3**	**13 454.4**

数据来源：中国人民银行。

附表 2－15　2009 年外资银行资产负债表

（季末余额）

单位：亿元

项　　目	第一季度	第二季度	第三季度	第四季度
国外资产	1 915.8	1 997.3	1 615.3	1 483.0
储备资产	1 093.7	1 090.6	1 086.1	1 415.1
准备金存款	1 086.8	1 084.0	1 078.9	1 407.7
库存现金	6.9	6.6	7.2	7.5
对政府债权	735.8	1 082.5	1 136.2	1 217.3
其中：中央政府	735.8	1 082.5	1 136.2	1 217.3
对中央银行债权	0.0	0.0	0.0	0.0
对其他存款性公司债权	1 950.7	1 813.3	1 873.4	2 214.2
对其他金融性公司债权	61.9	72.6	77.9	87.7
对非金融性公司债权	6 139.3	5 944.5	6 170.3	6 332.1
对其他居民部门债权	155.1	199.0	235.5	301.8
其他资产	1 356.1	1 320.7	1 214.2	1 299.6
总资产	**13 408.3**	**13 520.6**	**13 409.0**	**14 350.8**
对非金融机构及住户负债	5 019.6	5 371.0	5 763.9	6 687.6
纳入广义货币的存款	3 551.8	3 851.6	4 265.8	5 132.1
企业活期存款	1 209.4	1 418.9	1 413.6	1 856.4
企业定期存款	1 955.8	2 029.3	2 449.2	2 855.4
居民储蓄存款	386.6	403.5	402.9	420.4
不纳入广义货币的存款	1 467.9	1 519.4	1 498.1	1 555.5
可转让存款	804.4	863.6	865.2	944.2
其他存款	663.5	655.8	632.9	611.3
其他负债	0.0	0.0	0.0	0.0
对中央银行负债	0.0	0.0	0.0	0.0
对其他存款性公司负债	1 872.0	1 749.8	1 554.3	1 279.1
对其他金融性公司负债	567.9	580.9	496.9	412.7
其中：计入广义货币的存款	0.0	0.0	0.0	0.0
国外负债	3 068.6	2 805.9	2 546.8	2 754.6
债券发行	0.0	0.0	0.0	0.0
实收资本	1 225.3	1 314.5	1 365.4	1 425.8
其他负债	1 654.8	1 698.4	1 681.6	1 790.9
总负债	**13 408.3**	**13 520.6**	**13 409.0**	**14 350.8**

数据来源：中国人民银行。

附表 2 – 16　2009 年城市信用社资产负债表
（季末余额）

单位：亿元

项　目	第一季度	第二季度	第三季度	第四季度
国外资产	0.0	0.0	0.0	0.0
储备资产	108.2	88.7	79.0	80.7
准备金存款	102.0	83.4	73.1	76.8
库存现金	6.2	5.4	5.8	3.9
对政府债权	27.6	13.8	9.0	10.8
其中：中央政府	27.6	13.8	9.0	10.8
对中央银行债权	1.0	0.5	0.5	0.5
对其他存款性公司债权	125.8	92.8	71.9	55.9
对其他金融性公司债权	0.4	0.1	0.1	0.1
对非金融性公司债权	313.2	217.8	204.3	170.2
对其他居民部门债权	62.5	61.7	59.9	52.5
其他资产	96.6	89.2	88.5	75.7
总资产	**735.3**	**564.6**	**513.1**	**446.5**
对非金融机构及住户负债	642.3	502.9	466.0	394.8
纳入广义货币的存款	642.1	502.8	465.9	394.6
企业活期存款	153.5	126.5	125.5	127.6
企业定期存款	66.4	40.0	40.9	26.9
居民储蓄存款	422.3	336.3	299.5	240.0
不纳入广义货币的存款	0.0	0.0	0.0	0.0
可转让存款	0.0	0.0	0.0	0.0
其他存款	0.0	0.0	0.0	0.0
其他负债	0.2	0.1	0.1	0.2
对中央银行负债	0.0	0.0	0.0	0.0
对其他存款性公司负债	24.8	11.9	1.7	12.9
对其他金融性公司负债	0.0	0.0	0.0	0.0
其中：计入广义货币的存款	0.0	0.0	0.0	0.0
国外负债	0.0	0.0	0.0	0.0
债券发行	0.0	0.0	0.0	0.0
实收资本	29.9	21.6	19.5	16.2
其他负债	38.3	28.3	25.9	22.6
总负债	**735.3**	**564.6**	**513.1**	**446.5**

数据来源：中国人民银行。

附表2－17 2009年农村信用社资产负债表
（季末余额）

单位：亿元

项　目	第一季度	第二季度	第三季度	第四季度
国外资产	8.6	7.7	8.2	15.0
储备资产	6 979.8	7 018.6	6 983.5	9 366.1
准备金存款	6 250.0	6 265.4	6 120.1	8 675.3
库存现金	729.8	753.1	863.4	690.9
对政府债权	1 016.9	1 113.3	1 085.5	1 061.2
其中：中央政府	1 016.9	1 113.3	1 085.5	1 061.2
对中央银行债权	383.4	320.1	343.8	267.5
对其他存款性公司债权	8 844.9	8 867.3	7 932.5	7 021.1
对其他金融性公司债权	221.3	232.6	241.5	282.2
对非金融性公司债权	17 167.1	18 875.3	20 087.8	20 003.6
对其他居民部门债权	13 384.9	14 241.7	14 789.3	14 497.6
其他资产	3 619.1	3 188.0	3 380.3	3 527.8
总资产	**51 625.9**	**53 864.6**	**54 852.2**	**56 042.1**
对非金融机构及住户负债	44 204.3	46 034.4	46 633.5	47 466.9
纳入广义货币的存款	44 157.7	45 989.3	46 582.1	47 398.2
企业活期存款	7 073.6	8 102.1	8 656.8	9 205.2
企业定期存款	2 166.9	2 470.2	2 189.1	2 017.6
居民储蓄存款	34 917.2	35 417.1	35 736.2	36 175.5
不纳入广义货币的存款	19.5	19.5	20.9	23.1
可转让存款	4.4	4.1	5.8	7.8
其他存款	15.1	15.4	15.0	15.3
其他负债	27.1	25.6	30.6	45.6
对中央银行负债	494.8	568.9	600.7	512.5
对其他存款性公司负债	2 126.7	2 284.3	2 319.0	2 295.3
对其他金融性公司负债	16.3	46.8	89.9	101.2
其中：计入广义货币的存款	0.0	0.0	0.0	0.0
国外负债	0.0	0.0	0.0	0.0
债券发行	0.3	0.1	0.1	0.1
实收资本	1 903.5	1 912.6	1 956.3	2 102.0
其他负债	2 880.1	3 017.5	3 252.7	3 564.1
总负债	**51 625.9**	**53 864.6**	**54 852.2**	**56 042.1**

数据来源：中国人民银行。

附表 2－18 2009 年中国邮政储蓄银行资产负债表

（季末余额）

单位：亿元

项 目	第一季度	第二季度	第三季度	第四季度
国外资产	2.4	1.0	1.1	3.9
储备资产	5 858.9	5 962.8	5 592.4	5 490.5
准备金存款	5 590.5	5 722.0	5 294.9	5 204.5
库存现金	268.4	240.8	297.5	286.0
对政府债权	983.0	986.6	1 130.1	1 310.0
其中：中央政府	983.0	986.6	1 130.1	1 310.0
对中央银行债权	2 038.4	1 853.3	1 704.3	1 706.0
对其他存款性公司债权	10 327.3	10 681.4	10 316.0	11 743.3
对其他金融性公司债权	110.4	93.7	97.4	186.6
对非金融性公司债权	3 901.5	4 224.3	4 701.5	4 834.8
对其他居民部门债权	405.5	547.3	845.0	1 303.2
其他资产	30.7	71.7	580.9	－137.2
总资产	**23 658.0**	**24 422.1**	**24 968.8**	**26 441.2**
对非金融机构及住户负债	23 195.9	24 069.3	24 539.8	26 150.8
纳入广义货币的存款	23 192.1	24 065.1	24 535.3	26 146.0
企业活期存款	537.0	823.2	1 068.4	1 813.9
企业定期存款	86.7	150.1	224.8	282.0
居民储蓄存款	22 568.4	23 091.9	23 242.1	24 050.1
不纳入广义货币的存款	3.9	4.2	4.5	4.8
可转让存款	0.0	0.0	0.0	0.0
其他存款	3.9	4.2	4.5	4.8
其他负债	0.0	0.0	0.0	0.0
对中央银行负债	0.0	0.0	0.0	0.0
对其他存款性公司负债	205.2	125.2	140.1	83.5
对其他金融性公司负债	11.0	7.4	5.6	19.5
其中：计入广义货币的存款	0.0	0.0	0.0	0.0
国外负债	2.7	2.4	3.5	2.5
债券发行	0.0	0.0	0.0	0.0
实收资本	0.0	0.0	0.0	0.0
其他负债	243.2	217.7	279.7	184.9
总负债	**23 658.0**	**24 422.1**	**24 968.8**	**26 441.2**

数据来源：中国人民银行。

附表 2-19　2009 年财务公司资产负债表

（季末余额）

单位：亿元

项　目	第一季度	第二季度	第三季度	第四季度
国外资产	59.9	75.3	61.5	31.3
储备资产	740.0	824.9	911.9	969.8
准备金存款	739.9	824.9	911.8	969.8
库存现金	0.0	0.0	0.1	0.0
对政府债权	123.4	119.0	104.3	107.3
其中：中央政府	123.4	119.0	104.3	107.3
对中央银行债权	7.0	0.0	3.3	14.6
对其他存款性公司债权	3 137.4	3 942.6	3 496.1	3 834.2
对其他金融性公司债权	37.9	67.4	58.8	61.8
对非金融性公司债权	5 070.2	5 458.2	6 319.3	6 778.2
对其他居民部门债权	65.1	67.7	79.0	95.1
其他资产	380.9	390.2	383.6	409.9
总资产	**9 621.8**	**10 945.3**	**11 417.8**	**12 302.2**
对非金融机构及住户负债	7 155.0	8 261.6	8 568.2	9 664.9
纳入广义货币的存款	6 912.6	7 980.9	8 328.4	9 210.6
企业活期存款	3 641.7	4 213.8	4 411.8	4 621.4
企业定期存款	3 270.8	3 767.0	3 916.6	4 589.1
居民储蓄存款	0.0	0.0	0.0	0.0
不纳入广义货币的存款	235.4	267.5	212.0	437.2
可转让存款	188.1	200.5	155.3	182.7
其他存款	47.3	67.0	56.7	254.5
其他负债	7.1	13.3	27.8	17.1
对中央银行负债	2.7	2.0	2.2	2.9
对其他存款性公司负债	376.6	455.8	506.8	399.0
对其他金融性公司负债	203.6	203.6	200.1	71.6
其中：计入广义货币的存款	0.7	1.3	2.0	6.7
国外负债	1.3	5.0	4.5	6.0
债券发行	149.9	259.6	312.4	374.1
实收资本	796.0	801.4	865.2	945.4
其他负债	936.7	956.4	958.3	838.3
总负债	**9 621.8**	**10 945.3**	**11 417.8**	**12 302.2**

数据来源：中国人民银行。

附表 2－20　证券市场概况统计表

年　份	2003	2004	2005	2006	2007	2008	2009
境内上市公司数（A股、B股）（家）	1 287	1 377	1 381	1 434	1 550	1 625	1 718
境内上市外资股（B股）（家）	111	110	109	109	109	109	108
境外上市公司数（H股）（家）	93	111	122	143	148	153	159
总发行股本（亿股）	6 428.46	7 149.43	7 629.51	14 897.57	22 416.85	24 522.85	26 162.85
其中：流通股股本（亿股）	2 269.92	2 577.18	2 914.77	5 637.79	10 331.52	12 578.91	19 759.53
股票市价总值（亿元）	42 457.72	37 055.57	32 430.28	89 403.90	327 140.89	121 366.44	243 939.12
其中：股票流通市值（亿元）	13 178.52	11 688.64	10 630.51	25 003.64	93 064.35	45 213.90	151 258.65
股票交易量（亿股）	4 163.08	5 827.73	6 623.73	16 145.22	45 038.71	24 131.38	51 106.99
股票成交金额（亿元）	32 115.27	42 333.95	31 664.78	90 468.91	460 556.20	267 112.64	535 986.74
上证综合指数（收盘）	1 497.04	1 266.50	1 161.06	2 675.47	5 261.56	1 820.81	3 277.14
深证综合指数（收盘）	378.62	315.81	278.75	550.59	1 447.02	553.30	1 201.34
投资者账户（万户）	6 981.24	7 215.74	7 336.07	7 854.00	13 887.02	12 363.89	14 027.88
平均市盈率							
上海	36.54	24.23	16.33	33.38	59.24	14.86	28.73
深圳	37.43	25.64	16.96	33.61	72.11	17.13	46.01
平均换手率（%）							
上海	250.75	288.71	274.37	541.12	927.19	392.52	499.41
深圳	214.18	288.29	316.43			469.11	793.27
国债发行额（亿元）	6 280.10	6 923.90	7 042.00	8 883.00	23 139.10	8 558.20	17 927.24
公司债发行额（亿元）	358.00	327.00	2 046.50	3 938.00	5 181.00	8 723.40	16 599.30
债券成交量（万手）	620 194.41	504 218.50	283 714.36				
债券成交额（亿元）	62 136.36	50 323.50	28 367.85				
国债现货成交金额（亿元）	5 756.11	2 966.46	2 780.63	1 540.71	1 200.59	2 122.51	2 085.10
国债回购成交金额（亿元）	52 999.85	44 086.61	23 621.17	9 092.77	18 345.08	24 268.65	35 475.87
证券投资基金只数（只）	95.00	161.00	218.00	301.00	346.00	439.00	557.00
证券投资基金规模（亿元）	1 614.67	3 308.79	4 714.18	6 020.09	22 339.84	19 403.25	26 767.05
证券投资基金成交金额（亿元）	682.65	728.58	773.15	1 909.68	8 620.10	5 831.06	10 249.58
期货成交总量（万手）	27 992.43	30 569.76	32 287.41	272 098.56	71 565.57	136 396.00	215 751.76
期货成交额（亿元）	108 396.59	146 935.32	134 463.38	209 533.78	400 733.30	719 173.35	1 305 142.92

数据来源：中国证监会。

附表 2－21　股票市值与 GDP 的比率

单位：亿元，%

年　份	GDP	市价总值	比率	GDP	流通市值	比率
1994	48 197.9	3 690.6	7.66	48 197.9	964.8	2.00
1995	60 793.7	3 474.0	5.71	60 793.7	937.9	1.54
1996	71 176.6	9 842.4	13.83	71 176.6	2 867.0	4.03
1997	78 973.0	17 529.2	22.20	78 973.0	5 204.4	6.59
1998	84 402.3	19 505.6	23.11	84 402.3	5 745.6	6.81
1999	89 677.1	26 471.2	29.52	89 677.1	8 214.0	9.16
2000	99 214.6	48 090.9	48.47	99 214.6	16 087.5	16.21
2001	109 655.2	43 522.2	39.69	109 655.2	14 463.2	13.19
2002	120 332.7	38 329.1	31.85	120 332.7	12 484.6	10.38
2003	135 822.8	42 457.7	31.26	135 822.8	13 178.5	9.70
2004	159 878.3	37 055.6	23.18	159 878.3	11 688.6	7.31
2005	183 867.9	32 430.3	17.64	183 867.9	10 630.5	5.78
2006	211 923.0	89 403.9	42.19	211 923.0	25 003.6	11.80
2007	249 530.0	327 140.9	131.10	249 530.0	93 064.4	37.30
2008	300 670.0	121 366.4	40.36	300 670.0	45 213.9	15.04
2009	335 353.0	243 939.0	72.74	335 353.0	151 259.0	45.10

数据来源：根据中国证监会、国家统计局数据整理。

附表 2－22　境内股票筹资额和银行贷款增加额的比率

单位：亿元，%

年　份	境内股票筹资额	银行贷款增加额	比率
1994	138.05	7 216.62	1.91
1995	118.86	9 339.82	1.27
1996	341.52	10 683.33	3.20
1997	933.82	10 712.47	8.72
1998	803.57	11 490.94	6.99
1999	897.39	10 846.36	8.27
2000	1 541.02	13 346.61	11.55
2001	1 182.13	12 439.41	9.50
2002	779.75	18 979.20	4.11
2003	823.10	27 702.30	2.97
2004	862.67	19 201.60	4.49
2005	338.13	16 492.60	2.05
2006	1 231.89	31 441.30	3.92
2007	8 431.86	36 322.51	23.21
2008	3 308.16	41 703.76	7.93
2009	3 923.51	96 290.18	4.07

注：境内筹资额为 A 股、B 股筹资额。

数据来源：根据中国人民银行、中国证监会数据整理。

附表 2－23 股票市场概况统计表

年份		2003	2004	2005	2006	2007	2008	2009
境内上市公司数(A股、B股)(家)		1 287	1 377	1 381	1 434	1 550	1 625	1 718
其中：ST 公司数（家）		99	135	115			140	142
中小板公司数（家）			38	50	102	202	273	327
创业板公司数（家）								36
境内上市外资股（B股）（家）		111	110	109	109	109	109	108
其中：ST 公司数（家）		14	20	15			20	
总发行股本（亿股）		6 428.46	7 149.43	7 629.51	14 897.57	22 416.85	24 522.85	26 162.85
其中：中小板总发行股本			32.23	56.14	143.21	339.64	591.60	794.13
创业板总发行股本								34.60
市价总值（亿元）		42 457.72	37 055.57	32 430.28	89 403.90	327 140.89	121 366.44	243 939.12
其中：中小板市价总值			413.43	481.15	2 015.30	10 646.84	6 269.68	16 872.55
创业板市价总值								1 610.08
流通市值（亿元）		13 178.52	11 688.64	10 630.51	25 003.64	93 064.35	45 213.90	151 258.65
其中：中小板流通市值			119.96	185.29	723.63	3 823.66	2 672.68	7 503.57
创业板流通市值								298.97
成交量（亿股）	合计	4 163.08	5 827.73	6 623.73	16 145.22	45 038.71	24 131.38	51 106.99
	日平均	17.27	23.98	27.37	66.99	186.11	98.10	209.45
	中小板		59.16	130.30	296.78		1 189.26	
	创业板	—	—	—	—	—	—	—
成交金额（亿元）	合计	32 115.27	42 333.95	31 664.78	90 468.91	460 556.22	267 112.64	535 986.74
	日平均	133.26	174.21	130.85	375.39	1 903.12	1 085.82	2 196.67
	中小板		822.63	1 203.92	3 071.55	16 173.66	16 637.28	48 273.52
	创业板	—	—	—	—	—	—	1 828.11

续表

年份		2003	2004	2005	2006	2007	2008	2009
平均换手率（%）	上海	250.75	288.71	274.37	541.12	927.19	392.52	499.41
	深圳	214.18	288.29	316.43			469.11	793.27
平均市盈率	上海	36.54	24.23	16.33	33.38	59.24	14.86	28.73
	深圳	37.43	25.64	16.96	33.61	72.11	17.13	46.01
	中小板		31.33	24.49	42.03	85.07	24.96	51.01
	创业板							105.38
上证综合指数	开盘	1 347.43	1 492.72	1 260.78	1 163.88	2 728.19	5 265.00	1 849.02
	最高	1 649.60	1 783.01	1 328.53	2 698.90	6 124.04	5 522.78	3 478.01
	时间	2003-04-16	2004-04-07	2005-02-25	2006-12-29	2007-10-16	2008-01-14	2009-08-04
	最低	1 307.40	1 259.43	998.23	1 161.91	2 617.02	1 664.92	1 844.09
	时间	2003-04-07	2004-09-13	2005-06-06	2006-01-04	2007-01-05	2008-10-28	2009-01-05
	平均	1 467.75	1 482.85	1 153.55	2 302.94	4 797.17	2 707.32	2 969.10
	收盘	1 497.04	1 266.50	1 161.06	2 675.47	5 261.56	1 820.81	3 277.14
深证成分指数	开盘	386.61	377.93	313.81	278.99	555.26	1 450.33	560.10
	最高	449.42	470.55	333.28	552.93	1 567.74	1 584.40	1 240.64
	时间	2003-04-15	2004-04-07	2005-03-09	2006-12-29	2007-10-08	2008-01-15	2009-12-04
	最低	350.74	315.17	237.18	278.99	547.89	452.33	557.69
	时间	2003-11-18	2004-09-13	2005-07-18	2006-01-04	2007-01-05	2008-11-04	2009-01-05
	平均	404.08	379.43	282.64	483.28	1 252.42	785.83	1 050.25
	收盘	378.63	315.81	278.75	550.59	1 447.02	553.30	1 201.34

数据来源：上海证券交易所、深圳证券交易所。

附表 2－24　中国债券发行情况汇总表

单位：亿元

年份	国　债			政策金融债券			次级债			公司债		
	发行额	兑付额	期末余额	发行额	兑付额	期末余额	发行额	兑付额	期末余额	发行额	兑付额	期末余额
1992	460.78	238.05	1 282.72	55.00	30.00	143.12	—	—	—	683.71	192.76	822.04
1993	381.31	123.29	1 540.74	—	34.29	108.83	—	—	—	235.84	255.48	802.40
1994	1 137.55	391.89	2 286.40	—	13.54	95.29	—	—	—	161.75	282.04	682.11
1995	1 510.86	496.96	3 300.30	—		1 708.49	—	—	—	300.80	336.30	646.61
1996	1 847.77	786.64	4 361.43	1 055.60	254.50	2 509.59	—	—	—	268.92	317.80	597.73
1997	2 411.79	1 264.29	5 508.93	1 431.50	312.30	3 628.80	—	—	—	255.23	219.81	521.02
1998	3 808.77	2 060.86	7 765.70	1 950.23	320.40	5 121.13	—	—	—	147.89	105.25	676.93
1999	4 015.00	1 238.70	10 542.00	1 800.89	473.20	6 447.48	—	—	—	158.20	56.50	778.63
2000	4 657.00	2 179.00	13 020.00	1 645.00	709.20	7 383.28	—	—	—	83.00	—	861.63
2001	4 884.00	2 286.00	15 618.00	2 590.00	1 438.80	8 534.48	—	—	—	147.00	—	—
2002	5 934.30	2 216.20	19 336.10	3 075.00	1 555.70	10 054.10	—	—	—	325.00	—	—
2003	6 280.10	2 755.80	22 603.60	4 561.40	2 505.30	11 650.00	—	—	—	358.00	—	—
2004	6 923.90	3 749.90	25 777.60	4 148.00	1 778.70	14 019.30	918.80	—	918.80	327.00	—	—
2005	7 042.00	4 045.50	28 774.00	5 851.70	2 053.00	17 818.00	966.30	—	1 885.10	2 046.50	37.00	—
2006	8 883.30	6 208.61	31 448.69	8 980.00	3 790.00	23 008.00	215.00	—	2 100.10	3 938.30	1 672.40	—
2007	23 139.10	5 846.80	48 741.00	11 090.20	4 133.60	29 926.80	376.50	—	2 348.50	5 181.00	2 880.90	7 683.30
2008	8 558.20	7 531.40	49 767.80	10 823.00	4 063.80	36 686.00	724.00		3 072.50	8 723.40	3 277.84	13 250.62
2009	17 927.24	9 745.06	57 949.98	11 678.10	3 745.33	44 818.83	2 746.00	958.20	4 860.30	16 599.30	4 309.12	25 540.80

注：1. 自 2006 年起，次级债包括自 2006 年 9 月开始发行的资本混合债。

2. 表中企业债统计口径为企业债、公司债、短期融资券、中期票据和中小企业集合票据。

数据来源：中国人民银行。

附表 2－25　中国保险业发展概况统计表

单位：亿元，%

项　目	2003 年	同比增长	2004 年	同比增长	2005 年	同比增长	2006 年	同比增长	2007 年	同比增长	2008 年	同比增长	2009 年	同比增长
保费收入	3 880.40	27.10	4 318.13	11.28	4 927.34	14.11	5 641.44	14.49	7 035.76	24.72	9 784.10	39.06	11 137.30	13.83
1. 财产险	869.40	11.71	1 089.89	25.36	1 229.86	12.84	1 509.43	22.73	1 997.74	32.35	2 336.71	16.97	2 875.83	23.07
2. 人身意外伤害险	99.58	26.51	117.07	17.56	140.89	20.35	162.47	15.31	190.11	17.01	203.56	7.08	230.05	13.02
3. 健康险	241.92	97.57	259.88	7.42	312.30	20.17	376.90	20.69	384.17	1.93	585.46	52.40	573.98	-1.96
4. 寿险	2 669.49	28.73	2 851.30	6.81	3 244.28	13.78	3 592.64	10.74	4 463.75	24.25	6 658.37	49.17	7 457.44	12.00
赔款、给付	841.01	19.00	1 004.44	19.43	1 129.67	12.47	1 438.46	27.33	2 265.21	57.47	2 971.17	31.16	3 125.48	5.19
1. 财产险	476.32	17.63	567.52	19.15	671.75	18.36	796.29	18.54	1 020.47	28.15	1 418.33	38.99	1 575.78	11.10
2. 人身意外伤害险	30.65	14.65	39.42	28.63	43.51	10.37	51.67	18.75	63.43	22.76	62.57	-1.35	63.92	2.15
3. 健康险	69.90	39.98	89.10	27.47	107.92	21.11	125.10	15.92	116.86	-6.58	175.28	49.99	217.03	23.82
4. 寿险	264.15	17.32	308.39	16.75	306.50	-0.62	465.41	51.85	1 064.45	128.71	1 314.98	23.54	1 268.74	-3.52
营业费用	361.22	14.90	435.82	20.65	525.96	20.68	667.06	26.83	947.62	42.06	1 079.52	13.92	1 234.06	14.32
银行存款	4 549.67	50.34	4 968.78	9.21	5 241.43	5.49	5 989.10	14.26	6 516.26	8.80	8 087.55	24.11	10 519.68	30.07
投资	3 828.87	52.91	5 711.94	49.18	8 894.41	55.72	11 796.29	32.63	20 205.69	71.29	22 465.22	11.18	26 897.43	19.73
其中：国债	1 406.90	26.99	2 651.71	88.48	3 588.29	35.32	3 647.01	1.64	3 961.12	8.61	4 208.26	6.24	4 053.82	-3.67
证券投资基金	463.28	50.53	673.17	45.30	1 099.21	63.29	912.08	-17.02	2 530.46	177.44	1 646.46	-34.93	2 758.78	67.56
资产总额	9 122.84	40.48	11 853.55	29.93	15 225.97	28.45	19 731.32	29.59	29 003.92	46.99	33 418.44	15.22	40 634.75	21.59

注：1. 保费收入、赔款给付、营业费用为年度数据。

2. 银行存款、投资、资产总额为年底数据。

数据来源：根据中国保监会网站提供数据整理。

附表 2－26　2006～2009 年全国非寿险保费收入构成

单位：亿元，%

险　种	2006	占比	2007	占比	2008	占比	2009	占比
车险	1 107.87	70.10	1 484.28	71.14	1 702.52	69.60	2 155.61	72.02
企财险	158.12	10.01	186.83	8.95	209.63	8.57	221.43	7.40
货运险	55.65	3.52	63.11	3.02	70.97	2.90	61.27	2.05
意外险	62.03	3.93	74.31	3.56	72.71	2.97	73.92	2.47
责任险	56.33	3.56	66.60	3.19	81.75	3.34	92.21	3.08
其他	140.36	8.88	211.35	10.13	308.67	12.62	388.46	12.98
合计	1 580.36	100.00	2 086.48	100.00	2 446.25	100.00	2 992.90	100.00

数据来源：中国保监会。

附表 2－27　2006～2009 年全国寿险保费收入构成

单位：亿元，%

险　种	2006	占比	2007	占比	2008	占比	2009	占比
人寿保险	3 592.64	86.95	4 463.44	90.19	6 658.09	90.74	7 457.22	91.57
其中：普通保险	999.69	24.19	1 002.71	20.26	983.66	13.41	961.56	11.81
分红保险	2 133.60	51.64	2 221.23	44.88	3 798.87	51.77	5 292.56	64.99
投资连结保险	61.64	1.49	393.83	7.96	425.03	5.79	147.90	1.82
意外伤害保险	162.47	3.93	115.80	2.34	130.85	1.78	156.13	1.92
健康保险	376.90	9.12	369.73	7.47	548.63	7.48	530.83	6.52
合计	4 132.01	100.00	4 948.97	100.00	7 337.57	100.00	8 144.18	100.00

数据来源：中国保监会。

附表2－28　2009年全国各地区保费收入情况表

单位：亿元

地区	原保险保费收入	财产保险	寿险	意外险	健康险
全国合计	11 137.30	2 875.83	7 457.44	230.05	573.98
广　东	959.57	239.10	651.98	21.52	46.97
江　苏	907.73	228.39	619.49	20.40	39.45
北　京	697.60	164.42	466.05	10.29	56.83
山　东	677.58	173.67	450.56	14.88	38.46
上　海	665.03	151.81	458.40	13.16	41.67
河　北	601.09	128.67	439.26	8.15	25.01
四　川	579.03	148.72	386.11	15.66	28.55
河　南	565.39	97.74	434.45	8.30	24.91
浙　江	538.10	196.34	302.01	14.17	25.59
湖　北	372.42	68.97	278.65	7.10	17.71
安　徽	357.21	87.59	251.56	4.59	13.48
湖　南	348.45	74.97	247.77	8.38	17.33
辽　宁	345.49	86.47	236.99	4.91	17.12
山　西	289.25	67.13	205.68	4.39	12.05
黑龙江	278.37	56.72	207.44	3.93	10.29
福　建	272.26	72.67	175.37	6.63	17.59
深　圳	271.59	97.07	153.65	7.22	13.65
陕　西	259.59	60.53	181.24	5.07	12.76
重　庆	244.70	47.06	181.60	6.05	9.99
江　西	187.14	44.13	130.08	4.26	8.67
吉　林	184.87	40.46	134.29	2.22	7.90
云　南	180.08	68.17	92.40	6.99	12.53
内蒙古	171.31	67.34	92.51	3.87	7.59
新　疆	156.69	51.82	88.53	4.10	12.24
天　津	151.29	45.80	92.50	2.68	10.31
广　西	148.62	49.71	86.33	5.34	7.24
大　连	116.33	32.88	73.99	2.23	7.23
青　岛	115.31	34.34	70.56	1.86	8.55
甘　肃	114.38	27.05	80.34	2.08	4.91
宁　波	107.44	51.08	50.31	2.57	3.49
贵　州	95.23	36.05	52.47	3.07	3.64
厦　门	58.39	19.42	33.94	1.27	3.77
宁　夏	39.28	11.84	22.45	1.11	3.88
海　南	33.07	11.85	18.84	0.89	1.49
青　海	18.21	7.96	8.79	0.58	0.88
西　藏	4.01	3.43	0.20	0.22	0.18
集团、总公司本级	25.19	24.48	0.68	−0.05	0.08

注：集团、总公司本级是指集团、总公司开展的业务，不计入任何地区。

数据来源：中国保监会。

责任编辑：亓　霞
责任校对：刘　明
责任印制：裴　刚

图书在版编目（CIP）数据

中国金融稳定报告（Zhongguo Jinrong Wending Baogao）. 2010/中国人民银行金融稳定分析小组编. —北京：中国金融出版社，2010.6
ISBN 978-7-5049-5533-3

Ⅰ.①中… Ⅱ.①中… Ⅲ.①金融市场—研究报告—中国—2010 Ⅳ.①F832.5

中国版本图书馆 CIP 数据核字（2010）第 112671 号

出版发行 中国金融出版社
社址 北京市丰台区益泽路 2 号
市场开发部 （010）63272190，66070804（传真）
网 上 书 店 http://www.chinafph.com
（010）63286832，63365686（传真）
读者服务部 （010）66070833，62568380
邮编 100071
经销 新华书店
印刷 天津银博印刷有限公司
尺寸 210 毫米×285 毫米
印张 13.5
版次 2010 年 6 月第 1 版
印次 2010 年 6 月第 1 次印刷
定价 190.00 元
ISBN 978-7-5049-5533-3/F.5093